黑金

Heijin

陳國霖◎著

台灣政治與經濟實況揭密

為何有人說李登輝是台灣黑金教父？

黑道、角頭、流氓、幫派怎麼在台灣興衰壯大？

台灣黑道如何輸出海外？如何宰制政局？

一清、治平……台灣為何越掃越黑？

我們的明天會更黑、更金嗎？

謹以此書，獻給摯愛的妻子林鍾蘋

中文版序

陳國霖

過去二十五年來，我在美國從事有關幫會以及跨國犯罪的教學與研究。一九九六年，我在報紙上看到這樣的一則新聞：台灣法務部長廖正豪指出，台灣的八百多位縣市議員中，有兩百多位有黑道背景，台灣已快要變成西西里島第二，離黑道治國已經不遠了。那時我就很想回台灣研究這個問題，但實在抽不出空，只好作罷。

過了兩年，我的一位同事費根諾教授（James O. Finckenauer）告訴我有關富爾布萊特基金會（Fulbright Foundation）贊助的事，鼓勵我申請回台做訪問學者。當時我就想起台灣黑金政治這個現象，於是寫了一份有關這方面的研究計劃書，呈到該基金會。經過八個月的等待，基金會通知我獲准。於是我於一九九八年十二月初到中央研究院社會學研究所做訪問學者，展開我的研究工作。

我想要探討的四個主題是：

一、黑道經商是一種對商業界的侵害？還是大哥個人或幫派角頭在努力尋求合法的生存之道？

二、黑道參政眞的如廖正豪、媒體，或民進黨所說的那樣嚴重嗎？如果是，那麼是什麼因素造成的？

三、黑金政治在目前台灣的政治環境具有什麼樣的政治涵意？也就是說，到底是黑道在玩政治、還是政治在玩黑道，還是兩者在彼此之間玩來玩去？

四、歷年來的檢肅流氓作業以及掃黑專案具有什麼樣的程序正義與效率？

也許由於我研究美國華人黑社會已多年，也寫過三本有關的專著，所以當初並沒有想到研究台灣黑道會有多麼困難。我準備以兩種方式來收集資料：一、面對面訪談一百名相關人士，也就是執法人員、中央民代、地方民代以及黑道大哥各二十五名；二、盡量收集民間與官方的書面資料，包括刊登在各報紙、週刊、雜誌、學術季刊上的新聞、文章、論文、碩士與博士論文以及起訴書、判決書、白皮書、專案報告等官方文件。我本想這兩種研究方法都不是格外困難的途徑，但在台灣經過一年多的奔波後，我終於體會到要做好這項研究有多麼困難。

先談訪問的部分。我要訪問的人士多數是有來頭的官員、民代、或大哥。所以要安排跟這些忙碌的人士見面本身就相當花時間，特別是要見那些流亡海外的大哥。好不容易見了面，有的人基於政治、利益、刑責或安全上的考慮而無法或不願暢所欲言。就算我一再強調保護某些受訪者的身份，他們還是有所顧忌。還有一個問題是，多數受訪者如非親身處理或涉入某一事件，對該事件也是所知有限。

由於我要訪問的對象不限於台北市，所以我也去了許多中南部的縣市鄉鎮。我是僑生，不會講也聽不懂台灣話。所以到了中南部鄉下，連問路都有困難，更別提跟受訪者打成一片。特別是在中南部的廟會、火車站或路邊攤點，跟一群角頭兄弟閑聊時，由於我一個人的原因而逼得他們都要講國語，氣氛就顯得很不對勁。他們講到什麼關鍵的事物或理念時，台灣話就脫口而出，請他們用國語解釋時，他們兩手一攤，眞是讓我既焦急又恨自己不會台灣話。

再來談收集書面資料的不易。作爲民間學者，要在台灣收集有關黑金政治的統計資料或書面報告是非常困難的。多數官方資料是機密的，非但不好拿，還可能會引起對你研究動機的懷疑，一再追問你如何得知這樣的資料。這麼一來，有關台灣黑道生態的分析大部份掌握在檢警調的手中，民間很難有機會閱讀原始資料，然後做一個客觀的了解。

我雖然經過了許多挫折，但也盡了最大的努力去完成我的研究。我不但訪問了一一七名相關人士，也收集了不少相關的民間與官方資料（讀者如對研究方法感興趣，請參閱附錄）。

許多機構曾經給本研究提供不少協助。我非常感謝富爾布萊特基金會給予我研究學者獎助，也非常感謝蔣經國基金會以及太平洋文化基金會提供財務贊助。我另外也要感謝中央研究院社會學研究所，以及台灣的學術交流基金會（富爾布萊特基金會設在台灣的對口機構）接待我。

許多不同背景的先生女士曾經幫助我完成這項研究。我最感激的當然是那一一七位受訪者。由於我對多數受訪者保證不會在任何情況下暴露他們的身份，因此我也只能在此向這些「無名氏」致謝。由於他們的合作，願意分享他們對黑金政治的認知與體驗，讓我在研究的過程中不需要完全依賴官方與媒體的資料與觀點。

好幾位朋友與同事在本書研究中給予我很多的協助，我非常感激。中央警察大學的葉毓蘭教授為我介紹許多專門處理幫派的警官，也感謝中央研究院社會學研究所前任所長瞿海源教授給我鼓勵與接待。我也從許多中央警察大學以及中央研究院的學者那裡得到很多很好的建議。

另外，我要特別感謝時報周刊副社長劉益宏以及總主筆李作平兩位先生幫我與許多大哥牽線。他們兩位不但花了許多時間為我安排與大哥見面，也給予我很多寶貴的指導。如果沒有這兩位先生的鼎力相助，我不可能訪問到這麼多大哥。

國立暨南國際大學社會政策與社會工作學系的王珮玲教授不但幫我收集了許多書面資

料，也介紹了許多高階警官給我認識。本書能以中文問世，也全依賴王教授的協助及奔波。在此，我要特別向王教授致十二萬分的謝意。我在中央研究院時，莊樹螢花了很多時間幫我整理許多剪報與文獻，我也要感謝這位當時是政治大學研究生的貢獻。

布魯克林學院與紐約市立大學的羅伯特・凱利（Robert Kelly）教授與聖地牙哥州立大學張曉東教授都曾仔細地閱讀本書稿，也提供了許多改進的建議。

本書的翻譯是在國立台北大學的許春金教授的帶領下，由他的博士班學生協助翻譯。這群博士班學生都是台灣執法界與司法界的精英。對他們的鼎力相助，我感到很慶幸。

我在此也向商周出版社的陳絜吾總編輯表達我的謝意。感謝他在合作出版本書的過程中讓我感到一切是那麼順利與愉快。另外，我也要特別感謝陳總編跟他的同仁郝麗珍小姐花了很多時間爲本書稿逐字修飾。再來就要感謝我在羅格斯大學（Rutgers University）的兩位博士班學生劉敏與高歡。她們倆在本書出版的前一個階段幫我做了不少的修正。

最後我要感謝我的夫人林鍾蘋女士。這項研究的完成有很多地方都要靠她的協助與支持。例如，她經常提供給我新的思考方向，陪我到台灣進行研究，甚至跟我一起去中國及東南亞訪問大哥。爲了表達我衷心的感謝，我將這本書奉獻給她。

本書的一切觀點都屬於我個人的，與贊助本研究的富爾布萊特基金會、蔣經國基金會以及太平洋文化基金會無關。

在序的末尾，我想談談寫這本書的感想及期望。自一九六七年從緬甸回到台灣完成高中和大學學業後，我在銀行界工作兩年餘。之後到美國深造及工作至今已二十五年。我雖然居住在美國，平時卻很關心台灣，希望她安定與繁榮。因此，我寫這本書的目的是希望透過客觀的研究與分析，讓大家一起來檢視黑金政治這個問題，以擬出一套終結黑金的政策。無論如何，我個人對台灣民主化的過程是肯定與讚賞的，也認為一些社會問題是工業化與民主化過程中不可避免的。只要我們敢於面對這些問題，它們就消失得更快一些。

由於研究的焦點在二〇〇〇年政黨輪替之前，也就是國民黨執政時期，難免會有這是一本專門揭國民黨瘡疤的著作之嫌。不認識我的學者看過這本書的初稿後也猜我是泛綠人士。其實，我是一個沒有任何黨派意識的人。同情弱勢團體是許多社會學家的特點，也說明了為什麼我會在研究的過程中除了執法人員外還訪問了那麼多位大哥，並用那麼多篇幅表達他們的觀點。這種做法以及對執法人員與司法制度的嚴厲批判，並不表示我完全認同黑道否定白道，只不過是我對白道的要求比黑道高很多。

最後，我希望本書中文版的問世不會對任何政黨、利益團體、地方派系或個人造成任何困擾。正因如此，我特意將這本中文版拖到二〇〇四年總統選舉結束之後才出版。（編按：本書中文版本添加並更新了部份內容，以符合二〇〇〇至二〇〇四年台灣社會的巨大變遷。）

黑金

目錄

黑金

目錄

黑金

目錄

黑金

目錄

黑金

目錄

黑金

目錄

感謝中央警察大學犯罪防治研究所博士班周文勇、陳明志、林秀怡、施雅甄、黃慧娟、韋愛梅、李建廣、林信雄協助譯稿

按：本書英文版中，受訪黑道人物姓名均直接刊出，但為避免當事人在台灣遭受困擾，中文版本多半予以隱諱

第一章　上層、黑社會

在過去的二十五年當中，台灣的政治與經濟地位急遽改變。當美國在一九七九年終止正式外交關係時，台灣似乎處於崩潰邊緣，因爲將近三十年當中，美國是台灣對抗中國大陸的最重要聯盟。在關鍵年代，執政的國民黨與台灣人民展現出不屈不撓的毅力與復原力，逐漸發展台灣經濟，成爲世界經濟諸強之一。蔣經國是當時台灣的總統與國民黨主席，啓動最具動力與成功的經濟計畫。一個多山缺乏自然資源的小島，在這段時期中的經濟發展被稱爲「台灣奇蹟」或「台灣經驗」，世界對於台灣經濟活力印象深刻。

蔣經國領導台灣於開發中國家追求台灣的卓越發展，之後開始推動政治改革。一九八五年之前台灣基本上是獨裁政權（Tien and Chu 1994），當年蔣經國宣佈，他的兒子當中不會有人參與總統競選，因此在他過世之後，蔣家已經被屏除於統治行列之外。註1 蔣經國並於一九八七年廢除戒嚴法，該法係國民黨於一九四九年來台後實施；解嚴，使得人民在生活中享受更大的自由。許多嚴峻的社會控制機制，例如宵禁、禁止集會遊行，都由軍管中撤銷（Rigger 1999）。

蔣經國也創始許多政治改革，在一九八七年解除赴大陸探親禁令。當時，從一九四九年之後從未回大陸的來台外省人，得以回到大陸探望家人與朋友，不僅國民黨與共產黨之間的緊張獲得緩和，而且提昇了海峽兩岸貿易與投資的前景。

中華人民共和國於一九七一年在聯合國中取代台灣，美國在一九七九年與中共建立正式關係，國民黨無法再宣稱代表所有中國人。結果國民黨必須退而宣稱代表所有台灣人民，包括外省人與台灣人（Scalapino 1996）。然而，一個由外省人在大陸建立的政黨，後來轉進台灣，使國民黨的正統性遭到佔多數的台灣人（約佔八五％）的質疑（陳明通 1995）。爲了鞏固統治，國民黨別無選擇的提攜更多台灣本土政治人物進入黨內。在一九八〇年代早期，執政的國民黨舉辦了許多次的地方選舉，最後所有地方與中央公職人員都經由人民選舉出來。民主進步黨在一九八六年十月正式成立。

一九八八年一月蔣經國在擔任十年總統之後過世，當時的副總統李登輝是一位獲得康乃爾大學博士學位的台灣人，雖然許多國民黨大老不願讓一位台灣人來負責這個國家與政黨，李還是繼任了總統。隨後的幾年政治改革與一九九六年和平的全國選舉後，李登輝當選總統，成爲台灣第一位民選總統。

在最近的二十年中，因為經濟的興盛與民主的成熟，使台灣人民享有中國人在歷史上前所未有的繁榮與自由。不僅房地產與股票飆漲，政府成為全世界外匯存底最多的國家之一。同時，出版、電子媒體、各種社會、文化、法律及經濟等機構都可以自由運作，不受政府控制。在一九八七年解除赴大陸禁令後，台灣與大陸的關係持續改善，人民對於台灣的未來愈有信心。

然而很不幸的，當世界驚訝於台灣的經濟發展與政治奇蹟時，一個稍後叫做「黑金政治」的怪胎正在形成。在台灣「黑」代表黑社會，「金」代表錢或生意。黑金政治是指暴力黑社會人物與貪婪的企業者滲入政治，以及隨後無可避免的社會疾病，如買票賄選、政治暴力、內線交易、圍標、貪污等。稍後的篇章當中，我們將分析黑金政治於過去十五年間如何發展成為一項重要問題，以及在台灣超過五十年的傑出政黨——國民黨，為何在二〇〇〇年總統選舉後終結其執政權（謝聰敏 1993; 蔡式淵 1998）。

台灣幫派淵源

一九四五年、第二次世界大戰之後，台灣從日本回歸中國時，幫派與其他犯罪團體已經成為台灣生活的既成事實。為了保護自己、對抗台灣本地人，大陸來的外省小孩在都市中心形成街頭幫派，之後參與街頭打架及一些輕微犯罪。台灣本地的「在地」偏差少年與成年犯，經常是隸屬於「角頭」所掌握的地方性團體，而這些團體最可能在他們的地盤中對生意人勒索金錢，並經營非法賭博（白仔 1983）。

一九六〇年代，幫派與角頭的嚴重衝突導致當局對黑社會發動許多次全國性掃蕩（許春金 1993）。兩個最大外省幫派竹聯幫與四海幫的領導人被捕入獄，很多的幫派與角頭被勒令解散。然而幫派與角頭數量持續增加，他們在一九八〇年代早期滲透合法行業，驚動了民衆與當局（池宗憲 1985）。

一九八四年十月十五日，三名竹聯幫領導人奉台灣軍事情報局長命令，到美國刺殺住在加州德里市（Daly City）華裔美人作家劉宜良（筆名江南），因爲他曾經寫了一本《蔣經國傳》。三名幫派人物回到台灣之後，台灣政府發動一清專案，全力掃蕩島上幫派。數千人被捕，移送管訓隊管訓三年（許春金 1993）。

一九八七年台灣當局廢除戒嚴法，這是國民黨從一九四九年遷台就實施的法律（Rigger 1999）。儘管這項行動受到歡呼，被視爲台灣改革運動最重要的一步，但對台灣的社會治安的影響相當巨大，一名南部的王姓前警察局長爲：「在廢除戒嚴法之前，台灣的犯罪問題很小，當時我們主要關心的重點在賭場與色情場所。儘管如此，這些生意並沒有眞的對我們造成問題。然而，在一九八七年戒嚴法廢除之後，不再進行海岸巡防，於是很容易走私槍械和毒品進入台灣，徹底改變本地的犯罪情況。」註2

結果，幫派暴力擴大，幫派份子不再用刀或劍打鬥，改用槍械，掏槍毫不猶豫（葛樹人 1989a）。犯罪份子之間的槍戰，導致在一九八〇年後期殺人犯罪率的升高（許福生 1999）。簡言之，手槍的普及，使得拼命而驍勇的年輕黑社會份子，在一個向財富看齊的社會裡，更容易達成賺錢的目標。

一九八七年台灣當局開始釋放一清專案逮捕的大哥級人物（陳季芳 1988a），這些大哥重獲自由後，開始和那些後起的幫派大哥爭奪領導權。同時，他們當中有些人在商界與政界更活躍，把自己轉型成生意人或政治人物。這些人過去叫做大哥，變成生意人後就稱爲董事長，踏入政界就成爲民代（金石 1989；葛樹人 1989b）。資深幫派份子獲得釋放，無疑打破了新生代大哥在一清之後所建立的規矩，就像天道盟，這是在一清專案中的被捕大哥在監獄結盟所形成的黑社會組織，它的出現造成了多次幫派衝突（陳季芳 1988e；楊吉 1989）。

一九九〇年台灣當局認定必須發動另一波掃蕩，以痛擊快速成長的天道盟，於是發動「迅雷專案」，逮捕了數以千計的犯罪份子，其他幫派的許多大哥則逃到國外，「不知何故」，有很多黑道人物卻未被鎖定（趙慕嵩 1990e）。

一九九〇年代早期，台灣變得更民主，各個政黨紛紛出現，許多幫派份子更深信，未來要保護自己免於檢肅的最好方法，就是把自己轉變成民意代表。與本地地方勢力沒有緊密關係的外省掛幫派份子，則盡可能讓自己轉型成爲合法公司老闆或總經理。因此，在一九九〇年早期，許多幫派份子已經滲透台灣的政治與經濟舞台。

幫派份子涉入政壇與企業，促使政府當局實施第三波幫派掃蕩，即一九九六年的「治平專案」，鎖定地方政治人物中的幫派份子（Baum 1996; 法務部 1998）。儘管只是一小部份的政治人物被逮捕，但這些人被逮捕後，立即以直昇機送到外島監獄，這種激烈的手段讓民衆認爲，當局當時已經決定掃除政商界的幫派份子（林新 1996a）。

很不幸，在治平專案實施期間，發生了三件殘酷但並不相關的攻擊公衆人物案件。第一件是一九九六年十月二十一日發生的劉邦友血案：桃園縣長劉邦友在公館內，與二位縣議員、五位同僚、隨從警衛遭到槍擊（楊子敬 1999）。第二件是彭婉如命案：這位民進黨高層黨員參加一項民進黨會議後，在高雄被謀殺。第三件是在一九九七年四月十四日發生的白曉燕命案：台灣知名藝人白冰冰的女兒，被綁架、施以酷刑、強暴、並殺害（羅松芳 1998）。整個台灣受到震撼，數萬人在台北市的總統府前抗議，要求當時的總統李登輝負起責任。

此後，台灣人因爲社會治安的敗壞而憤怒不已。統計顯示，台灣的犯罪率，從一九六一年至一九九七，幾乎成長了三倍（許福生 1999）。雖然上述三件血案看起來皆未牽涉幫派或角頭份子，但大部分人還是認爲台灣的黑社會要爲這些血案負責。對台灣人而言，犯罪問題基本上是黑道犯罪的問題，不管是外省幫派或台灣角頭。台灣人大都相信，如果幫派及角頭份子被抓走，社會治安可以很快的獲得改善。

黑道：官方說法

中國人經常用黑道這個名詞來表示地下社會，而以白道指上層社會。幫派人物經常被標籤爲「黑道份子」，或「道上的」、「有黑底的」。那些自視爲黑道的人物，則經常試圖把自己和傷害他人的普通罪犯區分開來。橫跨黑白兩道，或無法區分者，稱爲「灰道」。除黑道份子外，有上萬名秘密社會成員隸屬於兩個傳統組織，也就是洪門與青幫（池宗憲 1984; 陳國霖 1990）。洪門與青幫的成員並不認定自己是黑道，儘管一些成員可能屬於不同的犯罪團體。社會一般也不會認爲洪門與青幫的成員是黑道。

判定一個人是否爲黑道份子，總是媒體、民衆及執法團體的難題，不僅因爲這是一種多用途的用語，而且這個用語具有泛道德化與泛政治化的內涵（蔡墩銘 1985）。此外，還有其他詞彙被官方或記者用來描述不屬於守法與主流社會的團體份子，這些用語包括：

一、流氓：根據檢肅流氓條例，「流氓」係指經常仗勢或以暴力手段欺壓善良民衆；或以經營職業賭場、娼館、爲人逼討債務或其他不法勾當爲生；或有破壞社會秩序或危害他人生命、身體、自由、財產習慣之不良組織、組合成員或社會不良份子（司法院

1992）。流氓與一般罪犯的主要差別在於對社會秩序的損害程度，前者被認定對社會秩序具有明顯的影響，因爲流氓活動被認定爲：㈠「不特定性」：不重視被害人屬性；㈡「積極侵害性」：非屬自衛、非不作爲；及㈢「慣常性」：非突發性之偶然犯（司法院 1992）。

二、幫派份子：歸屬於犯罪組織的人，特別是那些外省人控制的幫派，成員就被認定爲幫派份子。

三、角頭份子：由台灣人所建立的地盤性團體，其領導人與成員稱爲角頭份子，不管什麼年代，台灣都有上千個或大或小的角頭團體。

四、兄弟：許多幫派與角頭份子比較喜歡稱自己爲兄弟，從他們的觀點，兄弟是一種非傳統的次文化成員，他們可能參與非法活動，但他們也嚴格遵守一套堅持忠貞與正義的規範與價值觀。這些規範與價值觀禁止他們欺負貧弱者，領導者稱大哥，隨從者稱小弟。

五、小混混：從事一些機會犯罪，如偷竊、詐欺、侵占、搶劫，被視爲不入流的犯罪者。他們經常以個人行爲或小團體去犯罪觸法，被視爲缺乏規範與價值觀。

通常我們很難區分，一個黑道份子究竟屬於以上五種人中的哪一種，例如台灣司法院定義：「一般之強盜、搶奪、竊盜行爲非流氓行爲；流氓可稱爲黑道份子，但黑道份子卻不一定是流氓。」（司法院 1998:6-7）總之，在一九九六年組織犯罪防制條例施行之前，當局可以逮捕、處罰慣犯的唯一方法，只有依據「檢肅流氓條例」裁定一個人爲流氓。結果大部分的慣犯，包括幫派份子、角頭份子與兄弟，在刑事司法體系中經常被當成流氓處理，而小混混則經常以刑法起訴。

在台灣，政府不僅將犯罪的個人分類，也將犯罪團體分成三類：

一、組織犯罪型：這些團體比起其他兩類團體，具有較大、較完善的組織，成員多數是外省籍。在台灣最有勢力的幫派是竹聯幫、四海幫、天道盟、松聯幫以及北聯幫。儘管這些幫派成員擁有上百甚至上千名成員，即使這些幫派在台灣與海外有許多分部，但通常他們沒有自己的地盤。

二、角頭型：這些團體在性質上是地盤型，成員主要是台灣人，團體相當小，成員從二十至五十人。角頭團體內一般只有二個階層：老大和小弟。

三、組合型：這些團體甚至比角頭團體更小，成員人數從數個到二十幾位。如同角頭團體，他們大多數由台灣人組成，但是他們沒有自己的地盤。

根據警政署資料，一九九八年台灣有一千兩百四十七個幫派、角頭及組合團體，全部成員超過一萬名。在超過一千個犯罪團體中，組合團體佔四一%，角頭團體佔四七%，一二%是組織犯罪幫派（蘇南恒 1997；1998）。

這三類團體可以被認定爲組織犯罪團體嗎？司法院的說法是：「組織型幫派大致上多

可構成犯罪組織，角頭及組合型的幫派，還須依具體事證認定之。其他集團性之犯罪如走私販毒集團，應可構成組織犯罪。」

如果一個團體被認定爲組織犯罪團體，檢察官可以依據「組織犯罪防制條例」起訴這些團體。然而自從該法條由一九九六年開始實施起，很少組織性幫派被該法條起訴，更遑論角頭團體和組合團體。

黑道如何定義

中國人經常以「黑」字意味壞與惡的事物（南方朔 1996a），例如：黑社會，指組織犯罪團體；黑心肝，指壞意圖；黑頭，指盜匪；黑土，指鴉片；黑貨，指贓物；黑官，指貪污腐敗或走後門而當官的官員。因此一個人如果被認定爲黑，就被判定具有負面的特質，黑道份子基本上指的就是壞人。

我訪談的一些對象被台灣當局貼上黑道份子的標籤，他們就經常質疑黑道的眞正意義。一位黃姓鎭民代表會主席被某國民黨官員譏諷爲不必當兵的人（因爲有犯罪紀錄而未服兵役），當我問到他的黑道背景時，他說：

「你說的黑道是什麼意思？好，既然你提到這點，倒引起我的興趣，有些話不吐不快。黑道並沒有特別的意思，只是一種概念，就像歡場一樣，包括一些特種行業，例如夜總會、按摩院、卡拉OK店、坐枱酒吧、舞廳。我們提到黑道時，可能包括小偷、強盜等；黑道不能單指一種特定類型的人或罪犯，黑道的概念並沒有特別意思，只是一種概念，對於被認定是黑道份子的人，我們有必要加以區分，就像我們不能說水下面所有的東西都是魚，所以都可以吃；其實有些魚可以吃（好東西），有些魚不能吃（壞東西）。」

一些受訪對象爭辯，他們老大的地位並不具有任何意義，起訴老大是一件不公平的事。一位竹聯幫的張姓大哥說：「有一次我被起訴的理由居然是：有人無意中聽到有人叫我老大。事實上，李總統也說過他是連戰的老大，又怎樣？」

一名曾經是黑社會成員的盧先生告訴我，黑道人物並非全部是壞的：「你認爲黑道是什麼意思？你如何定義兄弟？定義這些用詞非常困難，我不否認我是一個黑道份子或兄弟，但是我知道我的心是紅的（善的）。」

其他人則指出，黑道是對抗犯罪的守護者，一名高雄的角頭告訴我：「黑道有他自己對社會的貢獻，過去，黑道在地方上幫助警察維持社會秩序，黑道可以在犯罪發生之前阻止它。」

一名竹聯幫大哥堅稱，兄弟並不是黑道份子：

「我們兄弟不會去做魯莽的事，那些犯強盜和強姦罪的人不是兄弟，他們是黑道份子。媒體把我們都貼上黑道的標籤，警察和政府官員是白道，事實上警察才是真正的黑道，因為他們貪婪，為了賺錢願意做任何事。他們不僅希望小弟能為他們沒犯的罪負責（為了警察的聲譽），他們也持續在做敲詐和恐嚇的事。」

最有影響力的竹聯幫領導者之一張安樂（綽號白狼）說，他是一個兄弟，但不是黑道人物：「我承認我是兄弟，但我不認爲兄弟就等於黑道。」（鄧至傑 1996a:52）。即使羅福助這名號稱天道盟的精神領袖，擔任過兩任立法委員，也經常談到黑道的定義：

「很多人用過去的定位來看我，但我要反問一句，什麼是黑道？黑道的定義在哪裡？它是很抽象、很籠統的，是一種顏色的代表嗎？我們這個社會很少用鼓勵來幫助一些犯了小錯的人，台灣的亂源在哪裡？大家都太功利了，為了邀功可以逼出十大槍擊要犯，本來只是一個小案，後來卻逼得這些人走上不歸路，也製造了社會的不安！工程掃黑也不是現在才有，四十年來它就一直存在了嘛！這根本就是制度問題，如果沒有白道的綁標，黑道根本沒有介入的空間。你知道為什麼嗎？只有財團、白道才有綁標的條件，因為綁標要付

出很大的成本，黑道誰有這個財力跟能力？」（鄧至傑 1996b:51-52）

一名四海幫大哥也質疑將人分成黑道與白道的公平性：「時代不一樣了，什麼叫黑、什麼叫白？很多白道上的人做的事比黑道還壞，相反的，黑道上也不盡然全是壞人。」（時報周刊 1995: 42）

綜合言之，「黑道」一詞經常是被上階層用以界定下層社會，但是大部分的下層社會人物不願自視爲黑道份子，寧願自稱兄弟。對他們而言，兄弟是屬於一種非正統的次文化，但他們未參與對抗正統社會成員的魯莽犯罪，即使那些不反對自己被說成黑道份子的人，也堅決主張自己不是小混混型的犯罪人。

幫派份子、企業家、政治人物

在過去十年中，黑金政治已經被台灣人民認定爲最重要的事務，黑金政治意指暴力勒索者與自私的生意人滲入政治，腐蝕政治的正統性與誠實性。黑金政治對社會產生的影響，比掠奪性的街頭犯罪更嚴重：貪污的政府官員會削弱社會的重要構成基礎——政府機構的誠信與廉潔。一項由天下雜誌所做的一九九九年民意調查指出，在一千多名回答者之中，有二二・九％的人相信黑金政治已使台灣蒙羞，黑金政治也被列爲改善台灣未來繁榮的最迫切議題（Taipei Times 1999b）註[3]。

當前任法務部長廖正豪被問到台灣的組織犯罪問題嚴重性時，他回答：「眞的很嚴重，如果我們現在對這個問題都不去處理，我們國家將會毀掉。爲什麼？因爲組織犯罪份子和企業家、執法人員、公務員、立法委員、地方派系領導者，都有很好的聯繫。這些幫派份子份子不但從事各種合法與非法的活動，還深深的介入選舉。過去，他們幫忙某位政治候選人當選。最近，他們乾脆自己出來競選。他們當選民意代表後，極力爭取成爲議會法律與秩序委員會的成員，這項委員會是負責警察的預算與人事權。一旦獲得這些，他們就可以在縣市議會羞辱警察局長，在議會質詢期間的行徑有如審問犯人，而且不准警察局長坐下。」

一九九六年之前，台灣對於黑金政治了解不多，但一九九六年十一月十六日在一項對企業領導者的演講會中，當時的法務部長廖正豪表示，全台八百五十八名縣市議員中，有二百八十六名具有黑道背景。廖正豪警告，如果這個問題不立即解決，台灣可能變成另一個西西里島（聯合報 1996e）。台灣最高執法官員承認，三分之一的地方民意代表不是幫派份子就是犯罪人，造成台灣的震驚。廖正豪也指出，二五％的省議員、五％的立法委員及國大代表具有可疑的背景。另外，大約兩百名鄉鎮民代表也被認爲是黑道人物。

在廖部長揭發上述事實之後，媒體也刊載了其他的估計（見表1.1，本表包括在廖部長

表1.1 黑道參與政治程度估計

來源	年度	百分比
1.調查局長吳東明	1994	62名議員具有黑道背景
2.警政署檢肅科	1994	883名縣市議員中，28名是流氓，29名是幫派份子，150名具有黑道關係
3.情治報告	1995	鄉鎮民代表中37.8%具有黑道背景，縣市議員約為26.5%，中央民代約3%
4.法務部長廖正豪	1996	858名縣市議員中，286名具有黑道背景
5.警政署長	1997	幾乎所有議會的法律與紀律委員會的主席與成員都具有黑道關係
6.中研院院長李遠哲	1999	一半的民代與黑道有關係
7.農委會主委陳希煌	2000	農漁會342位總幹事中有一百多位「有問題」

公開宣示之前不引人注意的三項估計）。

即使沒有這些重要人物公開呼籲使事情成爲頭條新聞，台灣人也可以經由他們直接的經驗知道黑金政治的嚴重性——地方性和全國性的選舉買票是多麼嚴重，候選人之間的競爭是多麼暴力，企業家買立委和國大代表席位有多常發生，以及政府官員、民代和幫派份子合作圍標圖利多麼常見。台灣人也在電視上看到立法院、國民大會和地方民代團體的肢體攻擊。幾乎每天都有政客、企業者與幫派涉及金錢醜聞、圍標、貪污、買票、暴力衝突或詐欺。

國民黨經常因黑金政治的發展而遭受譴責。一種說法是，當年國民黨爲了提昇自身的勢力，擊敗正在崛起之民進黨，刻意和任何可以幫助自己候選人當選的有力人士建立密切關係。許多幫派和角頭份子與地方上的選民交往密切，是理想的樁腳。當這些黑道份子變得熟悉選舉過程後，決定自己參選公職。當國民黨了解這些幫派與角頭份子即使沒有黨的支持也會當選後，決定網羅他們，以確保國民黨依然是地方與中央各個議會的最大黨。

儘管多數的台灣人相信國民黨是唯一與犯罪人緊密互動的政黨，有些人卻堅稱台灣所有的政黨都和組織犯罪有聯繫。一名竹聯大哥說：「在台灣，每一個政黨都與黑道有聯繫，其中新黨與黑道最少聯繫，因爲新黨強調一個好的公共形象。事實上，雖然民進黨批評國民黨具有黑道關係，但在地方上，許多民進黨員也與黑道人物密切聯繫，更過份的是，過去民進黨主導遊行示威時，也靠黑道人物達成其目的。」

不管誰要對政治黑金的發展負責，令人心驚的報紙標題在台灣已經變成人民的生活事實：「黑道治國」、「就像西西里」、「逃亡議員投案」、「司法院照亮政客的黑暗面」、「前任嘉義議長遭起訴」、「立法委員遭同僚襲擊」、「向黑金宣戰」、「搜查立法委員住處引爭辯」、「立委聲明與土地交易無關」、「檢察官因九二一地震贓物案收押鄉長」、「台南市長賄賂包庇被起訴」、「幫派涉嫌人競選（立法院）司法委員會」、「國民黨立委因侵占公款判刑十二年」。

結論：既黑且上流

在台灣，幫派份子、企業家與政治人物之間的勾結，成爲黑金政治發展的主要原因之一。每一個團體成員都有自己的理由，而與其他兩個團體交好（見圖1.1）。大部分政治人物願意與企業者合作，因爲後者可以提供競選資金。政客也願意結交幫派份子，因爲幫派成員是好樁腳。猶如一名高雄角頭份子說到：「每一個民意代表，即使他自己不是一名黑道份子，也會受到一群黑道份子的支持。」另外一名兄弟告訴一位記者，在不計手段獲選的壓力下，政治人物願意與黑道份子掛勾：「如果不是因爲選舉，我實在想不出黑道有什麼資源可以讓白道加以運用？」（時報周刊 1995: 41-42）對政治人物而言，選票是他們最重要的關注：任何人能幫助他們獲得選票，都要感謝。簡言之，企業家的錢可以幫助政治人物買票，而幫派的恐嚇可以確保買票的效率。

各層生意人喜歡與政治人物交往，因爲後者可以在許多方面協助他們。例如與有力的政壇人士保持緊密關係的企業，更可能獲得政府的契約，比較不可能因爲不正常的商業行爲而成爲執法機關的目標。這些企業也樂於與幫派份子建立關係，因爲在台灣，許多激烈與不公平競爭的生意糾紛，私下解決最有效。許多企業者對司法制度沒有信心，而他們也在想，保護他們自己對抗幫派侵害的最佳途徑，就是自己結交一些黑道朋友。許多參選公

圖 1.1　幫派份子、企業家與政治人物之間的關係

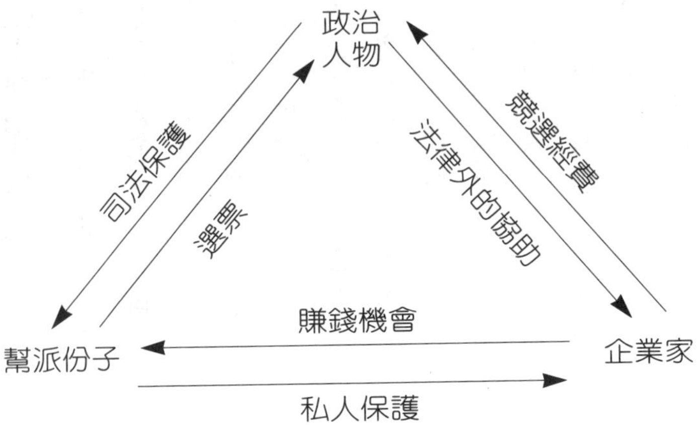

職的企業家，對於請黑道份子助選也頗有興趣，猶如台大教授黃光國（1984:23）所寫：

「在我們社會中，黑道勢力開始快速膨脹，是民國六十年代中期以後的事。從這個階段起，開始有一些『金牛級』的人物出來競選公職。這些『金牛級』人物除了本身的利益外，根本沒有什麼政治理想可言。他們為了爭取當選，往往一方面花費巨額金錢賄選買票，一方面和黑道勢力掛鉤，請各角頭的弟兄幫忙拉票，造成金錢和暴力嚴重污染選舉的現象。」

幫派領導者或角頭老大熱衷於結交政客，因爲後者可以保護他們抗衡執法當局。在台灣，當一個人遭逮捕，民意代表經常出現在警察局表達關切，視此爲他們對選民的服務，而不去問這個人遭逮捕的原因。許多人也認爲民意代表出現在警察局是快點獲釋的最有效方法。如果幫派份子希望他們的非法生意不要受警方的騷擾與搜索，就需要政治人物的協助。在政界，幫派份子人數急遽增加，原因之一就是他們對那些有困難時不願意幫他們的政客感到失望。例如許多重要的幫派份子在一清專案中遭到逮捕，這是台灣歷史上三次主要掃黑行動之一。當這些被逮捕的幫派份子獲釋之後，瞭解了一件事：保護自己對抗執法機構的最好方法，就是把自己變成民意代表。

幫派人物也樂於與生意人交往，因爲後者不僅可以提供許多賺錢的機會，也變成幫派的主要肥羊。當幫派份子需要錢，他們總是依賴企業者光顧他們的賭場。幫派份子很明白：生意人在離開賭場前，一定得輸光身上所有的錢。

當然，組織犯罪、企業家與腐敗的政客之間的三角關係，並不是什麼新現象，也不是只有在台灣才有。在義大利、蘇俄、哥倫比亞、墨西哥、奈及利亞和其他許多黑手黨與組織犯罪團體興盛的地方，幫派份子、企業家與政客之間的關係已經形成（Stille 1995; Thoumi 1995; Shelley 1997; della Porta and Vannucci 1999），若干學者對於義大利黑手黨、企業家與政客之間的三角關係提供了詳細分析，披露了這三種團體密切從事的腐敗交易。

當上層社會與黑社會的關係增強後，一旦在政治經濟制度結構產生較大改變時，黑社會成員就可以努力轉變他們的犯罪人身份，成爲合法生意人的形象。對他們而言，得到另外一個合法生意人身份，辦起事來和恐嚇者的身份一樣有效。因此，在一九七〇年代，義大利黑手黨放棄仲裁者的角色之後，搖身一變成爲企業家，也開始把焦點放在資本的累積（Arlacchi 1987）。自從二十世紀早期，在美國的義裔黑手黨犯罪家族已滲透進入合法企業界（Reuter 1985; Anderson 1995; Jacobs 1999; Kelly 1999），這種從幫派份子轉變成生意人的情形也同樣發生在日本、蘇俄、中國大陸、香港與哥倫比亞（Kaplan and Dubro 2003、Handelman 1995、Martin 1996、Y. Chu 2000、Thoumi 1995）。

爲了保護自身免於司法的干預，很自然地，幫派份子產生強烈的慾望，希望與政客及執法當局建立緊密關係（Hess 1998）。已經有學者記載並分析政治組織與犯罪黑社會的合作，亦即政罪關係（包括Landesco 1968、Dorman 1972 、Alexander 1985、Small 1995、Stille 1995、Martin 1996與Godson 2001）。這些研究顯示，幫派份子在政治組織的保護之下，提昇了自身犯罪時豁免刑責與賄賂政治組織的能力，也加深了對社會傷害的程度。

世界上的幫派份子，無論多麼成功地滲透經濟與政治部門，擁有多少財富與權勢，依然得躲在暗處。他們和企業及有力政治人物之間的關係，不能公開炫耀，以免他們之間關係瓦解。簡言之，儘管上層社會與黑社會之間有連結，兩個世界依然保持分離狀態。兩個世界的人也許共謀犯罪，或參與腐敗的交易，但他們仍然屬於各自的世界，他們不能假裝是另一個世界的成員。

然而，台灣的黑金政治在性質上與世界其他地區幫派滲入企業和政治的問題不同，上層社會與黑社會的關係已經發展到將兩個世界整合爲一，並孕育出同時集幫派份子、企業家、政客於一身的三合一人物。一位具有影響力的立法委員兼立法院司法委員會召集人，可能是一位富有的企業家，並自稱某有力幫派的「精神領袖」且被當局列爲流氓。一位曾經因爲被裁定流氓而入獄的縣長，可能是一家大建築公司或其他大企業的老闆，且被選民認定爲台灣最好的縣長。台灣上層社會與黑社會的整合，造成一個道德混亂的社會，在這樣的社會中，政客的言行舉止和幫派份子沒兩樣，而幫派份子的言談舉止也像政治人物一樣。

簡言之，在台灣某些具有影響力的人物被稱爲灰道人物，他們同時屬於上層社會與黑社會，而大家總是不清楚他們到底是什麼。結果造成合法與非法界線日趨模糊，許多人游走於界線邊緣，經常轉換跑道，變換身份。當一九九六年兩名四海幫的最高層大哥在台北自營的餐廳中遭三名槍手射殺之後，數以百計的政客、企業家與重要幫派份子都出現在他們的喪禮上，向兩位去世的幫派領袖祭拜。列名治喪委員會的五十多名成員，都是在台灣最有影響力的公衆人物（聯合報 1996a）。

在以下的篇章中，我將檢視台灣的政府官員、民意代表、生意人與黑社會份子之間的複雜關係，如有必要，也將適時討論執法機關在維持黑金政治共生的重要角色。在學術領域中，大致上對政治與犯罪之間的連結，有兩種正統假設：一、賄賂對組織犯罪企業的成功運作是必須的，二、對警察監控作爲的賄賂或使執法策略失效，可以經由政治影響力順利完成。本書的將探討這兩種假設的有效性與適用性。

雖然研究政治與犯罪關聯的最標準方法，是把政治人物與合法的企業家描述成黑幫組織的受害者。然而，更可靠的研究並不支持這種做法；相反的，這類研究該把被害者（政治人物與企業家）視爲犯罪黑幫的夥伴，他們設法影響警察執法結果，或削弱其他公司公平競爭的實力。本書將以許多例子來突顯這個觀點，包括犯罪者與合法生意人攜手合作，以提昇本身的競爭優勢、或幫助易受利用的政治人物以買票手段發展政治生涯。

許多組織犯罪者不僅生存下來，還因爲和有影響力的政治人物與富有的企業家建立關係而成長茁壯，後者也發現這種聯繫關係既方便又有利。當黑道人物變成政經領域的重要演出角色後，便努力讓自己轉型爲成功的企業家與政治人物，由配角翻身爲主角。本書要揭開台灣組織犯罪、企業與政治之間的三角關係如何發展，以及這種關係如何轉變成「黑金政治」的實體。

第二章　台灣幫派史

在台灣，偏差少年稱為太保，通常太保不屬於幫派或其他的犯罪團體，而且也沒有自己的地盤。他們大部分都是國、高中生或中輟生，主要活動是逃學、藥物濫用、逃家、擾亂秩序以及街頭打架。

成年的慣犯稱為流氓，在台灣有一項特殊的法律——檢肅流氓條例，專門處理流氓。如果一個人被裁定為流氓，將被送入所謂的「技能訓練所」管訓三年，這種機關以嚴格處罰聞名。

根據一項政府調查報告，台灣在一九九六年有一、二〇八個幫派，成員有一〇、三四六名。大部分的團體是組合型，對台灣的法律和治安不會造成重大威脅。只有一一七個犯罪團體——多半是組織性幫派和角頭團體——被認定參與嚴重犯罪（國家安全局 1997）。表2.1指出台灣縣市犯罪團體的數量分布情形。

表2.1

縣市重要犯罪團體數目（1996）

縣或市	重要犯罪團體數目
台北市	25
台北縣	12
基隆市	11
桃園縣	4
宜蘭縣	3
花蓮縣	1
新竹市	7
新竹縣	1
苗栗縣	4
台中市	2
台中縣	4
彰化縣	5
南投縣	3
雲林縣	5
嘉義市	1
嘉義縣	3
台南市	6
台南縣	2
高雄市	6
高雄縣	3
屏東縣	4
台東縣	2
澎湖縣	1

資料來源：國家安全局 1997:10

本章將描述台灣三種類型犯罪團體的發展，包括角頭團體、組合團體與組織性幫派。儘管台灣有超過一千個犯罪團體，我們將焦點集中於幾個代表性的團體。

兄弟的故事

在一九四五年到一九五四年之間，台灣有有許多活躍的小型角頭團體，這些非組織性的團體由本地的台灣人經營，深受日本犯罪者——就是所謂的浪人——的影響。在一八九五年到一九四五年日本佔據台灣期間，日本政府引進浪人到台灣維持秩序（Kaplan and Dubro 2003）。二次世界大戰之後，角頭團體主要經營娼館和賭場，或對生意人勒索錢財。

二次世界大戰結束，中國從日本人手中收回台灣，一些大陸的幫派份子來到台灣，但是一開始他們的活動就被貧瘠的戰後經濟阻礙（許福生 1999）。然而在一九五五年第一個組織良好的幫派——四海幫，終於成立，其成員大部分是高中生，其父母在一九四九年內戰結束後從大陸逃來。兩年後，另一個外省幫派成立，稱爲竹聯幫。之後，陸續有些街頭幫派出現在大城市，包括台北、台中、台南、高雄，主要從事輕微犯罪並和台灣人在街頭打架。這些年輕人在成年後，於一九七〇年代以幫派姿態，發展成爲組織犯罪團體（池宗憲 1985）。

一九八四年當局發動一清專案，期間數千名有嫌疑的幫派與角頭份子遭到逮捕，移送管訓隊三年。然而一九八七年廢除戒嚴法，在八八年實施人犯特赦，於是在一九八四年至八五年被逮捕的重要犯罪份子，在八七年至八八年間紛紛被釋放。大量釋放的人犯伴隨著一九八八年至八九年經濟的起飛，使得幫派與角頭老大在短短幾年內，就從股票市場、不動產市場和六合彩賭博，累積巨大的財富。受到新興財富的支援，很多幫派與角頭領導人參與一九九〇年縣市議員選舉，不僅變成富有的企業家，也成爲受到選票支持的有勢力政治人物（許福生 1999）。

即使當局在一九九〇年對組織犯罪發動另一項重要掃蕩，但影響效果有限。幫派份子轉變成政治人物，已成爲生存的法則，成爲台灣固定不變的政治生態，一九九四年大量角頭份子參與縣市議員公職競選，即爲明顯例證。一九九六年當局發動大規模「治平掃黑」專案，想拔除已經深入地方與中央政治領域的幫派份子，可是已經太晚。有些遭一九九六年掃黑計劃鎖定的政客，即使處於逃亡或假釋狀態，居然還可以在一九九八年縣市議員選舉中獲得連任。有些個案是由配偶或家人代替競選，也贏得連任。例如前嘉義縣議長蕭登標，當他到處在躲警察時，竟然以壓倒性的勝利獲得連任。一九九八年縣市議員選舉之後，當治平專案鎖定的掃蕩對象或他們的親人以打不敗的姿態獲得公職時，台灣人終於瞭解島內黑社會支配政治的嚴重性（許福生 1999）。

現任刑事警察局長侯友宜，在一九七〇至八〇年代，還是一名專門對抗組織犯罪的中階警官，他說明了那二十年中所發生的事情：

「在一九八四年掃黑之前，台灣的組織犯罪團體有外省幫派與本省角頭。外省幫派組織較好，成員大多是追隨蔣介石來台的外省人後代。一般而言，幫派份子犯罪情形比角頭複雜，然而幫派份子並沒有自己的地盤。大部分的角頭份子則擁有自己的地盤，佔據時間達數代之久，他們經常在自己的區域對賭場與色情場所收取保護費。

這種情形在一九八〇年代中期發生變化，當時許多槍枝走私進入台灣，威力強大的武器配備，使得幫派份子可以侵入角頭份子控制的地盤。同時，幫派也開始經營高級夜總會。陳啓禮那時候在台北開設『名商俱樂部』，使他有機會與富商和高階政府官員交往。

因為台灣的經濟發展，使得幫派在一九八〇年代快速發展，成功人士與企業成為標的。竹聯幫在一九八〇年代早期快速發展，某些幫派的分堂有好幾百人。例如控制東王西餐廳的和堂，招收大量的高中生，他們加入竹聯感到很刺激，因為他們可以免費吃飯和看秀。」

一九九〇年代，大部分的幫派大哥渴望與商人和政治人物建立緊密關係，以便增強自己的地位，而中階的大哥則仍然可能參與暴力活動。一名與黑道份子關係密切的計程車司機說：「黑道人物有三種，最下層的是小流氓，他們非常暴力，經常欺負一般民衆。第二層包括那些自視爲大哥的人，主要經營賭場爲生。第三層屬於那些與政治人物關係密切的人，他們非常有素養，而且總是以友善、客氣的態度對待週遭的人。」

當台灣的黑社會變得更像合法企業，傳統黑社會的次文化價值觀與規範則遭腐蝕。一名八十多歲、台灣最具影響力人物之一、人稱「最後仲裁者」的許海青（葛樹人 1990）

說：「當我年輕時，我們成立團體的目的是追求社會正義和提昇忠義氣節，那時候我們經常在街頭打架。如今那些團體已經變成公司，主要以賺錢爲目標。發生衝突時就用槍解決一切。現在一切都和錢扯上關係，有錢的就是大哥。」

許多我訪問的大哥是四十幾歲到五十歲出頭，他們全都深深感到在一九八〇年代至一九九〇年代，台灣的黑社會已經完全變了型。一名大哥不斷強調，過去的黑社會在預防犯罪中扮演怎樣重要的角色，過去幫派是在規範不清楚與社會控制薄弱的社會中維持秩序，幫派應該保護無辜者。

另一名大哥告訴我成爲一名大哥的意義。他認爲大哥根本不是犯罪人：「我從來沒有非法賺錢，一毛錢也沒有。身爲大哥，我們非常重視自己的名譽。我們對人慷慨，當你來找我們，不管我們有多窮，即使我們自己餓肚子，都會好好招待你。我們很重視人格，因爲沒有人格，什麼都不重要了。」

另外一名宮口的黃姓角頭認爲兄弟有好壞之分：

「兄弟有許多種，有好也有壞，我說大約只有三〇%的兄弟是好人。判斷兄弟的好壞有三種標準：禮貌、正義和自制力，一個好的兄弟知道如何尊敬那些應該尊敬的人，而且必須為人公平，有正義感，也需要有自制力。」

在黑社會建立好名譽的理由之一是，這樣有助於解決糾紛，在台灣，這是一種由許多具有影響力的大哥所提供的服務，這位黃姓角頭解釋兄弟名譽的重要性：

「我們很重視名譽，因為它就像我們的招牌，當你說你抽萬寶路，別人立即知道它是名牌香煙，當你和別人接觸而說出你的名字，別人立即知道你是一個名譽優良的好兄弟。那就是你如何和別人有效處理問題的工具，而那也是為什麼別人會找你做仲裁人的原因。」

一些大哥告訴我，暴力是他們生活中非常重要的一部份，也是身爲兄弟的生存之道。面對一種可能一觸即發的情況時，一個人需要建立某種心態，這種「適者生存」的心態，也可以說是過去二十年台灣暴力擴大的原因。一名角頭觀察到：

「身為兄弟表示你已經放棄考慮生死問題。你必須隨時準備被殺。有了這種心理準備，你就可以好好處理突發的火爆事件並生存下來。如果你在剎那間心軟，就無法在暴力衝突時生存下來。」

簡言之，我的訪談對象大多相信，幫派和角頭團體在過去二十年間已經轉型，不再只是保護地盤和維持社會秩序，而是轉型爲在商界與政界舉足輕重的組織犯罪團體。當他們把焦點轉移到賺錢計劃與政治活動時，比較少去注意正義與忠貞的問題。如果這些幫派之間的財務和政治糾紛無法和平解決，便可能使用致命的暴力。我的受訪者觀點與趙永茂（1998）的分析相似，他認爲在過去二十年，台灣犯罪團體已經從社會型幫派演進成經濟型幫派，再變成政治型幫派。

何謂角頭

第一章提過，台灣犯罪團體被執法機關區分成三類：組織性幫派、角頭團體與組合團體。我在中國大陸訪談一位四海幫大哥所得的資料顯示，台灣北部基本上是由三個組織性幫派控制，亦即：四海幫、竹聯幫與天道盟。角頭團體支配中台灣，大致上分成兩個區域：海岸線和台中線。南台灣主要由高雄跟屏東的角頭老大控制。在台灣中南部的鄉鎮市存在許多組合團體。

角頭團體有一些獨特的特徵。第一，所有的角頭團體都擁有自己的地盤，並且會把犯罪活動限制在自己的地盤內，很少冒險進入別人的領域從事犯罪活動，而且對於地盤以外的地區也沒有太大的影響力。只有少數角頭老大會宣稱他們在自己的地盤之外還有名氣，這些人被視為一流的角頭份子，屬於「縱貫線」。一名高雄王姓角頭老大解釋什麼是縱貫線大哥：「縱貫線意思是指台灣的高速公路，如果一個大哥被認為是縱貫線，那就是他的名聲不只流傳於他自己所屬的鄉鎮市，還傳播到台灣其他地方，許多人都知道他這號人物。『海線』指的是那些在沿海地區活躍的黑道份子，而『山線』則是那些靠山的。並不是說這些黑道份子是串聯的。」

第二，角頭的主要收入來自保護手段與經營賭博。所有的角頭團體都會廣泛地收取保護費，對象遍及地盤內的飲食攤、餐廳、夜總會、按摩店、理髮廳與妓院。因為角頭團體依賴收保護費與賭博的固定收入，所以不需要靠其他犯罪活動來維持，非常像山口組的犯罪企業（Kaplan and Dubro 2003）。

第三，團體的地盤一般都在繁榮的商業區或紅燈區。台北兩個重要的角頭團體芳明館與牛埔幫，都是設立在都市的紅燈區當中（何鋯 1993）。至於為什麼台灣有這麼多角頭團體，一名警官認為主要原因與充分的賺錢機會有關。在台灣有不少賭場與色情場所，這些生意需要靠黑道保護。儘管如此，我所訪談到的大部分角頭份子強調，他們不是金錢導向，不像外省掛幫派。一名黃姓角頭說：「北部和南部的兄弟主要差別是，北部的兄弟比較重視錢，而南部兄弟比較強調友誼。」

第四，每一個角頭團體會從他們成長或居住附近的地區招收成員，不願招收不屬於其鄰里社區的成員。

第五，和台灣的組織性幫派相較，角頭團體結構比較鬆散。角頭團體中只有兩個角色：老大與小弟（金士 1984）。老大是團體中唯一的決策制定者，負責所屬成員所有的食宿與花費。大部分的角頭團體老大不只一人，而老大之間的衝突並非不尋常。芳明館曾經有四名老大，各有其隨從，芳明館各個老大之間的權力鬥爭已經造成許多兇殺案件。老大也可能因爲拒絕給錢或不答應讓成員獨立經營賭場，而被其隨從殺掉（陳年 1985a）。

竹聯幫黃姓大哥這樣比較角頭與幫派：「南部兄弟不想要一個像四海幫和竹聯幫那樣眞正的組織。他們比較喜歡一群具有相似興趣者，大家聚在一起，就只是這樣。」

一名高雄姓潘的角頭也印證了這名竹聯幫老大的說法：「北部兄弟和南部兄弟之間有很大的差別，北部兄弟愛現：他們穿西裝、發展組織、有素養。南部兄弟嚼檳榔、穿拖鞋、粗野、保守，但是友善而熱情。」

一名天道盟的大哥認爲：「台灣人的流氓沒頭腦，不知道如何把自己組織起來，外省人在這方面就好很多。」

第六，角頭團體是植基於日本犯罪次文化的價值觀與規範，這種團體主要由本地出生的台灣人組成，較少與傳統中國的秘密社會接觸，但卻受到曾經居住在台灣多年的日本浪人徹底影響（許福生 1999）。

北台灣：牛埔幫、芳明館

在台灣北部大部分的角頭團體是由台灣中、南部的移居者所形成，他們搬到台北或其他北部城市尋找更好的生活。在台灣的中、南部失業率很高，許多這些地區的年輕男女，不願重蹈先人的步伐，他們的祖先大多是農民或漁民。對他們而言，唯一的出路就是到北部找尋更好的生活（林端 1983）。一名雲林縣姓黃的大哥告訴我：「我出生在雲林縣台西鄉，到台北去討生活。許多台西人都到台北去找工作，因為台西是一個低度開發的地區，很少有工作機會。當然，到了台北之後，很自然地我們就聚集在一起自我保護。」

在台北，兩個主要的角頭團體是牛埔幫與芳明館。牛埔幫位於中山區，對轄區內的酒吧、餐廳、色情理容院提供保護。這個幫派有一名大哥叫做葉明財，他和他的兄弟是這個團體的核心領導人。葉明財的母親在一九九二年過世，葉氏兄弟為母親籌辦一項精心策劃的喪禮，不但台灣最具影響力的政治人物和企業家來捻香，連前總統李登輝也致贈輓聯，掛在喪禮最顯眼的地方（鄧至傑 1992）。

芳明館在一九五三年成立，由醒獅團起家，地盤在萬華區，這個地區曾經有許多合法營業的娼館，並有五十八個角頭團體。該團體的主要的收入來源是向地盤內的娼館收保護費。芳明館最暴力的成員之一是梁國愷，外號「珍珠呆」，他在一九八四年因為財務糾紛射殺他的大哥林春發（外號庫瑪）（吳凡 1984）。梁國愷是一名二十二歲的小弟，在他和芳明館兄弟試圖殺死李復雄（一名敵對角頭龍山寺口老大）之後，成了一名惡名昭彰的黑道份子。梁某因爲殺人判刑七年，但因爲醫療理由交保，交保期間，在一九八四年殺死自己的大哥之前，還殺掉另外一名黑道份子（金士 1984）。

隔年梁某逃亡時，他和他的同夥殺掉另外一名芳明館老大黃忠義，綽號「紅胖忠」（陳年 1985a），這次又是因爲財務糾紛，因爲在梁某逃亡期間，其老大黃某拒絕資助。梁某被認定爲台灣最危險的份子，四個月後，在台北他被警察困在一間公寓內，梁某知道如果被逮將被判處死刑，於是舉槍射穿自己的太陽穴（陳季芳 1985）。

除牛埔幫與芳明館之外，台灣其他的重要角頭包括龍山寺口、加納、屈江町、南機場、華西街、後菜園、頭北厝、河溝頭、宮口、祖師廟、螢橋、中央市場等等（陳永恒 1997）。多數北台灣主要角頭團體都在台北市萬華區，是台北市最早的商業區。角頭團體的主要活動包括勒索、賭博與色情交易。猶如我們所見，儘管這些團體大部分時間都和平共存，還是可能爲了爭地盤或名譽問題而引發致命的衝突（李晉 1999）。

中台灣：兄弟的故鄉

台中、彰化、雲林、嘉義是台灣中部的四個縣，那是台灣最有勢力的角頭與組合團體的故鄉。這些縣具有黑道背景的民意代表可以說是比率最高，即使很多來自中部的兄弟活躍於北部，特別是台北縣，但是有更多的兄弟留在他們自己的家鄉。他們有些人在北部打出名號後回到故鄉，繼續他們的江湖生涯。

根據資料指出（國家安全局 1997），台中縣人口一百多萬中，有四十五個組合團體，成員兩百七十一名。大部分團體在豐原市、大甲鎭、潭子鄉、霧峰鄉、外埔鄉。這些團體由三至十七人組成，但是大多數的團體是三至六人（六九%），大約八〇%的團體成立時間在五年之內。這些團體一般有兩種結構類型：一、老大和成員，二、老大、大哥和成員。這些團體除了活躍於傳統的非法活動，例如：賭博、色情、暴力之外，也涉及販毒。只有兩個團體涉及圍標，都是民意代表當老大的團體。除此之外，黑道政治人物也參與其他活動，包括：投資經營非法電玩店、卡拉OK店、色情行業、賭場。總而言之，台中縣這些團體最可能的五項非法活動包括：販毒、勒索、強盜、討債、經營賭博。屬於外省幫派的四海幫也在台中地區成立分部海德堂，也有人懷疑顏清標（前台中縣議長，現爲立法委員）是黑道人物。

彰化縣位於台中以南，雲林以北。根據警政署（1995）一份詳細的報告顯示，在彰化縣有四十個犯罪團體活動。猶如台中縣一般，彰化縣的犯罪團體一般由數名成員組成，團體老大參與販毒、經營賭博與色情行業，而他們最可能是縣議員或鄉民代表。民進黨立委簡錫堦（1999）指出，地方政治人物具有黑道背景者以彰化縣最高，許多對政治人物和其助理的謀殺案都發生在這個縣，像是前縣議會副議長粘仲仁，他在一九九七年被判殺人罪。

雲林縣有時被媒體稱爲黑道的故鄉，因爲一、在台灣許多兄弟來自雲林縣，二、來自雲林縣的黑道份子被認爲最暴力，三、雲林縣許多地方政治人物被認爲是黑道份子，四、該縣在中央民代中具有最多名可疑的政治人物，五、縣長張榮味本身就被認爲是大哥級人物（劉益宏 2002）。雲林縣是台灣最貧窮的地區之一，人口七十五萬，當年輕人持續移居其他縣市尋找更好的生活時，雲林縣在過去的十年中人口持續下降，那些留下的人主要是教育程度不高的老人。

嘉義縣也以出產很多兄弟而聞名。該縣曾由蕭家班三兄弟所把持，他們當時都是很有勢力的政治人物，大哥是前嘉義縣議會議長，二弟是前嘉義市農會理事長，三弟是嘉義縣議會前任議長。家庭成員也有女性國大代表與立法委員。這個家庭被認爲與台北中央政府的有力人士關係密切，在幫忙國民黨贏得一九九六年總統選舉中扮演重要的角色（林欽隆 1998）。二弟和三弟曾因非法棒賽賭博、詐欺、綁架、勒索等被起訴。

一名嘉義的大哥解釋當地形成角頭團體的過程：

「角頭或組合份子的標籤是由警察創造出來的，在嘉義縣，有許多的街段和區域，每個街或區域都有一群人聚集在一起。他們聚在一起就喝酒和打架。很快地，警察就以該街或區認定那個團體，就像北門、夜市場等。全縣社區中大部分的社交場所都與廟有關，很自然的，廟就成為人們散步討生活的聚集場所。賣中藥的、表演的和街頭攤販全部來到廟寺求生活，結果有一群人會逐漸聚集以維持廟附近的秩序，而這些團體的領導人就被稱為角頭老大。」

南台灣：角頭林立

根據之前一名黑道份子所提，南台灣基本上是受高雄和屏東的角頭控制。高雄縣市是台灣第二大縣市，也是台灣第二大海港。在台灣與中國大陸冷戰期間，很多美國海軍出現，使得高雄轉變成一個具有數百間坐檯酒吧、俱樂部和其他觀光景點的城市。即使美軍在一九八〇年代離開，高雄和台中市仍然是色情行業最多的地區。

在高雄曾經有三個最大的角頭團體，分別是七賢幫、西北幫、沙地幫。西北幫積極涉入賭博、討債、秀場生意、無照長途遊覽車（高政昇 1983; 趙慕嵩 1984a）。根據來自屏東的一名高雄潘姓角頭所說：「高雄的角頭團體組織不嚴密，每一個地方都有自己角頭，角頭成員彼此很熟，這是爲什麼他們經常聚在一起討論如何和平共存與一起賺錢的原因。他們都非常了解黑道的規範與倫理。」

另一名姓王的黑道份子解釋，高雄的角頭團體爲什麼不能擴展成組織良好的幫派，他的觀點不像上一名受訪者，他認爲黑道是混亂的：「黑社會不再有倫理，身爲大哥沒什麼好欽佩的，一位大哥需要養小弟，而如果他不夠小心，他可能會被小弟所殺。現在，幫派沒有好好地被組織，如果你想要有一個組織良好的幫派，需要有錢才行。在高雄，大部分的幫派都是小型的地方性團體，三到五人就可以聚在一起成爲一個團體。他們武裝自己，不理會其他黑道大哥。此外，這些團體不像過去的團體具有地盤性。如今，一旦團體惹了麻煩，只要搬到別的地方就可以了。過去發展良好的幫派像七賢幫或西北幫，已不再存在。有些團體認定自己是七賢幫，但是該幫派的結構已經不存在。」

即使如此，重要的黑道份子出現在高雄市議會、一名高雄縣議會議長遭殺害、一名高雄民進黨中央民代因販賣海洛英被判刑、警察與黑道份子偶發槍擊等事件，已讓台灣的警察機關相信，除了台北，高雄的犯罪組織已成爲台灣第二大犯罪團體淵藪。

南部台灣的屏東縣也是角頭團體的故鄉。他們之中有些人，特別是客家人，移居到高雄市開拓自己的影響範圍，而那些留在屏東的則從事賭博、勒索、運送毒品和討債等活動（國家安全局 1997）。

屏東縣在一九九四年十二月被稱爲黑道縣市，當時議長鄭太吉與其幫衆當著被害人母親面前，開槍殺死經營賭場的鍾源峰，鄭發現鍾拒繳規費後選擇這種手段（汪士淳 1995）。鄭以殺人罪判刑，並在二〇〇〇年八月執行死刑（世界日報 2000a）。另外，前任縣長伍澤元因貪污案被判無期徒刑，一位屏東立委郭廷才因爲財物詐欺被判有罪。

組織性幫派

第二類犯罪團體——組織性幫派，與角頭和組合團體相當不同。這種幫派沒有自己的地盤，具機動性，靠暴力與恐嚇在角頭的地盤或商業區內活動。這種幫派比角頭團體組織得更好，從台灣各地招收成員（金士 1984）。大部分的組織性幫派都是外省子弟所成立，通常支持國民黨或新黨。

一九四九年國民黨到台灣之後，外省人開始支配台灣生活的每一層面，在之後的十年內，大部分台灣人必須依賴外省人生活。後來，外省人持續控制政治領域之際，經濟領域則愈來愈受台灣人控制，因爲他們有土地，而且下一代的教育程度也逐漸改善。與此同時，許多外省人子弟因爲貧窮和學校表現不佳而開始落後，結果許多眷村的年輕人加入幫派。

根據我訪談的資料以及各種二手資料顯示，外省人的組織性幫派最初的成因是省籍衝突。一名竹聯幫劉姓領導人說：「過去，我們（外省子弟）時常被本地的台灣人騷擾，因此我們很自然地聚在一起喝酒、打架，這些自助性的團體後來就變成幫派。」

另一名幫派份子解釋他變成兄弟的經過：「我會變成兄弟是因為我在眷村長大。在那種環境中的小孩，比都市小孩具有更多不同的經驗，都市小孩甚至不認識住在同一棟公寓的人。但是在眷村的小孩彼此都很熟，所以聚集在一起喝酒、打架是很平常的事。」

如前所述，相對於角頭團體，台灣的幫派組織得較完善。雖然有幾百個小型街頭幫派僅有一個老大和幾個隨從，但本章著重在全國性或全市性的幫派。這些大型組織雖然被認定為幫派，但本質上是組織性犯罪團體（蘇南恒 1997）。

典型的組織性幫派設有稱為總堂的總部，用以監督許多分堂的活動。總部有總堂主、副總堂主、總堂護法、總堂老么。在總部之下，設有許多堂口，如：龍、虎、鳳（全部是女性成員）、鷹、獅、熊。在堂口內設有堂主、副堂主、護法、老么和一般成員。

幫派在一九八〇年代和一九九〇年代快速發展的結果，使得一些台灣最大的幫派現在擁有幾百、甚至數千名成員，急遽的人數增加已經改變領導人和成員之間的關係。一名曾加入黃埔幫的王姓大哥說：「過去的幫派相當小，幫派每一個成員彼此都很熟，也彼此關心。如果有個小弟之被抓，就像我們自己的親兄弟或兒子被抓，我們會感到非常難過。現在的幫派非常大，成員彼此不認識，他們也不在乎。如果有小弟闖了禍，又怎麼樣？就讓他坐牢吧，沒什麼了不起。」

竹聯幫：天下第一大幫

竹聯幫是台灣三大幫派之一，台灣媒體把它稱爲天下第一大幫（陳長風 1986）。自從涉及劉宜良命案後，該組織名聞國際（Kaplan 1992）。雖然數十名大哥和數百名重要成員在各種掃蕩期間被捕，當局依然認爲竹聯幫是一個龐大的犯罪組織（國家安全局 1997; 林欽隆 1998）。

竹聯幫由趙林於一九五六年在永和市成立（當時是台北的郊區小鎮，後來在一九九〇年代升格爲縣轄市），取代原來的永和幫。雖然警察在一九五八年破獲該幫，但該幫在一九六〇年再度成爲一個有勢力的幫派，在台北許多地方都具有影響力。一九六八年一名領導人張安樂召集會議重組該幫。在張的領導下，幫派設立五個堂口——鷹、龍、獅、豹、鳳（池宗憲 1985）。在一九七〇年，陳啓禮命令手下追殺一名叛徒，該叛徒光天化日之下在台北商業區被砍傷，整個案件震驚台北。結果警察發動一波掃黑行動，竹聯幫自此消聲匿跡十年（金士 1984）。

一九八一年，一些老大開始經營地下舞廳，並希望進軍娛樂事業。陳啓禮被關了幾年後重現江湖，在那段期間又招兵買馬，重組幫派爲八個堂口——忠、孝、仁、愛、信、義、和、平。一九八一年底，又增加四個堂口：天、地、至、尊（張弓 1983）。到一九八三年，另外的十三個堂口成立，除了這二十五個堂口，一九八二年竹聯幫還在香港成立僑堂（海外分部）。香港警察在一九八五年搜捕僑堂，以犯罪組織之名逮捕七名成員。雖然幫派尚未在美國建立堂口，但是有一些幫派裡的成員已經在美國各地活動，包括：洛杉磯、舊金山、休士頓、達拉斯與紐約。這個幫派在菲律賓、沙烏地阿拉伯和日本也有人。

一些資料指出，竹聯具有總部，設有總堂主、總護法、總巡察。每一個堂口有自己的堂主、副堂主、堂護法、堂員。某些較有勢力的堂口之下更有分支機構，稱為「壇」，每一個壇有壇主、副壇主與壇員。所有的新進成員都稱為「竹葉青」，是組織的街頭戰士。

一些非官方資料指出，在台灣竹聯幫成員超過一萬名（金士 1984），有些重要堂口甚至擁有數百名成員。例如警察機關的資料與報紙顯示，和堂有五、六百名成員。在一九八四年一清專案中，天堂有五十二名成員，和堂有二十三名成員遭到逮捕。

新聞記者金士指出，竹聯幫沒有總部也沒有總堂主（1984），因為當年趙林成立這個幫派時，便已經宣稱永和幫前任幫主潘世明是組織的永遠首領。就像貢物獻給先驅，當時就決定幫內只有堂主，沒有其他人可以擔任整個組織的最高領導者。被稱為竹聯總幫主的陳啓禮，否認竹聯幫具有總部。在一項審判中，他堅稱堂口之上有許多平起平坐的領導者，他只是其中之一。然而台灣的警察機關認定竹聯幫一定有個中央組織，不僅嚴密監督屬下堂口，在某些情況下也提供堂口必要的財力和武力支援。

陳啓禮

竹聯幫的發展與陳啓禮有密切關係。陳啓禮生於一九四三年，六歲時和父母隨著從大陸撤退的國民黨來到台灣。父親是檢察官，母親是法院書記官。陳啓禮在一九五八年加入竹聯幫，當時十四歲。一九六五年從淡江大學獲得工程學士學位，在幫派人物當中這是一項了不起的成就。陳啓禮服役陸軍官拜少尉，退伍後從事商業美術工作，當時他領導竹聯幫弟兄和四海幫、牛埔幫打鬥。根據竹聯幫的一位元老說：

「一開始時，我們在台北沒有任何影響力，竹聯幫在當時基本上只是一個小幫派。那個時候最大的幫派是四海幫、文山幫和血盟幫。我們打敗牛埔幫之後，才有能力在台北發展自己的勢力，當時牛埔幫是一個具有威名的強硬幫派，也是本省的角頭團體。除了我們之外，沒有一個外省幫派敢和他們挑戰，我們只有三、四十人可以打，而牛埔幫大約有兩、三百名優秀的打手。儘管如此，我們還是打敗了他們。一旦我們在中山區獲得勢力基礎，就開始擴展，主要是因為許多年輕人願意加入我們。

在當時，我建議幫派不要擴張太快，因為我們還沒有真正擁有堅實的勢力。此外，如果我們太快招收太多人，也許最後幫內會充斥一堆二流貨色。我建議將幫派轉變成企業，一旦我們有了一個既是公司也是幫派的組織，就可以比合法公司更有效率地做生意。向華常也參加了那個會議。他父親向前是三合會新義安（香港最有勢力的組織犯罪團體）的教父，當向前被香港政府驅逐出境後，向華常便隨父親來到台灣。陳啓禮不同意我的看法，但後來向華常在香港實現了這個想法。你可以看到向家今天在香港生意做得多成功。他們也有資金照顧被殺或入獄兄弟的家庭。而竹聯幫至今還沒有這種資金。」

總之，陳啓禮決定發展竹聯幫，乃至於日後成爲別人口中的天下第一大幫，他也逐漸凸顯成爲幫派的老大之一。自一九六七年起，他便是組織內最有勢力的領導人。他在一九七〇年因爲重傷害罪被起訴判刑兩年半。出獄後被送到綠島管訓三年半，綠島是訓練和處罰慣犯嚴厲的地方，直到一九七六年才被釋放（羅檳彬 1988）。

一九七六年獲釋後，陳啓禮開始把注意力移轉到生意上，在一九七七年成立一家消防設備公司：承安企業。三年後該公司成長七〇%，台北有些豪華旅館就是用承安企業的設備。因此，在很短時間之內，陳啓禮已經參與合法生意，例如銷售與製造消防設備、國際貿易、水電工程、不銹鋼、重大機器、報紙雜誌、唱片業、夜總會（趙慕嵩 1992c）。

根據陳啓禮的說法，在一九七六年至一九八〇年他是一名守法的商人，而且徹底與竹聯幫隔絕。一九八〇年他再次出任該幫幫主，因爲有一些情治機關拜託他爲國家「做一點事」。在一九八四年十月七日，也就是在劉宜良命案之後兩天，陳啓禮在洛杉磯錄了一卷錄音帶，內容提到這件事：

「（黨外）政治人物與台灣獨立人士使用各種手段與地方流氓聯絡，並提供他們錢財和武力。對政府而言，這些人已經變成一種潛在的麻煩根源。因為在國外留學的台灣獨立人士不敢在各種事件中扮演先鋒，所以利用地方流氓打頭陣。群眾是盲目的，他們盲目地前進，他們盲目地跟從，像一九八七年中壢事件，就是由流氓做先鋒，群眾盲目跟從。高雄事件、美麗島事件，都是如此。

四年前各個層級的政府特勤組織來找我，因為我本來是台灣最大幫派的大哥，而且我在全台各地都有很大的潛在實力，因此政府要我重回幫派，重組竹聯幫。其次，如果（黨外）政治人物或台灣獨立人士要挑起暴動而且聚集地方流氓，我可以事先得知，以便政府防範。就在這種環境下我發展了竹聯幫，使它成為台灣第一大幫，實力凌駕任何其他的幫派。」（Committee to Obtain Justice for Henry Liu 1985: 47）

結果竹聯幫快速發展，幫派與住在美國、香港、菲律賓和沙烏地阿拉伯的成員發展聯繫（鐘連城 1998）。陳啓禮告訴我，在劉宜良命案和「一清專案」前後，他在幫派裡的地位：

「一清之前，我緊緊地控制竹聯幫，底下的人很有紀律。我入獄之後，幫派變成一團亂。在我第一次被移送管訓之前（一九七〇年），我確定竹聯幫兄弟不會魯莽行事，可是我被關之後，有些小弟就開始被大哥影響，從事犯罪活動。我釋放之後，刑事司法機關要我重組竹聯幫，於是我要求許多沒有紀律的大哥離開竹聯幫。」

陳啓禮因爲劉宜良命案而遭逮捕定罪，在監服刑六年，於一九九一年釋放。出獄之後他說：「這六年來，我就像一艘觸礁的船」（陳東豪 1991:84），陳啓禮和吳敦（一名開槍打劉宜良的竹聯幫大哥）被媒體與社會大衆視爲英雄。當他被監禁時，陳啓禮否認自己是竹聯幫領導人，但是他現在卻說要把竹聯幫轉變成爲一個合法組織。軍事情報局長汪希苓因派陳啓禮去刺殺劉宜良而被定罪，在當時也被釋放（廖福順與陳東豪 1991）。

獲釋之後，陳啓禮不僅恢復成功企業家的身份，繼續經營防火設備、媒體、印刷等生意，也開始投入景氣的建築業。泉安建築公司是一家領有高級建築執照的公司，陳啓禮在這家公司的掩護下發展他的企業王國，成爲全面性的企業體，旗下有數十家信譽卓著的企業。他也開始投資台灣以外的計劃，主要的海外投資之一是一百億人民幣的河南省月亮島開發計劃。陳啓禮想發展一處渡假中心，包括有飯店、酒吧、夜總會和高爾夫球場。

就在一九九六年治平專案之前，陳啓禮被診斷罹患腫瘤。根據他的說法，醫生叫他搬到東埔寨以擺脫商場壓力，尋找一個美好、安靜的地方養病（邱傑 2003）。他說在柬埔寨一處安靜地方安頓下來後，他的病居然不藥而癒，陳啓禮說：「有一天我醒過來，感覺疼痛消失了，我現在完全好了。」在他離開台灣不久之後，當局開始認眞執行治平專案，陳啓禮再次列名治平專案，成爲頭號目標。

張安樂

除了陳啓禮之外，張安樂也是竹聯幫最具有影響力的領導人。如同陳啓禮，張安樂生於大陸，但被認爲是全台和台灣兄弟關係最好的外省兄弟。他受過高等教育，在台灣獲得歷史學士學位，也在美國獲得碩士學位。大家也認定他曾在史丹佛大學讀過一陣子書（王丰 1995b）。

台灣媒體經常把張安樂稱爲竹聯幫的「大腦」，就是他提議在竹聯幫之下成立分支，以確定分支在幫派總部的控制之下（劉益宏 2002）。他在竹聯幫發展招募人員技術、訓練計劃與幫規的過程中，扮演重要角色（趙慕嵩 1999）。

劉宜良命案發生在一九八四年，當時正在洛杉磯經營餐館的張某被捲入此案。雖然張安樂未參與謀殺，但他在謀殺案之後企圖幫忙陳啓禮，結果他和幾位住在美國的竹聯幫成員遭到起訴。張安樂和他的幾位兄弟因爲運毒而被定罪，在美國一所聯邦監獄服刑約十年，一九九五年被驅逐出境（王丰 1995a）。

當他回到台灣時，受到竹聯幫熱烈歡迎。很快地，他開始經營自己的生意，但在生意做大之前，他涉及一項重大的圍標案件，雖然沒有直接參與犯罪的證據，但在一九九六年針對幫派份子第三次掃蕩的治平專案中，還是被鎖定成掃蕩目標。那年張安樂離開台灣到大陸安頓。

一名姓董的道上兄弟告訴我，他有多麼欣賞張安樂：

「有一個人，我要說他是真正的兄弟，那個人就是張安樂。在一名竹聯幫份子強姦一名婦女後，他帶著一籃水果到被害人家裡，代表竹聯幫致歉。還有一次，張安樂有個賺三千萬的公共工程商機，而他拒絕了。當我問他為什麼，他說這個計畫對我們的環境不好。這個人甚至知道保護我們環境的重要性！」

四海幫

四海幫，台灣三大幫派之一，是竹聯幫最主要的敵對幫派。幫派在一九五五年由十幾個高中生在台大校園成立。如同竹聯幫，所有的學生都是外省人，其父親都是軍人。成立幫派的主要理由是保護自己對抗台灣籍不良少年（鐘連城 1998）。一九六二年，四海幫在警察之命令下解散。一九七一年幫派重現，一些新領導者以經營賭場、色情場所鞏固幫派經濟基礎。四海的組織不如竹聯幫完善，有許多獨立的組織領導者控制組織的各個派系。一名領導人也許擁有餐廳或酒吧，而這個地方可能被當作成員聚會和工作的場所，從生意所得的財源可以提供成員吃住（金士 1984）。

根據一名四海幫的大哥說，四海幫與竹聯幫最大的區別是四海幫的領導者之間相處得比竹聯幫融洽。四海幫不像竹聯幫，領導者之間沒有內部重大的權力鬥爭。然而同一個受訪者告訴我，四海幫也不像竹聯幫，從來沒有一個有勢力的人物去領導整個組織。

蔡冠倫

蔡冠倫是四海幫出名的領導者之一，年約六十歲，頗有性格，受黑社會份子尊重。他曾經是戰鬥機駕駛，在一九六五年從空軍上校退役，後來從事國際貿易。一清專案期間蔡冠倫躲起來，四個月後被捕。當被監禁在南部管訓隊時，他和竹聯幫的領導者發動上百名人犯集體抗議，幾位人犯在事件中被殺。一九八八年他被釋放後，重新成爲四海幫的領導人。

蔡冠倫被釋放後，成立開南工程建築公司，成爲公司負責人。他當時雇用四海幫成員在公司工作，勸導成員擺脫幫派份子的態度，穿著三件式的西裝。一九九一年在一位記者訪談中，蔡說：「嚴格來講，『四海幫』其實已成了『歷史名詞』，我們正在跟律師研究，希望最快能在明年向內政部民政司申請加入人民團體，朝合法的社團努力。」（鄧至傑 1991a: 53）

儘管蔡冠倫宣稱是所謂四海公司的負責人，他和幫派成員密切聯繫，導致他在迅雷專案中被逮捕，隨後判刑入獄三年。釋放後他再度回到四海幫，這時他已經失色，因爲新進的年輕領導者不願和他分享權力。由於許多大哥在一清及迅雷之後成功轉型成爲政治人物，於是蔡冠倫也決定競選立委。他競選公職二次，但都嚴重失敗，每次都只得到幾百票。有人認爲蔡冠倫自知沒有勝算，只是對政治獻金的進帳有興趣，其他人則認爲他是一位過氣的教父。

劉偉民

另一名衆人皆知的四海幫領導者是劉偉民。劉曾經參與一些台灣最暴力的幫派對抗，數度躍上媒體頭條。也有人認爲他涉嫌參與殺人、搶劫。一清專案期間，劉逃到菲律賓，後來到香港，一九八八年初轉到日本去監管一處四海幫成員設立的賭場。然而一名暴力的台灣份子楊雙伍，因爲劉偉民在東京無視於他的存在而發怒，劉與楊舉行調停會議，讓楊在賭場插股。然而，劉對楊吹噓有能力從台灣調來殺手擺平楊所構成的威脅，於是楊帶了一群日本槍手去賭場找劉，並且殺掉劉偉民與他的保鑣。大部分目前四海幫的領導人都曾經是劉的小弟。

陳永和

如同劉偉民，陳永和是一名四海幫領導人，外號大寶，一九九六年在所擁有的台北海珍寶餐廳遭敵對幫派份子槍殺，在現場的另一位四海幫元老也被殺。謀殺案震驚台灣執法當局與黑社會，儘管尚未破案，但對於陳永和遭謀殺案有兩種推測。有人相信陳被殺是因爲他涉及廈門的覃世維謀殺命案，覃是松聯幫的領導者，他在一項土地交易案激怒許多四海幫的領導者。覃在被暗殺前，曾經列出一串想殺他的要命名單，其中許多人是四海領導者。這就是爲什麼王鑫（一位來自美國的幫派份子，後來成了覃某的好友）要殺陳的原因（葛樹人 1996）。另一個推測陳被殺的原因，是他在一項重大的財務糾紛中處理不當（何翔 1996）。

陳永和遭謀殺之後，警方預測台北的幫派間勢必發生全面性的戰爭。然而，儘管許多四海領導人當衆發誓要反擊，四海幫卻沒有報復行動。一名四海幫的大哥說：

「大寶（陳永和）在四海幫內從來沒有培養自己的人脈，我和楊光南、趙經華都是出身四海幫領導人，但我們都是跟著劉偉民，這就是為什麼大寶被謀殺四海幫領導人和成員沒報仇的原因。」

儘管如此，陳在一九九六年二月十一日的喪禮，還是被認爲是台北有史以來最隆重的一次。所有的重要組織犯罪幫派和角頭團體都送來輓聯，竹聯幫領導人還帶著一群騎馬的年輕人拿著竹聯幫的旗幟出現。數百輛進口豪華轎車結成車隊，一些台灣最有影響力的政府官員和民意代表，都在陳永和喪禮的治喪委員名單中。

楊光南

在警方蒐證的資料中，楊光南崛起一九八一年，在幫派中頗具實力，與前幫主「霸子」趙經華、精神領袖「大寶」陳永和交情甚篤，在幫中擔任中常委時，勢力就已凌駕各派系之上，也因而被警方盯上。不久，即因涉及黑道糾紛命案被捕。但楊光南在獄中並沒有閒著，開始注意到整個時勢環境的變遷，一出獄即投入當時油水最多的工程圍標，撈了一大票，有錢後轉而經營政商關係，打算將組織企業化。可是一九九七年組織犯罪條例通過後，改變了楊光南的一生，他因未在幫派自首兩個月期限內出面宣告解散幫派或退出，而被台北地檢署發布通緝，自此遠走海外（劉益宏 2002）。後來楊光南在大陸就逮，第一次遭遣送回台灣時，被四海幫眾營救成功而脫身，但不久又被捕，在台灣警界嚴密防範下被押解回台。

天道盟

天道盟可能是當前台灣三個最有勢力的犯罪團體之一，主要因爲該幫派大多由台灣人組成，且當中很多具有企業家或政治人物的身份（劉安迪 1995）。外省人在政治與經濟領域的影響力已經被台灣人取代，後者也已經取得台灣黑社會的控制權。

根據法務部調查局的資料，天道盟的成立「歸功」於一清專案：當警察無法降低幫派的成長率，便在一九八四年十一月十二日發動一項號稱一清專案的重要戰爭。不幸的，它只導致幫派發展出潛伏、再適應與轉向的權宜策略。例如一些重量級領導者和各幫派重要份子，面對這波強大打擊時，決定共同成立傳奇性的天道盟。同時天道盟的每個人專心於自己的工作，以合法的餐廳、娛樂、電影院和建築公司爲掩護（Cheng 1992: 3）。

記者葛樹人和洪政銘（1991）在時報周刊報導，天道盟於一九八六年十月三十一日成立於台北看守所，由羅福助領導。該幫派成立是因爲角頭老大在看守所內不能忍受年輕竹聯幫份子的傲慢態度，竹聯幫份子佔一清專案逮捕者的三分之一。然而根據羅福助的說法，天道盟的成立並非對抗竹聯幫，而是對抗整個台灣社會，特別是執法當局（林朝鑫 1994 b)。

儘管一清專案逮捕入獄的人於一九八七年至八八年之間被釋放時，一個強大的台灣超級幫派已然形成的謠言四起，但當時沒有人可以確定該幫派確實存在。天道盟第一次被證實存在，是成員李建亞在一九八八年十一月七日因持槍被捕，李對警察坦承是天道盟份子，從基隆調派到台北，在眞善美夜總會工作，經營生意投資的領導者有羅福助、吳桐潭、林清標、謝通運（獨家報導 1988）。

根據一名熟悉天道盟內部運作的人指出，天道盟的成員比較像生意人而不像幫派份子，不介入保護和小罪。然而一名竹聯幫大哥有不同的觀點，他說：「我們叫天道盟爲『四號盟』，因爲幫派成員經常使用海洛英，而其他幫派則以安非他命爲主。天道盟成員普遍使用海洛英是因爲管訓隊的人員販毒給一清專案被關的天道盟成員。」

根據壹週刊（2002a）報導，天道盟有十二個分會，包括太陽會、同心會、天鷹會、濟公會、孔雀會、太極會、天德會、文山會、敏德會、不倒會、仁義會、望天會以及一支特攻隊。雖然名義上屬同一個聯盟，實際上各分會是獨立的，甚至於有時會發生分會與分會之間的火拚。例如，太陽會與同心會之間就曾因爭奪地盤而發生好幾件槍擊案，造成太陽會綽號「世將」的大老方世祥在吉林茶行內被槍擊身亡。更有甚者，同一分會內也會產生新舊兩派。天道盟內最有勢力的太陽會，就曾因創始會長吳桐潭的舊太陽會以及後起之新太陽會之間發生衝突，而導致新上任的新太陽會會長閻當利於二〇〇二年二月在住家附近被槍殺（壹週刊 2002b）。壹週刊有關太陽會的報導公佈後不久，該雜誌大樓遭三十餘名太陽會成員持棍棒攻擊，造成三名保全人員受傷（壹週刊 2002c）。

羅福助

在台灣，當人們談到天道盟時，第一個想到的就是羅福助這個知名度很高的前無黨籍立法委員，電視螢幕上也曾經看到他毆打其他立法委員的畫面。羅福助號稱天道盟的精神領袖，曾經是新莊地區文山幫的大哥，是一九八四年一清專案的掃黑對象。一九八五年的一則新聞報導顯示羅福助的黑社會背景，「（某殺手）係延平區涼州街媽祖廟附近的『宮口幫』不良份子，並與『一清專案』目前落網的不良份子羅福助私交甚篤，且曾在羅所經營的職業賭場中持槍充任其私人貼身保鏢」（中國時報 1985:5）。羅在一九八八年獲得釋放後，積極活躍於房地產生意，據報導賺進無數錢財（陳俊斌 1999）。

羅也是迅雷專案的檢肅對象，但他從台灣逃到澳洲、新加坡、大陸，在這些地方擁有許多事業。迅雷專案兩年後他回到台灣，但是台灣當局未對他採取任何行動。一九九二年羅福助競選立委並當選，一九九五年連任立委。根據媒體報導，羅是一九九五年立委候選人中第二富有者，資產估計近一億（郭宏治與邱家宜 1995）。

一名訪問過羅福助的記者林朝鑫的資料顯示（1994b: 42）：「羅福助說『天道盟』要合法化，要正式向內政部提出申請，要師法日本『山口組』的模式去暴存良，朝企業化、國際化的方向前進。羅福助說黑道和流氓是不同的，社會不應排斥黑道。他說：『黑道讓人聽來害怕，令人聞之喪膽。但是黑道的定義在哪裡？是不是所有犯過錯、服過刑的人，都該歸類爲黑道？那麼這些人是不是一生便註定無法在社會上立足了嗎？天道盟如果眞的那麼可惡的話，爲什麼仍有生存下去的空間？爲什麼天道盟能在獄中草草結盟，短短數年便發展到今天這種局面？』『只要別人能做到，社會上有的事業，天道盟都能做，也都想做！』在羅福助的觀念裡，天道盟就是一個大公司。有別於一般公司行號的是，這個公司除了有雄厚的人際關係外，潛藏在背後的力量也令人不敢輕忽。因此，充份利用這些資源，予以企業化經營，有何不可？而這正是羅福助所一再強調的『組織企業化』。」

可以確定的是，這個幫派經營各種生意，包括不動產、酒吧、夜總會、按摩院、期貨生意、運輸與報紙。

羅福助成爲立法委員之後，被現行法律對民意代表的保護，規定在立法院會期間不得逮捕，他變得更不可碰觸。他的照片經常刊在許多流行雜誌上，而且至少有一位台灣的研究生寫了一篇有關他的碩士論文（陳俊斌 1999）。

然而大家並不清楚羅對整個天道盟有多少程度的控制。一名我訪談的天道盟老大不認爲羅在幫派裡有很大的影響力，一名外省幫派的大哥也告訴我：

「羅福助不能控制整個天道盟，許多分會的會長不聽他的命令，在各分會長之間總是有糾紛。事實上，分會基本上是獨立的。此外，你屬於哪個公司並不重要，現在都是說你是誰，把你當作個體。」

羅的兩個兒子也是在政治上有高度成就。大兒子羅明旭在一九九〇年代早期選上省議員，當時只有三十歲，成爲最年輕的省議員。小兒子羅明才二十六歲就選上國大代表，是最年輕的國大代表，也是國民黨最年輕的中常委（林朝鑫 1994b）。羅明才在一九九五年競選立委時高票當選。

吳桐潭

吳桐潭被認爲是天道盟第二號人物，排在羅福助之後。他本來是基隆地區的一名角頭，與羅福助在監獄內熟識。釋放之後，吳某成爲最有勢力的分會——太陽會的領導者，也是台北眞善美夜總會主要的幕後人士。

迅雷專案期間，台灣當局將吳桐潭列爲重大要犯，但在疑似幫派顧問的楊登魁遭逮捕後，吳和羅福助一樣，逃到大陸。民國八十年初，吳在大陸遭逮捕驅逐出境送回台灣（葛樹人、洪政銘 1991）。

其他幫派

除竹聯幫、四海幫、天道盟，還有其他組織幫派活躍於台北，這些幫派大多由外省人組成，包括松聯、北聯、萬國、三環、飛鷹、海盜和血盟。松聯幫和北聯幫與竹聯幫、四海幫被認定爲台灣最大的四個外省幫派。在一清掃黑期間，當竹聯幫與四海幫重要領導人入獄時，松聯儼然成爲具有勢力的組織幫派之一（國家安全局 1997）。後來因爲先前被捕入獄的領導人被釋放，加上天道盟出現，松聯幫現在已經式微。一九九九年幫主唐重生被不知名的槍手射殺後，北聯幫同樣處於式微狀態（時報周刊 1999b）。

組合團體：非幫派、非角頭

值得注意的是，有些台灣慣犯並不屬於任何組織性幫派或角頭團體，這些慣犯經常附屬於所謂的強盜集團或綁架集團，有時比幫派或角頭份子更冷酷、惡劣。當幫派和角頭份子愈來愈參與無被害者犯罪或白領犯罪時，非組織性犯罪者則傾向觸犯掠奪性犯罪，如搶劫、綁架、勒索。

和組織犯罪團體相比，雖然非組織犯罪者比較沒有能力滲透台灣社會的經濟與政治結構，但後者被認爲比前者更暴力。自一九八三年起，台灣警察機關偶而專刊列出全國十大通緝犯，在一九八三年至八五年之間，有二十九名要犯上榜，其中只有兩名沒有開槍殺人。然而，這二十九名中，只有五名是犯罪組織成員，另有五名嫌犯殺死或傷害一名或一名以上警察，當中沒有一個是幫派份子（陳年 1985b）。

最近台灣當局開始使用不良組合或不良團體來描述活躍於市郊的小型犯罪團體，這些團體正常都有一個老大和幾名隨從，所從事的非法活動則限於他們的周遭地區。警察經常以團體老大的姓來認定一個團體，像吳姓組合、李姓組合等。這些團體活躍於買票、政治暴力、非法賭博、色情行業，而且有些團體老大是地方政治人物，如鄉鎮長或縣議員。根據一名組合團體的兄弟說：「我國一時從學校中輟，在服兵役之前，因使用、販賣毒品被逮捕。我跟著一名大哥，而我們是所謂的不良組合，我們一群有三、四十人聚在一起。」

另外一名組合份子告訴我：「我曾經跑遍全台灣，從來沒有跟著一名大哥或一個團體太久。我們都是在討生活，哪裡有錢就去哪。」

以高雄縣某一市爲例，該市分局列管之「不良幫派組合」就有六個。其中一個組合的陳姓老大爲該市前任民代，曾以經營俗稱黑棋子（骨質天九牌）之大型賭場爲主要經濟來源。該組合一共有十一名成員，自從老大被列爲治平對象且以直升機送往綠島後，成員分散各地，現以插股電子遊樂場爲主要經濟來源。另一個組合成員只有五人，但其中一人楊某連續三屆擔任該市代表會主席。該組合以養鴿參賽爲主要活動。另一個擁有十八人的組合以暴力手段壟斷該地區之葬儀生意，其首要份子姓簡，雖未直接參選任何公職人員選舉或明顯固定支持黨派，但對政治相當熱衷，以達到維護其勢力及日後參政的目的。其他三個組合則以暴力討債、工程圍標及經營或圍事商業行號爲主要活動。

根據該市分局對列管之六個不良幫派組合之定期專案報告，我們可以做下列判斷：一、基層警方對轄區內之組合成員及其活動所知甚詳；二、多數組合都有一位成員具有民意代表身份，那些沒有民代之組合亦與地方上之政治人來往甚密；三、多數組合深入基層，且與地盤內之百姓已建立一定的關係；四、執法單位似乎不太可能把組合團體消滅掉，因爲雖然警方經常將這些組合以違反組織犯罪條例移送地檢署偵辦起訴，但多數獲法官判爲無罪。

結論：要有錢、要有槍

根據我的受訪對象，台灣的黑社會在過去二十年已經急遽改變。第一，幫派與角頭份子現在重視金錢遠勝於一切。一名高雄角頭份子告訴我，現在黑社會只重視錢，忠貞、勇氣、信任等老價值觀已經消失。另一名高雄角頭告訴我，一個黑道份子現在要面子，就必需要有錢。因爲我去訪問他時他很落魄，他說甚至自己出現在其他兄弟邀請的晚宴上，都會感到「歹勢」（難爲情）。

第二，武器現在是黑社會第二重要資產。許多受訪者告訴我，現在黑道份子擁有強大武器是多麼重要，因爲這將決定哪個人或團體在幫派的對抗中佔優勢。一名角頭份子說：「在黑社會是五〇%的錢和五〇%的火力，你必須兩者都有才能在黑社會成功。」

第三，傳統幫派價值觀與規範式微。過去，小弟尊重他們的大哥，現在，大哥如果不願意或不能符合小弟的金錢需求，可能被小弟殺害。

第三章 兄弟，做什麼的

像世界其他組織犯罪一樣，台灣的黑道也常向企業主勒索金錢，或要求提供「保護費」。台灣有賭博及賣淫的市場需求，幫派操縱這些不合法的事業乃司空見慣。另外，台灣也有地下錢莊的組織供走投無路、借貸無門的老百姓或生意人融資，當他們還錢有困難時，暴力討債就成爲常見的犯罪現象。

在台灣，法院民事官司曠日費時，人民對司法沒信心，因此，非正式的「調解」便用來解決生意上的爭論與衝突。有影響力的黑道人物成爲許多生意紛爭的仲裁者。只要處理成功雙方滿意，幫派可以從中獲得一筆可觀的金錢。暴力，是上述所有犯罪活動的核心。

以下分述勒索、賭博、賣淫、討債、調解糾紛及暴力，來說明台灣「傳統」的幫派犯罪活動。

勒索

勒索是台灣黑道主要的幫派活動。勒索對象包括小吃攤、餐廳、舞廳、理容院、茶室等。這些企業往往爲逃稅而未向政府登記，或者即使登記，仍會暗中從事色情活動。爲避免被舉發，企業便得交保護費給黑道，否則他們可能會被幫派攻擊或遭竊。

勒索活動可以是不露痕跡的。臺北市萬華區廣州街的黑道兄弟不斷騷擾店家，要求店家高價買茶葉或讓他們白吃白喝。一九八〇年代中期後，勒索活動有了新的招式：兄弟向企業主要求「插乾股」，只管分紅卻不負擔損失。此類勒索行爲亦可見於日本山口組（Kaplan and Dubro 2003）。

有些黑道的地盤靠近火車站，便向車站附近的計程車司機代拉長程客人，藉以索取約三分之一的服務費。例如，台南車站有許多計程車司機從外地來，爲了回程賺些錢，便與在地幫派合作，以便攬客（王丰等 1984）。

除了攤販、計程車司機、公車司機及小企業家之外，醫生也是被勒索的對象。一位姓高的醫生說：「我一開門營業，就有個傢伙要我買一隻三千元的筆，在一九八〇年代，這是一筆爲數不小的數目，一些牛埔幫的成員也來跟我勒索保護費（診所是位在牛埔幫的地盤上），我馬上報警，一位警察帶我去見角頭，說我是哪位警察的親戚，角頭老大保證我沒事之後，這些人才沒來騷擾我。幾年前，我又被一名歹徒寫信勒索兩百萬，這次我仍然立即報警，但還是擔心害怕了好幾個月，甚至上班外出時都得加穿防彈衣。你能想像一名醫生穿防彈衣工作的情景嗎？有一次，那個歹徒打電話恐嚇，要我馬上帶兩百萬元給他，我立即報案，警察全副武裝趕到我的診所，但沒抓到歹徒。」

一九八〇年代早期台灣經濟起飛，黑道勒索金額往往以百萬計。根據商業周刊（1989）調查：二三·三%的製造業曾親身遭到勒索、七八·三%的製造業曾風聞同業被勒索，大部分被害人遭勒索的金額在一到五百萬之間。另外，到了九〇年代，根據警政署的統計，十家企業裡面，有一家被勒索過，而受害最深的是食品製造業與金融業（中國時報 1990）。

一九九〇年早期，台灣許多企業主爲了避免被勒索而放棄台灣的事業，和家人一起移民國外。留下的企業家則維持低調，盡量少涉足昂貴的餐廳或娛樂場所，穿著普通，開便宜的國產車，以免引起注意。

近幾年來，地方選舉候選人成爲幫派新的勒索對象（第六章將會討論有錢人以買票介入政治的議題），許多有才華的人因爲沒錢買票，而被擋在政治的門外。從一九九〇年代中期起，民意代表或政治候選人大多曾被黑道勒索，但事後，這些被勒索的公眾人物通常不願報警或聲張。

除此之外，民代與生意人也偶爾被通緝的黑道人物勒索。這些暴力的黑道份子知道自己若是被捕，經常是死路一條，因此對想要的東西絕不鬆手，所以被勒索的企業和有力人士極不願意拒絕跑路的黑道份子的要求。大部分的人質因付贖金而獲釋，但有些則被滅口或在取贖金過程中出差錯而被害。在台灣犯下綁架罪，通常會被判死刑，過去十五年來，台灣對這些綁架犯科處重刑，但對這類罪犯似乎沒有明顯嚇阻效果。

賭博

角頭與幫派都與賭場有很大的關聯。在北部城市賭場都開在飯店或旅社，在偏遠南部地區則開在甘蔗園裏（趙慕嵩 1999）。

在台灣，賭博是罪犯的命脈，它是賺取財富最快最安全的方法。商人被「請」去賭博，這總比被勒索好，斷然拒絕只有帶來更大麻煩，所以商人也沒膽拒絕賭博。除了商人，有經營賭場的道上兄弟也會被邀請去參加賭博。在禮節上請別的兄弟到自己的場子賭完後，自己也得到別人的場子賭。如果這些經營賭場的道上兄弟沒有這種禮數，有可能被攻擊或他的場子被搶。至少他會被黑道排擠。賭場間的互惠是不同幫派間建立關係的重要機制，可以看出個人或團體的影響力、及幫派或個人間的敵我關係。

一個曾經活躍於經營賭博的黑道角頭跟我說：

「當我們請商人『贊助』賭場時，他們就準備輸。他們所以會願意，是因為他們知道我們不會在其他時間再去打擾他們。如果他們『幫助』我們，我們也會幫他們搞定棘手問題。我們盡量找商人來賭，因為不用回饋禮數。如果來賭的是道上兄弟，我們也得到對方的場子去賭。兄弟輸的賭債，按習慣要打七折計算，有些兄弟只有一塊卻要賭十塊，要是還不起，就會發生暴力事件。我們經營賭場抽五%，所以到最後錢都進我們口袋，但是我們也必須賄賂管區的警察。」

賭場只收現金，除非開支票的人知名度高且非常有信用。賭場裏的吃喝是免費的，通常賭場一開始營業，就是幾天或幾個禮拜全天候賭，之後就會解散。好幾百萬台幣幾天之內就落到開賭場的人的口袋，稀鬆平常。

賭場常見到暴力。有些兄弟賴賬不付現，堅持向莊家借錢；有些賭場是跑路的角頭爲了籌跑路費出國暫時開的，這是典型且快速的賺錢方法。但是就我所訪問的人士來說，並非每一個賭場都能賺錢。一個警察就曾說：「通常一個賭場開十五天左右就會解散，以免被警察破獲、有些賭場是由警察或政治人物包庇，這樣其他黑道角頭就不會騷擾。有些賭場不會賺錢的原因，在於：被警方破獲、賭場負責人被黑道角頭勒索、賭場負責人討不回賭債。」

一個高雄黑道角頭王大哥指出賭場成敗的因素，他說：「通常，經營賭場不保證獲利。首先，無論在自己或別人的場子，你得精於賭博，而且得有能力贏錢。另外，你要討得到賭債；我們常說一句話：『不在贏多少，而在討到多少』，而且賭前賭後打點客人也很花錢。」

經營賭場者和有錢人關係良好，開設賭場較容易賺錢，但錢賺得快去得也快。一個姓黃的兄弟說道：

「我在宮口幫裡的時候，賭場生意好的話，一天可以賺五千萬。當然那是因為老大認識很多有錢有勢的人，請他們來賭的關係。但我們花錢如流水，有一次，大哥和我們一天花了一百萬，最後甚至要回家時，連坐計程車的錢都沒有。」

很多幫派份子被殺是起因於賭博糾紛。一個被宣判死刑後改判無期徒刑的兄弟說：

「我被判死刑是因為我幫助一個被賭場莊家詐賭的朋友。當時的情形是，我和幾位兄弟進入賭場，當我要替朋友要回賭輸的錢，他們就把賭場的鐵門拉下來，使我大為緊張，於是我問出賭場老大是誰之後，就朝那位老大開槍。當時我並沒有要置他於死地的念頭，但他在我開槍時移動了身體，導致子彈射到他的心臟。而我開槍後，我的兄弟也跟著開槍。事後我才知道我殺人了。」

因爲黑道經營賭場需要自保，必須擁有武器；想去勒索賭場的人也必須有武器；同樣地，討賭債也需要武器槍械，所以黑道莫不擁槍自重（莫懷 1980）。與其自己經營賭場，有力的黑道角頭如楊雙伍，會在自己的地盤向那些開賭場的人先收二〇%的佣金，擺平黑白兩道，這樣就可以安心開賭場不會受干擾（吳國棟等 1987）。總之，開賭場要和黑白兩道都有聯繫。一個理想的賭場經營者，就是有黑道背景的政治人物，有相當多比例的地方政治人物就是屬於此類人物。我在第六章會針對此議題詳細討論。

除賭博外，黑道也參與大家樂或六合彩賭博（趙慕嵩 1987b）。大家樂在一九八〇年代中期引進台灣時，南台灣有三百多萬人參與賭博，有十分之八的家庭受到影響，尤其是低收入階層。這項賭博在計程車司機及店員之間大受歡迎，甚至到了開獎時，會有叫不到計程車可搭的情形發生。更令人驚訝的是，許多廟宇成了大家樂賭徒求明牌的地方（高靜芬等 1986）。

黑道對此也涉入甚深，據說大家樂會如此興盛，是因爲天道盟居中扮演關鍵性角色，它是「終極錢莊」，吸收所有組頭無法接受的下注。一個高雄的王姓黑道組頭表示：

「過去我當組頭時，手上有超過一億元的資本。起先我自己不賭，只作組頭，所以賺了很多錢，因為大家樂盛行時，家家戶戶都賭。後來我自己也開始賭，且跟天道盟聯絡上。後來天道盟開始接受無限的籌碼，要我無論籌碼多大都接受，他們會接管。後來有一次天道盟要我收下後又變卦，我又不能退回賭注，當這些簽賭的數字開出來後，我輸得慘兮兮。在台灣的賭博圈，是有信用和名譽的，那就是為什們你很少看到組頭跑路的原因，他們多數會負起責任。」

儘管大多數組頭多肯負責，總是有幾個組頭賴著不給彩金，因此暴力時有所聞，自然大家樂與暴力是分不開的（趙慕嵩 1987b）。

色情行業

黑道涉足色情行業甚深，儘管台灣主要的城市曾經都有合法的娼館，但是旅館酒吧、撞球間、理容院、夜總會及飯店仍暗地從事性交易（池宗憲 1987），台北、台中、高雄是北、中、南三個色情行業最猖獗的城市（鍾白 1984）。

大部分有照的妓院都被黑道控制，要付保護費。例如萬華地區是芳明館所把持（全台其他城市有照的娼館也一樣），性工作者必須付給黑道保護費。無照從事性交易的地方——如旅館——則黑白兩道都要付錢打點。有些是黑道直接經營旅館從事性交易，雇用兄弟作代客停車或服務生的工作，以免其他黑道來剝削。

在台灣，有些不肖警員也會收地下企業的錢。對有些退休警察來說，到色情行業當公關或保鑣是最佳出路。這讓色情行業有運作空間，也讓警方可以收賄（葛樹人 1988a）。一位從事色情營業的老闆說：「因爲我們是非法經營，假如我們不貢獻錢給土地公（管區警察），就不能做生意。花小錢賺大錢，對我們來說是值得的。此外，我們有白道的保護，黑道就不會騷擾我們，何樂而不爲？」（葛樹人 1988a:137）

一九九〇年代早期經濟起飛，舞廳及夜總會轉型爲理容院及鋼琴酒吧。理容院是由不懂按摩的漂亮小姐來吸引按摩客人，讓他們待久一點，花多一點錢。有些台灣的理容院的裝潢，高級得讓人吃驚。鋼琴酒吧一樣裝飾得很豪華，是非常有錢的人消費處所。有些小姐的學歷還相當高，但是她們不公開從事性交易，客人會以護送之名，將小姐帶出場以達性交易的目的（葛樹人等 1994）。

黑道在台灣也經營ＫＴＶ。有些店容許顧客對女服務生（公關小姐）上下其手，在店裡面消磨，並讓小姐自己決定要不要出場（趙慕嵩、洪政銘 1992）。

一位屏東姓潘的圈內人士說明角頭如何開KTV賺錢：

「黑道人物也從事KTV的營業，阿良（化名）和一伙兄弟在中台灣開了一家KTV。四個人每人投資一百五十萬湊了六百萬，但一家KTV需要一千六百萬元，於是他們找會來消費的人當承包商，並開遠期支票（一千萬）給承包商，等到KTV開幕，承包商就必須蒞臨消費。當那些支票全部兌現時，那群兄弟早已賺回了本。然後，他們就以一千萬把生意轉讓。如此一來，他們肯定賺錢。」

事實上，有些黑道角頭非常不願意經營色情行業，是因爲不願「靠女人吃飯」。然而還是有許多黑道人士願意投資，只要不涉足實際的日常經營就好。

討債

在台灣，生意人不要求抵押品，就借錢給急需錢的人，是很常見的行爲。黑道角頭在賭場內也是如此互相借貸。但是如果債務人不能如期還債，債權人可能會雇用幫派份子討債，酬勞是討得金額的五〇%，造成有些債務人因還不起而自殺。曾經有一位建商，因爲還不出數百萬元的賭債而尋短。幾個竹聯幫份子曾因攻擊及恐嚇欠債的旅行社而被捕。諷刺的是，有時同一個幫派同時接受了債權人與債務人的調停委託，造成幫派份子爲了討債而殺死自己幫內的人。

近來有些人債留台灣，一九八五年一月有一名商人在台灣欠人一大筆錢，而和家人逃至馬尼拉。幾個星期之後，那名商人、太太、五個小孩、商人的哥哥和大嫂的屍體在馬尼拉郊區被發現（世界日報 1985b）。之後，馬尼拉和台北的警方共同宣稱，被害人遭債主所雇的竹聯幫份子所殺害（中國時報 1985）。

因爲大多數的債務人都逃到美國，於是債權人雇用在美國的台灣黑道份子代爲追討，通常討債的佣金是五〇％（世界日報 1984）。

來自彰化的一位兄弟說：

「在台灣，除了開賭場、充當候選人的跟班、保護大哥的夜總會外，我們也幫人討債。我們總是堅持債權人跟我們去找債務人，這樣別人就不會批評我們的行為。只要我們能找到債務人，我們就有信心拿到錢。最糟的就是找不到債務人。」

總之，債務人若還不出錢，債權人會找幫派討債，後者會給債務人擬定一項合理的還債計劃。若債務人還是不合作，幫派可能會嚴重地傷害他們、甚至加以殺害。

調解糾紛

甘倍德（Gambetta 1993）指出，西西里黑手黨的主要功能是規範各種人與人之間的交易。據費根諾和瓦寧（Finckenauer和Waring 1998:20）所言：「甘倍德認爲西西里島黑手黨主要的活動是提供『私人保護服務』，確保交易之一方或多方人員之人身安全與經濟利益。在信任不足及交易雙方關係極脆弱的情況下，他們的行爲就像是民事法庭或商業局的角色。黑手黨成員於是成爲信用的販賣者，而黑手黨的榮耀則源自於他們提供可靠的保護，以此博得名聲。」

甘倍德的私人保護理論可摘要如下（許春金 2003）：

一、保護組織（犯罪幫派）的出現，是爲了滿足一個龐大的私人保護市場；

二、提供保護的企業會很自然的出現在私人保護需求很高的地方，但是很難向外輸出；

三、這種提供保護的企業內部組織是層級節制、職級分明的；

四、以保護爲業的公司企業之間，是以鬆散的勾結形式聯繫；

五、制定入會儀式，主要是爲了防止其他人盜用保護企業的商標；

六、使用暴力，是爲了建立並維持保護者「有信用」的聲譽；

七、保護者不是勒索者，他們是真的為顧客提供實際的保護；

八、容易受類似黑手黨組織控制的合法企業，具有以下的市場特徵：產品製造不需要有太精細的分工、較低的進入市場障礙、較低的技術、較少技術的勞工、對產品的需求彈性較低、許多小規模的生產公司及有工會的組織；

九、保護企業傾向於在一小塊地盤內向所有經濟交易提供保護服務；

十、保護服務的前途愈不穩定，保護服務愈有可能轉變為勒索行為；

十一、保護者精於向非法市場的經營者提供保護服務，如果他們直接參與非法事業的經營，他們就不是保護者而只是事業主；

十二、假使一個保護者投資非法企業，這純粹是個人投資，與其犯罪組織無關；

十三、一個保護者是可以自由地尋找生意合夥人，以經營非法生意。

台灣的黑道，就像西西里黑手黨一樣，有調解糾紛的功能。好比民事法庭一樣，保護交易雙方的人員及利益。當交易雙方互信基礎薄弱的時候，黑道提供可信的保護。尤其當法律不公或影響商業效率時，交易雙方又都處於非法或半合法的情況下，法庭解決爭端曠日費時，交易雙方會傾向找黑道私下搞定。一個竹聯幫大哥黃先生說：

「這是狗咬狗的世界，有很多爭端透過法律管道不能解決。有一次有一個人欠我錢，我告他刑事，法庭說這是民事；我告他民事，又拖好久。最後我找兄弟出面，一下就解決了。」

除了涉及商業糾紛外，黑道也涉入醫療行爲不當的糾紛解決。一位台北的婦產科高醫師說：「每次我被病人控訴醫療失當就要被剝一次皮。萬一我的病人開刀後死了，病人家屬會要我賠償，但我沒有醫療失當方面的保險，因爲保險公司賠償的先決條件是我必需承認失誤。但我不能承認我做錯了。如果承認，我要負擔刑事責任，可能會坐牢。如果我被懷疑有過失，病人家屬會找幫派份子來跟我談條件，由幫派份子的介入而導致賠償金額會有如天文數字。這就是我爲什麼不再從事開刀手術，僅做一些預診服務的原因。」

有些我訪談的黑道角頭承認介入調停，但他們並不是只爲了錢：「基本上，人在江湖身不由己，人家找上門要求幫忙，我們很難說不。出面排解糾紛大多能和平解決，但是如果我們使用了不正確的處理方式，很可能惹上殺身之禍。其實我們在幫人解決糾紛時，並沒有賺多少錢。」

不是每一個大哥都是適合當調停人，一個竹聯幫大哥翁先生說：

「並不是你想要排解他人糾紛，你就能夠排解，只有你夠條件時，人家才會找你出面幫忙，舉劉先生（另一名竹聯幫大哥）為例，他成為調解人是經過多年的努力慢慢建立起他的聲望，並且冒著被傷被殺的危險，才有今天的局面。」

假如主持調停不小心，有可能會喪命。因此一位兄弟要清楚知道介入調停的方法和時機。一個竹聯幫大哥陳先生說：

「調停的前提是爭論雙方都願意接受調停。如果一方不願意，我們不會介入，如果雙方不讓，大家都沒好處。所以，最好雙方各讓一步，以便雙方以及調停者三方都有好處。會發生暴力衝突，就是因為有一方想獨吞所有的好處。所以如果我們調停，是不能索取太多回饋的。」

一個角頭人物黃大哥說明如何主持調停：

「當我們受邀介入時，我們一般都會要求金錢報酬，除非是非常親密的朋友。我們總要確定調停結果是不是對雙方公正、公平，而不是你付錢給我們，我們就不管你合不合理，一味地幫你說話。」

有些黑道角頭甚至以不收分文，極擅調停而聲名大噪。一個有影響力的兄弟告訴我：「我經常調解衝突，我會確保所有牽連的人都能公平的解決，因爲我的介入不是純粹爲了賺錢，他們通常會接受我的調解。」另一個竹聯幫大哥張安樂解釋爲何他常常受邀調停糾紛，而在什麼時候會暴力收場：

「我可以調解台灣中南部兄弟的衝突，是因為我不取分文。我不介入工程圍標或地方政治。一般來說，調解所以會走樣往往是因為調解人貪心，想佔有對方的利益，同時保護他所代表的一方利益。對方當然會反抗。除此之外，調解人要有崇高的社會地位和名聲。總之，當地方政壇與選舉有關的衝突產生時，有實力有影響力的人士就需要出面調停。要不然就像伊朗和伊拉克戰爭一般，雙方都要付出極高的代價。」

甚至一個非黑道的立委也承認黑道角頭非常擅長調解紛爭。他說：「黑道是很好的經理及仲裁者，他們知道如何管小弟，如何調解社區中的爭端。」

總之，台灣很多人願意結交黑道，是因爲他們需要後者幫忙解決經濟、政治及其他爭端。資深記者劉益宏說：「小弟到『特種行業』上班賺錢，大哥們通常靠『談事情』營生。『談事情』指的是幫人調解糾紛。他們說這就像鄉鎮調解委員會一樣，爲糾紛當事人謀求合理解決紛爭的辦法。雖然事情談妥之後，大哥們會有一些利潤，但糾紛也彌平了，社會因而祥和，大家都是贏家，又有什麼不好？」(1995:23)。

社會/文化、財務或政治等等的衝突之協商、仲裁，是台灣黑道的主要功能之一。不但有錢人或有影響力的政治人物在遇上糾紛時需要黑道代爲調停衝突，連升斗小民在與人發生衝突時，同樣需要黑道的調解。因此，政治人物、商人、警察、官員和黑道人物因糾紛需要排解而全部牽扯在內的現象，也就不足爲奇了。

暴力

一九九〇年代中期，台灣有許多道上人物被謀殺（張傑 1996）。有些謀殺案是殺手的縝密計畫，有些卻是偶發事件。無論如何，台灣的黑道人物有可能在任何時間與地點被殺（林朝鑫 1994c; 1995a）。

在台灣，幫派暴力可區分爲兩類：內發性與外發性。內發性（內鬨）可分爲下列三種：同一幫裡的幾個小弟宰了大哥；新舊大哥之間的衝突；同一幫裡的兩個不同派系（或堂口）搶同一筆生意或同一塊地盤。

第一種內鬨出現在一九八四年一清專案掃黑後不久。一清專案掃了很多大哥入獄，動搖了小弟永遠尊敬大哥的江湖倫理。一九八四年以前，小弟殺大哥是不可想像的事情。但現在，大哥關了三年出來後，發現小弟變了，如果他拒絕小弟的金錢要求或拒絕讓小弟從事非法活動，便可能招來殺身之禍。一九八八年有三個芳明館的老大林春發、連名彥、黃忠義被小弟幹掉（葛樹人 1988c）；另外，桃園縣中壢市有一個有名氣的大哥邱正宏（咪咪），拒絕小弟對其家人的勒索，結果被綁架、謀殺，手法殘忍，震撼台灣黑社會（葛樹人 1988b）。

第二種內鬨是由於一個幫派中兩個階層爲了爭奪幫派領導權所致。例如在一清專案之後，小弟變成幫派的新領導人物，但是當原來大哥從監獄被釋放出來，想要拿回領導權，假如新的領導者不願意交出領導權，這時候就會發生內發性的衝突。

第三種內鬨則出現在同一幫的兩個派系試圖保護相同的地盤，例如在台北商業區一家生意興隆的卡拉ＯＫ，成爲竹聯幫兩個堂口爭相保護的對象，雙方因此爆發衝突。

外發性衝突也分三種：討債、搶地盤、搶生意。討債及搶地盤的暴力手段已如上述。近來大部分幫派間的外發性衝突是因爲調停生意爭論失敗的結果。有名的例子是四海幫的大哥陳永和（大寶）爲了一筆十億的生意，無法和松聯幫老大覃世維達成協議，事後覃被殺，很多人認爲和陳永和有關。最後，陳也因此被松聯幫的專業殺手所殺害（張傑 1996）。

無疑地，台灣的地下社會是極端暴力的世界。過去三十年來，有許多黑道份子被敵對幫派謀殺，也有許多政治人物、影劇圈人士得罪了黑道大哥後被攻擊或殺死。然而，台灣的黑道份子不像西西里（Stille 1995）或中國城的黑道份子（陳國霖 1995），他們很少槍擊檢察官、執法官員、秘密證人，即使台灣的地下社會已經被政府以不甚符合程序正義的手段掃蕩過好幾次。當台灣的黑道人物被當局壓制時，他們會躲起來，而非反擊執法人員。

結論：以暴力爲後盾

台灣黑道份子需要經由上述手段賺錢，是因爲大哥有養小弟的義務，他們在壓力之下，必須不斷地進行勒索、經營賭場、經營色情行業、爲人討債和調解糾紛等活動。但這些活動都要以威脅、暴力作後盾，如果對方不賣面子，除了動手別無選擇。

無可否認的，台灣有些黑道人物已經轉型爲知名公司老闆或成爲政治人物，而且放棄傳統組織犯罪活動。然而，今日仍有數百名中級的黑道份子繼續從事「傳統」的勒索、賭博、色情行業、討債，來維持自己及手下的生活。

依台灣學者許春金（2003）研究資料指出，臺北市有組織犯罪集團（無論是外省幫或本省幫），以對商家及攤販的恐嚇勒索爲其主要的違法活動和經濟來源。恐嚇勒索的對象雖是以地盤內的商家爲主，包括餐廳、咖啡廳、工地、賓館、卡拉ＯＫ、理髮廳、舞廳、電動玩具店、珠寶店及傳播公司等，但他們勒索的對象不僅於此，而是秉持著企業追求顧

表3.1　臺北市本省幫與外省幫從事違法活動

違法活動／幫派省籍	經營色情理髮廳	經營酒家	經營賓館	經營卡拉OK	經營賭場	主持六合彩	向商店攤販敲詐勒索	組成遊藝團趁機斂財	為野雞車爭地盤拉客	代人討債	圍標工程	充當特種行業保鏢	無違法活動	合計	百分比
外省幫	0	0	0	0	8	0	10	0	0	4	0	3	1	26	22.4
本省幫	4	3	2	2	9	2	31	9	1	8	2	8	9	90	77.6
合計	4	3	2	2	17	2	41	9	1	12	2	11	10	116	100
百分比	3.5	2.6	1.7	1.7	14.7	1.7	35.3	7.8	0.9	10.3	1.7	9.5	8.6	100	100

資料來源：許春金（2003）

客和開創市場一樣的精神，只要有利可圖，勒索便隨之而來。因之，他們可以恐嚇勒索有固定營業場所之商家，亦可勒索爲時短暫之工地，或插手土地買賣，債務糾紛或甚至擄人勒贖、圍標工程等。

次要的違法活動則以經營賭場爲主。以現狀而言，賭場常是幫派份子養家活口的工具，是連絡站和內部聚會的場所，以及重要經濟來源之一。賭場參與者以商家巨賈居多，經營者的利潤豐厚。賭場常設在社區中的隱密地方，外面放哨，警察不容易偵破。而有的賭場更在當地社區存在十數年，常有三、四個場所換來換去，不容易被捉到。表3.1顯示各種幫派主要的活動。

從表3.1很明顯的可以看出來，無論

是本省幫或外省幫均以向商家、攤販敲詐勒索爲主要的活動，其次則是經營賭場，或以遊藝團、舞獅團趁機斂財，兩者在此並無太大差異。其他較次級的活動型態尚且包括經營影藝公司、茶行、期貨公司、地下舞廳及酒廊、色情理髮店、娼妓館、放高利貸（如松聯幫以經營地下錢莊而著名），強迫推銷價值不相當之物品及包檔包秀等。

但活動型態亦隨地區而不同。如牛埔幫在中山區，搞賭場較難，因此以經營特定營業（如地下舞廳、遊藝場）或酒廊爲主。而舊社區的幫派（如芳明館幫、華西街幫）則包娼包賭。而外省幫派由於缺乏自己的地盤，故外出發展，具侵略性，以恐嚇勒索居多，或代人討債等。

現階段有些幫派活動有朝向合法行業延伸的傾向，涉足地下投資公司、房地產業、酒廊、證券行。幫派均隱而不現，居幕後操縱，成爲擴展行業之手段。

總而言之，幫派的活動可說是要擴展或掌握既有的利益及地盤，而所涉及的行業大都是在法律的邊緣上，以「由非法走向合法，以合法掩護非法」爲其運作的基本原則。

第四章　大哥變大亨

本研究的主要目的是要探討台灣的犯罪集團爲何、如何進入合法商業界。角頭及幫派人物常經營餐廳、咖啡廳、夜總會、電影公司、有線電台、雜誌出版社以及建設公司（池宗憲 1985）。其中有些人積極參與期貨、股票以及其他商業活動（大頭成 1986）。自一九八〇年代中期起，據說這些犯罪集團更積極參與政府工程招標及其他專業化的經濟犯罪行爲（林欽隆 1998）。本章將檢視組織犯罪參與台灣合法商業活動的發展與轉型。

司法院（1998:115）的相關資料顯示，黑道參與商業活動已經是台灣的嚴重問題：「流氓已從過去之包賭包娼、收取保護費等行爲，隨社會之發展變遷、經濟之繁榮發達，進而以合法公司掩護，以幫派勢力爲後盾，經營色情、賭博、走私、販毒、地下錢莊、包攬工程、綁標圍標，嚴重危害社會治安，影響投資意願，破壞國家經濟體制。」

根據商業周刊董希傑（1996:74）的估計，在一九九六年國內有三分之一的大企業被貪污的政客及黑道滲透：如果以公司資本額加總計算，遭到黑勢力影響的金額，高達六千一百多億，占上市公司總股本比重的三八%。而如果換算成總市值，則受影響的金額更高達二兆九千七百多億元，超過所有上市總市值的五〇%以上。

有幾個理由可說明黑道滲透合法企業的原因。一名竹聯幫大哥指出，黑道加入合法企業乃基於合法商人、政客需要他們的「服務」：「台灣經濟起飛後，政府官員與商人之間的關係愈來愈密切。之後，每當有生意糾紛，兄弟們就會被邀請出面排解紛爭。漸漸地，兄弟們就進入了商場。」

另一方面，兄弟們也樂於從商。當幫派及角頭老大日趨成熟、成家後，他們變得愈來愈想過正當生活，不再想沾上過去逞兇鬥狠的名聲。一個竹聯幫兄弟說：「兄弟生涯也有歷程及轉捩點。年輕時我們重視男子氣概、講義氣，這就是爲什麼我們常常起衝突打架。長大及結婚後，我們想過正常生活，所以經常找做生意的機會。」

有些觀察者認爲這些兄弟滲透合法商業是一清專案所造成的：一清專案瓦解了某些黑道幫派的領導結構，更逼迫某些道上兄弟改變經營方式，朝工商企業求發展。而往常角頭人物慣用的「圍事」手法，收取特種營業保護費的方法，慢慢地被大型幫派揚棄，目前時興自行經營事業，招募昔日兄弟，以企業型態立足於台灣的幾個大都會區（金石

1989:31)。

有一名角頭說：「當今較有場面的道上人物，大都知道搞家公司、行號、工廠或餐廳做幌子，一則藉以掩護身份免遭管訓，二則以合法掩護非法，暗中從事不法勾當獲取暴利。」（大頭成 1986:302）本章將揭露台灣哪些合法商業可能被角頭及幫派滲透或把持。

餐廳及酒吧

一清專案以前的一九八〇年代早期，台灣部分餐廳和酒吧就已經是幫派及角頭份子所經營或擁有（林正典 1982）。一清專案期間，執法當局大力掃蕩竹聯幫份子經營的餐廳、酒吧及理容院。警方發現這些地方都被用來當作幫派各個堂口的集會場所。四海幫大哥陳永和就是在自己於台北市內開設的餐廳內被槍殺。

因台灣政府以不合理的高牌照稅抑制酒吧設立，迫使大部分酒吧的經營轉爲地下化。一九七三年，酒吧牌照稅從每年三十萬台幣上漲五倍成爲一百五十萬台幣。一九七九年更增加三倍至每年四百五十萬台幣。除了採取「寓禁於徵」策略外，還包括限制酒吧營業處所不能搬遷到其他地點、不能轉賣、經營權只能轉讓給其他家庭成員等。公務員不能出入酒吧，但他們還是通常到地下酒吧，然後聲稱他們不知道那是酒吧或以爲只是一家餐廳。很多過去在地下酒吧當保鑣的幫派份子，搖身一變成爲合夥人或經營人（陳季芳

1983b）。

由於涉入餐廳和酒吧的經營，使黑道份子後來能把經營範圍擴展到秀場。一名警官指出：

「後來幫派開始擴展活動範圍，替豪華西餐廳安排秀場。他們負責安排大牌歌手在餐廳表演。歌手必須接受安排，而且通常是無償性的演出。這樣讓幫派賺進大把鈔票。他們用這種賺錢方式開始買下餐廳股份自己經營，或至少成為主要股東。」

從餐廳秀場經營，幫派也開始轉投資其他生意，如壟斷招標、股票等等，本章稍後將陸續介紹。

音樂及演藝事業

台灣的秀場生意受到幫派和角頭緊緊掌握。這種控制於一九八〇年代著名藝人在夜總會、戲院表演大受歡迎時最強烈。當時，名歌手、演員常被邀請到歌廳和西餐廳作特別演出，當然，出名的藝人經常忙著參加電視或電影演出，所以歌廳或餐廳老闆不容易爭取他們到店裡來表演。因爲著名藝人的現場秀是票房和收入的保證，於是幫派和角頭份子漸漸做起秀場生意，「促成」藝人登台。秀場經紀業務成了利之所在，所以這些兄弟便積極轉型成秀場經紀人。

如果黑道份子經營餐廳或歌廳，他會安排藝人在自己的店裡表演；否則也可以暫時租個場地，請藝人來表演幾天。通常藝人很少拒絕這樣的邀請。黑道份子控制整個秀場營收，藝人表演的酬勞通常很少、也不固定。此外，背後沒被犯罪集團撐腰的秀場藝人，或多或少會受到地方角頭勒索。

藝人跟黑道之間的糾紛並不少見。有些知名藝人因為拒絕簽下秀場合約或不按行程表演而受到幫派份子攻擊，包括白冰冰、上官明莉、邱晨、洪榮宏、許不了、豬哥亮、高凌風以及胡茵夢等等，都是當時台灣赫赫有名的藝人（陳年 1983）。

根據媒體報導，通常名歌星在秀場的所得，實際上大約僅有應得酬勞的三分之一：「揚帆闖了一年，餐廳秀價碼衝到兩萬八，拿到手的卻只有八千，兩萬哪裡去了？兩萬被人抽佣抽走了，原先安排他檔期的公司抽一次，但這家公司『不夠力』，於是另一家道上公司再抽他一次，兩抽之下，兩萬就不見了」（中國時報 1983:3）。

儘管酬勞受到剝削，秀場生意仍需要靠黑道才能生存。一名資深秀場製作人指出：「秀場主要是靠預售票制度，而預售票絕大部分都是發動兄弟去兜售的」（鄧至傑等 1992:27）。因為很多企業家必須維持良好的公關，所以當兄弟上門兜售門票時，他們不但不拒絕還會全力配合，一買就是幾百張，把這項花費列入「交際費」。

幫派對電影界的滲透情形更嚴重。在劉宜良謀殺案的審理過程顯示，被告和證人或多或少都和電影業有關。竹聯幫大哥陳啓禮是一家唱片公司的股東；竹聯幫的總護法吳敦是一家製片公司的製作人；竹聯幫的顧問帥嶽峰是一家電影公司的老闆（國際日報 1985）。兩位證人其中一名是導演、一名是助理導演。

在一九七〇年代，台灣電影製作人通常是被勒索的受害人，於是雇用幫派份子作爲事業夥伴，並聘請他們的小弟當保鑣或臨時演員。有些大牌演員也請幫派份子保護（莫斯 1979）。黑道對於電影業的滲透始於一九六七年，當時香港演員王羽到台灣擔任武打片的主角，爲避免不法份子的勒索，這名演員雇請一些當地兄弟維護片場安全，並在該片充當臨時演員。很快的，製作人和助理瞭解到這些兄弟在很多事情上都很管用。例如，他們能和片場老闆談判，確保演員準時出席工作。現在，大部份電影製作公司在某些情況下，爲使工作能有效率進行，都會和幫派份子有所聯繫。這名香港演員後來和竹聯幫走得很近，當他一九八一年在台北一家餐廳被一名據說是四海幫份子所刺傷時，差點造成竹聯幫與四海幫幫派份子的火拼（林正典 1981）。

身爲電影公司周邊工作人員，幫派份子對電影業的合作有了親身經驗。最後，他們有些人自己成立公司成爲製作人，所有公司的成員都是幫派份子。黑道人物投入電影市場，主要依賴枱面下對同業的勒索敲詐：「由於電影獲利豐厚，使許多黑道份子眼紅，插手經營電影，許多『兄弟』經營的電影公司，找導演和找大牌演員拍片，他們懾於淫威，幾乎沒人敢推辭，片酬更不能提了。至於在拍戲外景現場，幾乎每部片子都會遇到地方上角頭率衆勒索保護費及各種無理要求。於是許多電影公司紛紛起用『道上兄弟』擔任專業性的製片工作，而製片也淪爲擺平糾紛、軋大牌演員、與演員導演談價碼的人物。電影公司沒有這種人手，可能連戲都拍不下去。」（世界日報 1985a:5）

楊登魁是台灣電影業界的一號重要人物。他是早年在高雄發跡的幫派份子。一九七○至八○年代唱片市場發展的巔峰期，楊登魁在市場中非常活耀。他的幫派背景讓他的秀場經營能夠不受到其他黑道所干擾，旗下藝人也因此免於騷擾。他在一九八四年一清專案期間被提報流氓而遭到逮捕；八七年服刑完畢後，開始進軍電影業。一些他所製作的電影還受到國際肯定，其中「悲情城市」還贏得一九八九年威尼斯影展的最佳外語片大獎（時報周刊 1990）。

楊登魁於一九八九年迅雷專案中再度以流氓罪名被逮捕，服刑將近兩年，出獄後立刻以三千萬港幣簽下著名影星李連杰並連拍三部戲（葛樹人等 1992）。

楊登魁在電影業有極深厚的影響力。他不僅成功串連台港兩地的演藝圈，在台灣有線電視的市場也有約二○%的佔有率（秦牧人 1996）。黑道盤據台灣有線電視是公開的秘密，部分觀察家認爲四海幫大哥陳永和的死因不是與松聯幫的糾紛，而是因爲他牽連一筆有線電視生意（周冠印 1996b; 林朝鑫 1996a）。

台灣的有線電視業基本上是黑道所建立的，因爲這個行業在一九九一年之前都不合法，不發營業執照。在此之前，儘管有強烈的市場需求，只有幫派和角頭敢介入這項非法行業。一九九一年合法化後，有興趣投資有線電視的公司，僅能跟黑道接觸並接受他們的幫助，才得以進行投資：只有黑道份子能擺平和其他黑道所經營的小公司之間的麻煩。楊登魁因爲秀場企業的經驗以及擺平黑道角頭的能力，成爲許多合法有線電視公司所仰仗的重要人物（秦牧人 1996）。

一九九六年，楊登魁再度成爲治平專案的目標。這次他離開台灣。當局指控他透過有線電視頻道讓台灣成爲賭博王國。在他離開台灣期間，有些知名藝人曾不斷且公開表態支持他。白冰冰，早年本身是暴力犯罪受害者，便聲稱楊登魁是當局過度且差別執法的受害者。她說：「別人的司機就叫司機，他（楊登魁）的就被報紙叫保鏢，太不公平了吧！」名導演吳念眞也響應白冰冰的話，他說：「起碼他沒有欺騙過我」（周冠印 1996a; 黃創夏 1996:23; 謝金榮 1996:24）。

楊登魁在二〇〇〇年總統大選前回台。在媒體之間普遍流傳他是因爲支持其中一位總統候選人而得以回台。雖然他是治平對象，但有些政治人物甚至去機場迎接他。如一般預料，楊登魁不久後即獲得交保。後來才被指控透過有線電視進行賭博。

砂石場及廢土回收

一九八〇至九〇年代，因爲住宅和商業樓宇的強烈需求，建築業成了過去二十年間在台灣獲利最多的行業之一。儘管房地市場已出現過熱的狀況，強大的市場需求仍讓台灣的房地產價值相當高。建築業的狂熱影響所有相關建材的需求，其中最不可缺的就是砂石。然而在政府限制之下，台灣很多地區不能開採砂石，結果黑道便與民代、政府官員和商人勾結，共同違反政府規定。

建築業界也一直存在著處理廢棄物的問題。很多包商因爲費用過高而不願合法處理廢棄物，結果造成黑道也介入廢棄物處理工程。一名廢棄物回收商說：

「我們可以說台灣廢棄物回收業已完全被黑道滲透。在過去幾年間，黑道人士為了恐嚇其他合法業者退出業界，已經槍擊了七個廢棄物回收業老闆或他們的辦公室。」

另一名廢棄物回收業者指出，每次廢棄物回收工程的招標，黑道都會介入。有一次他曾收到一封裝有五顆子彈的信封，指明要他退出招標，並且不要介不屬於他的工程（葛樹人 1992b）。

部分黑道份子同時從事砂石業或廢棄物回收業。當砂石開採後，所留下的坑洞就填以商業廢棄物。桃園縣一位議員表示，挖掘砂石及回填廢棄物的兩個過程牽涉到地主、民代以及官員的犯罪勾結。一位環保署長指出，要防止人們違法盜採砂石非常困難，因爲這些經營者大部分是黑道，而且與其受黑道恐嚇，當地官員大多數寧可選擇和黑道共享利益（童清峰 1999）。

壟斷招標

黑道所有強奪豪取的行爲中，壟斷招標最受到政府當局及社會大眾注目。在台灣，壟斷招標通常和買票、選舉暴力、黑道參政以及官員瀆職，並列黑金政治的五大象徵，而壟斷招標更是其他四者的催化劑。政府每年投注大量的資金在各種大小公共工程上，所以壟斷招標是一門獲利龐大的事業，也是促成許多人士以買票及暴力手段爭取公職的主要動力。透過工程圍標，黑道、商人、民代、政府官員彼此合作，所以各個參與者都能從這些公共工程款項當中獲取非法利益。

根據法務部調查局一九八九年的分析報告顯示：約有二八%的中央民代涉入公共工程圍標。一九九三年，這個數據更高達六八%（陳東龍 1994）。

以下引述新新聞週刊的一篇社論：「今天的黑道，常常以董事長和總經理的身份出現，他們與民意代表互相利用，參加圍標綁標。民代有黑道撐腰，黑道有民代掩護，雙方各取所需，整個政治生態，逐漸黑白合流」(司馬文武 1994:9)。

歷史背景

罪犯介入建設工程是最近才有的現象。建築業的蓬勃發展，吸引許多商人投入，管他有無建築經驗，很多建商接受黑道幫助以解決商業糾紛，像是防止工地受當地幫派前來搗亂。一名建商很明白的承認：「黑道和建商間的關係密切。我的公司過去也請兄弟保護。我們賺很多錢，並不在乎花點小錢請他們保護我們。」

一名高階警官解釋何以黑道開始介入壟斷招標：「開始的情形是這樣的。以前，一位地方政治人物雇請黑道讓他得標，得標後付黑道酬勞。後來另一位地方政治人物也想如法炮製，兩位政治人物及兩方黑道人馬就會因這個工程而火拼。最後，黑道決定自己成爲建商，介入工程圍標。甚至有黑道最後成了政治人物，一人扮演起三個角色：黑道、政客、建商，並控制所有不法利益。」

通常如果有一項工程公開招標，犯罪團體就會介入招標會議。在招標一開始或招標期間，歹徒就會恐嚇其他建商不要認眞投標。另一種情形是，招標過程中建設公司委請黑道陪同公司代表出席會議。黑道介入工程建設的相似情形也同樣發生在美國及義大利（Kelly 1999; della Porta and Vannucci 1999）。

一位前法務部長認爲黑道參與壟斷圍標的過程是這樣的：「幫派份子當然有介入壟斷招標。在台灣，所有公路、學校等公共工程都必須公開招標，問題是投標者不希望競標，因爲低價得標者賺不到錢。結果投標前，有意參與投標的業者就聚在一起，決定應該由誰得標，然後得標者將所得利益分一些給未得標者。有時候建商會故意以很低的價格得標，當然無法分錢給未得標者，問題如何解決？得標的承包商會要求其他承包商和黑道一同『幫忙』，換句話說，以暴力恐嚇。通常一旦有公共工程招標，所有有意願的投標者就會邀請黑道大哥出席『搓湯圓』的會議，以確保各方人馬都會遵照決議。

結果這個過程導致政府付出很大的代價。舉例而言，當我在法務部時，有個工程按估計是五十四億，但當時我排除黑道介入這個工程後，一個包商以二十七億承包。政府因此省下二十七億的預算。我所做的就是縮短資格標與價格標之間的空檔，將幾個月縮短成爲幾週，因此黑道份子沒有時間掌握參加投標的廠商，也沒有辦法對他們施壓。然而，外部主體建築完成後，許多內部工程的投標在作業中，幫派份子這時就已掌握許多欲參與競標的廠商，警告他們退出。」

黑道滲透的類型

以下是台灣公共工程被壟斷招標所產生的主要幾個問題（于飛 1983）台北一家包商說：

一、搓湯圓：得標的公司會將合約上的獲益分享其他共同圍標者。台北一家包商說：「共同議價在台灣的由來已久，這只不過是一個正常的過程。舉例來說，如果一個估計一千萬的工程，有十家包商想承包，枱面下會安排開會，決定由誰得標。假設是九百萬得標，實際上整個工程的合理價僅要八百萬，這就表示得標者要給其他廠商一人十萬。但是最近這幾年，隨著建築業成長，工程承包的糾紛愈來愈多，以致現在建商別無選擇，只好找黑道排解糾紛。」

二、圍標：一家公司發動旗下子公司或分部一同參與議價，直到確認由他們所屬的公司得標。圍標不僅限於幫派所組的公司，很多正派的公司也做同樣的事情。

三、攪局：一個犯罪集團在競標的過程中很順利，但是贏得合約後，他們不向有關單位繳交保證金，然後整個過程從頭開始。眞正想承包這項工程的廠商需付一筆錢給該犯罪集團以免他們阻礙議價過程。

四、借牌：如果工程計畫限制規模較大的甲級營造商才能參與招標，規模較小的營造商可能因此受限制而不得參與招標。

某些犯罪集團會以某種代價出借他們的甲級建築執照給這樣的小公司，讓它順利得標。根據建築業者表示，一旦幫派份子出現在招標的過程，他們就有極大的壓力，必須和幫派份子協調：「竹聯幫和四海幫開始投入公共工程計畫後，他們並沒有拿槍逼我們讓他們贏得招標，但是他們給我們很大壓力，要我們讓他們順利得標。當然，這些幫派得標後也會給我們一些好處以報答我們的合作。」

五、搶標：以不可思議的低價得標。承包商爲了賺錢必須偷工減料，導致工程品質非常低落。

無論黑道以何種形式介入以壟斷招標，一般都會賄賂決定誰能得標的公務員。根據媒體報導（O. Lin 1999），壟斷招標的形成，始於政府官員收取回扣並爲屬意的特定承包商量身訂做投標規則，所有其他承包商都無法參與公平競爭，因爲他們已被刻意的層層限制或規劃所排除在外。

誰能保護我

一名台北地檢署檢察官揭露他所知道的黑道介入工程及壟斷招標：「從一九九〇早期，我們開始調查陳啓禮。陳啓禮在一九九〇年出獄後便快速致富。他是第一個介入公共工程的幫派大哥，因爲他的人脈很廣，所以可以獲得很多公共工程，於是變得有錢。這時其他幫派大哥也開始瞭解，他們不必靠特種行業、勒索以及開賭場，一樣能賺錢。在這期間，政府有許多公共工程預算。幾乎所有的幫派份子都變成老闆、負責人，介入這些計畫。但是陳啓禮很聰明，他知道如何低調地致富，並且不做任何會引起政府當局注意的傻事。其他幫派大哥沒有像陳做得那麼漂亮，於是當時產生許多暴力事件，引起社會大衆關注。

有些幫派份子已經很有錢，爲何還要介入公共工程？一來沒人會嫌錢多，二來幫派份子就像所有的資本家一樣，需要拓展生意。他們需要資金，以購買最好、最新的武器，他們需要錢維持社會關係，還得養一批小弟。他們也很有信心，不會成爲執法單位的目標，因爲當他們介入這些公共工程計畫時，商業界根本不敢吭聲。黑道大哥知道，這些老闆不會笨到將黑道介入工程的情形讓政府當局知道。當我嘗試向這些商人調查他們的被害情形時，他們顯得相當勉強。我必須花很多時間向他們保證他們會受到保護。

台灣的商人非常不願意招惹黑道份子。當他們成爲受害者時，寧願花錢消災，以免喪命，錢，再賺回來就是了。他們非常害怕，因爲不相信政府可以保護他們。這些黑道頂多關個三、五年就會被釋放出來，那三、五年後怎麼辦？」

按我的規矩玩

對於介入建築業，黑道與台灣當局的看法並不相同。首先，他們認爲黑道的介入，可以防止場外爲了某項工程招標，造成一場沒有底線的削價競爭。黑道份子可以確保無論誰得標都可得到合理的利潤。因此，他們相信這樣可以提高工程品質，因爲承包商不用削價競爭。一名四海幫大哥指出，他在建築界的角色就是維持秩序，如果沒有黑道介入，激烈的競爭以及建築業界無情的玩弄把戲，終將弄垮整個建築業，而且原料、施工品質、工程設計等等都會愈來愈差。黑道藉由創造建築業非正式的「卡爾特」（cartel，聯合壟斷行業中，廠商的勾結組織），可處理公共計畫及招標過程所衍生的問題。

這位四海幫大哥還解釋，在工程招標的過程中，一個好的仲裁者必須採取的策略：

「你必須名聲好、值得信賴並且有足夠的力量，才能介入工程圍標。在幫派之間，我們通常很小心，以免擋了別人的財路。當我準備介入某件事，竹聯幫和天道盟的領導人一旦發現就會退出，我也會用同樣的方式回報他們。儘管如此，有時候工程招標還是會造成很大的糾紛，有些兄弟當了多年的調停者之後，會自己從事建築業。他們向別人借牌，投入標案。但是我個人沒有，因為如此一來我就成了球員兼裁判，別人再也不會相信我。」

其他黑道大哥將他們在建築業界的成功，視爲一種工作努力、有商業頭腦以及人際關係良好的成果，並不是因爲他們是流氓。陳啓禮解釋他如何在以謀殺罪入獄服刑六年後，建立他的商業王國：「一開始，泉安是一家即將破產的建設公司。我買下之後徹底扭轉局面，它曾經還名列台灣十五大建設公司之一。在泉安，我發展一個專業化的核心團體，再配上一個龐大的後勤工作團隊。我總是非常注意員工的表現以及他們對工作的感覺，如果有人要辭職，我會派人瞭解他離職的原因。我不曾爲自己的名利打算，我所關心的是員工的福利，我的員工非常期待我的領導，並爲我賣力工作。」

陳啓禮也詳細的描述壟斷招標過程中，政府官員、商人、大哥以及招標政策之間複雜的關係：

「政府官員、商人以及黑道之間的關係是互惠的。一個建築工程，需要一家建築建設公司設計。一個工程，需要數以百計或千計的建築材料。所有生產相關產品的公司都想投入，於是這些公司便賄賂工程師、市長以及所有與計畫相關的人。最後，設計公司為每一種相關產品建議至少三家公司。這是規則。

工程師會徵詢市長的意見來採用哪家公司的產品。市長會選擇他最喜歡的公司（或許這些公司與市長有某種關係），即使市長沒有做決定，他的幕僚也會做決定。一般情形下，市長不會放棄這個賺錢的機會，因為這是他爭取下一次競選經費的機會。

除此之外，獲選的公司必須賄賂會計以及主計部門。如果市長或相關部門已被打通，相關部門通常會刪減百分之五的預算，表示自己有在做事情。如果沒經過賄賂，預算可能被刪得很慘，更糟的是，這個計畫可能被市長封殺掉。排在市長及相關部門之後的關卡，就是議會議員。市長通常會利用國民黨議員護航以通過預算；通常國民黨會幫助預算通過，而民進黨則會杯葛預算。民進黨會集體退席表示抗議，而國民黨則趁機通過預算。事實上，他們是一夥的，民進黨的退出是為了幫助國民黨通過預算。否則議員便會刪除一些預算，以向社會大眾交代，表示他們盡到責任。」

陳啓禮繼續說道：

「商人、民代以及政府官員在經濟利益上的連結，促使他們互相勾結。每個公司都想做生意，這也就是為什麼每一次有工程計畫，就有這麼多公司想要綁標。賄賂是最有效、也是唯一的綁標方式，有的時候，對會計和主計部門的賄賂總額可高達三千萬。此外，市長也必須賄賂，但賄賂之後是否能得標，又是另一回事。無論如何，如果想在建築業界成功，就必須帶種。這對小鼻子小眼睛的人來講是沒法做到的。有時候你投入八千萬卻不見任何回報；有時候市長已經決定由誰得標，招標前卻不向你透露，事後再安撫你：『下一個計畫讓你做。』

有時候議員會要求市長幫某家特定廠商的忙，被市長拒絕。那麼議員就會以刪除預算作為報復。一般市民看在眼裡還認為：這個議員幹得真不錯，為政府看緊荷包。」

當被問到工程招標的問題有多嚴重，當時的總統李登輝說：「公共工程問題很多，黑道介入圍標的問題，我最清楚」（黃光國 1997:164）。而某些觀察家表示，在台灣工程招標的問題之所以嚴重，主要是因爲國民黨允許它存在。一名資深記者表示：「壟斷招標的問題主要是國民黨放任的結果。國民黨堅持，任何要標建設工程的公司來領申請書時，必須經過登記。這些申請書不得影印。掌握了這些申請者的名單後，政府很容易參與議價的過程。如果國民黨採用前民進黨縣長陳唐山在台南的策略，就沒有招標被壟斷的問題。陳唐山命令所屬行政部門在各單位都放置相關申請表，而且民衆不需事先登記便可自由領取表格。除此之外，這些表格可經過影印，任何公司都可用影印的表格參加投標。如果沒人能事先掌握投標者的名單，那麼投標的過程就不會受到控制。」

黑道的傷害

台灣大部分人民都認爲黑道份子藉由壟斷招標而賺很多錢，但是沒有可靠的資料顯示，在這些貪污舞弊的過程中，幫派份子比起其他人賺較多的錢。因此，我們必須進一步觀察黑道介入壟斷招標所造成的損害。

非經濟利益

儘管媒體及社會大衆認爲幫派份子介入建築業界問題嚴重，一名包商認爲他更在意的是政府官員的勒索敲詐：

「黑道對於私人工程沒有影響力，只有公共工程。承包商只要逢年過節送給黑道一些金錢或禮物即可。事實上對包商而言，這種開支遠比給政府官員來的少。因為建築業的相關法規並不詳盡明確，結果常任行政官員自由裁量，造成他們可以向我們收取回扣，有時高達數百萬元。這種剝削反而最讓我們感到困擾，讓事情不好辦的是行政官員，而不是黑道。」

此外一名竹聯幫大哥還透露，黑道份子從壟斷工程的獲利事實上是非常少的：

「兄弟從壟斷工程賺的錢其實很少。大多數的錢都到了白道（政府官員）的手裡。然而，過程中如果出一些差錯，兄弟常成為替死鬼。不管怎麼樣，當壟斷招標出了問題，那些沒得標的人只會怪黑道，不會怪白道。」

張安樂說出他對黑道介入壟斷招標的看法：「如果說黑道沒有介入工程招標，那是欺瞞世人，但是本質上，黑道介入所居的層次與扮演的角色絕對不是主導者。他們無非是在白道長期以來惡性綁標、搶標的歪風下，被白道邀請來『助陣』的配角。」（鄧至傑 1996a:52）

在另一個場合，張安樂激動地說著：「圍標、綁標是工程界幾十年的慣例，甚至可以說是『上層人士』的事。有人拿不到、吃不到，就透過媒體放話，將事件渲染成『黑道圍標』，其實官員和民代在這些過程中才是眞正的重要角色，爲什麼一定要說成是『黑道圍標』！」（黃光國 1997:172）。

然而，一名追查幫派人物的檢察官對黑道在壟斷工程中扮演的角色，作出以下描述：「當幫派大哥說他們僅在壟斷招標過程的最後階段介入，這是事實。但我必須要說這也是最關鍵的時候。官員及政治人物可以綁標，但他們不能指定某家廠商得標。無論他們如何綁標，其他的廠商得標的機會還是有的。這個時刻就是黑道介入的最佳時機。他們可以透過強迫的方式決定實際上由誰得標。」

暴力

無論兄弟介入壟斷招標的影響為何，其中必定有暴力涉入。雖然和招標有關的暴力事件並非時常發生，但仍最引起當局及社會大眾注意。在一九九二年，當民眾知道台灣某些大建設公司負責人收到夾藏子彈的匿名恐嚇信時，可想而知非常震驚（譚淑珍 1992a）。

當黑道介入建築業的情形更為普遍、公共工程計畫明顯增加，以及公共公程預算像天文數字一樣龐大時，暴力事件便隨著壟斷招標而開始出現。台灣一間大建設公司——東怡建設公司——一九九四年就曾經被一群持槍歹徒入侵。這群歹徒僅對空鳴槍，並未傷及任何員工。但這種光天化日下公然的挑釁行為已經震驚有關當局（王立民 1994）。一名將軍在一九九八年因為涉及軍隊招標壟斷事件而被綁架後，社會大眾很快就明白，如果某些參與者在招標過程中認為他們被排除在外，很多人就會有危險（李敬華 1998）。

中正機場工程弊案

過去十幾年間，最嚴重的壟斷招標事件就是中正國際機場弊案。台北的中正國際機場是台灣最大的國際機場。在一九八〇年代建造時只有一個航廈，隨著航線增加，第二航廈的需求因而產生。中正國際機場二期航廈營造計畫斥資三百二十億預算，也是政府建立台灣爲亞太營運中心計畫的一部分。

問題出在二期航廈計畫當中的內部建築、停車場及供水系統。綁標的過程始於一九八九年，兩千多家送件參與招標的公司，最後只剩大約十二家公司有資格承標，競爭當然也因此日益激烈。結果有些公司請黑道幫他們贏得招標，俊國集團的老闆陳帝國（另名陳進財）請竹聯幫馮在政（綽號二馬）幫他贏得標案（楊國元 1996）。中正國際機場弊案是黑道、政府官員以及民意代表通力合作，從公共工程計畫中牟取利益的故事。

根據法務部調查局調查本案的一位調查人員表示：「一九九六年四月二日我們單位主管被當時法務部長廖正豪召見。廖部長拿了一份中國時報要他看一下，標題寫著中正機場招標案疑遭黑道介入。這種情況下，即使我們單位不知道有誰介入，也必須開始調查。我們開始約談所有對該計畫有興趣的公司。中正國際機場二期航廈的相關計畫主要是水電、內部工程以及空調系統。我和另一名同事到南部訪談一些公司負責人，他們大部分都很怕和我們交談，但是他們暗示，我們如果在他們辦公室沒收任何黑道壟斷招標的證據，他們也不在意。結果我們快速返回台北，並向法院申請搜索票之後再回南部，繼續搜索相關公司。我們從抽屜中蒐集許多證據，包含他們的每日行程記錄本和公司名片。

經過初步調查後，我們知道陳帝國、馮在政以及新達老闆涉及壟斷招標。雖然白狼（張安樂）據說也參加了幾場這些老闆間的餐會，我向上級報告白狼似乎沒有介入當中。我從別人那裡得知白狼出席餐會，但只做短暫停留。最後我發現，馮在政只是藉白狼的名號。他要白狼出席餐會見這些老闆，告訴他有機會帶他引薦這些建築業老闆，可能以後有做生意的機會。所以白狼在不知情的狀況下赴宴。

陳帝國幫新達的老闆獲得中正機場的計畫，這也是爲什麼俊國集團（陳帝國的公司而馮在政是副董事長）完全沒有參與招標過程。起初，新達的老闆要求陳帝國幫他得標，而陳帝國主要的關係是白道——立委及政府官員。和白道的關係並不能擺平其他合格公司，要他們退出招標。我所指的是，你可以盡所能請許多立委支持你，但是那些大公司可能請的立委比你多。換句話說，對這些合法的大公司而言，爭取計畫時請白道幫忙可能不見得有效。

這也就是爲什麼陳帝國找馮在政幫忙。有了馮在政的幫忙，情況截然不同。你必須知道這些大建設公司都是很有錢、很成功的企業家，而且都是有家庭的。他們不可能拒絕像馮在政這樣的幫派份子。他們不想冒任何風險。對陳帝國而言，這也是一個惡夢。他邀請馮在政加入，想利用他達成目的。然而，時間一久，馮在政反而成爲主導者。陳帝國別無選擇只有一切聽從馮在政。

調查期間，我們單位主管向廖部長請求延長招標日期，讓我們有更多充裕時間完成調查。結果，日期由原來的四月六日改變爲四月二十六日。我們確定馮在政以及陳帝國退出招標後，該計畫以五十億元得標，明顯低於原先所推估的八十億元。

法院第一次審理，裁定新達老闆、陳帝國和馮在政違反公平交易法。刑期很輕，但是馮在政在判決後潛逃。陳帝國也因爲交保而未服刑。後來，陳帝國在治平專案中被送至綠島服刑。」

陳啓禮告訴我他對中正機場弊案的看法：

「包含交通部在內的政府部門聲稱，因為防止黑道介入中正機場招標過程，而省下幾十億。想想看，這項工程為何一開始估價這麼高？為什麼會計及預算單位審查預算時並未刪減？事實上，我聽說交通部高層也介入壟斷招標。你可以說很多政府官員在一開始即加入綁標。這也就是為什麼一開始估價這麼高。每個人都想分一杯羹。但面對社會大眾時，政府將問題推給黑道，因為政府不敢從頭到尾徹查。如果他們敢，將會有很多高階官員涉入，但我認為他們不會這麼做。所以最好的方法就是全怪黑道兄弟，好像整個問題都是兄弟造成的。」

當被問到因中正機場弊端而遭判刑的馮在政時，他說：「兄弟僅涉及整個機場弊案的最後階段。所以兄弟們僅在弊案中獲取少部分利益。然而一但弊案被揭發，兄弟就成爲替死鬼，因爲如果政府徹查，將會很多高階官員和所謂的『合法營造公司』——包含台灣十大營造公司的其中八家——都很可能涉案。這樣一來，台灣的建築業將整整倒退十年。政府指控我涉及中正機場及西濱公路弊案，但你可以想像我僅介入這兩件招標過程嗎？我參與過很多招標案，爲何只有這兩件有問題？我同意白狼對黑道介入建築業界的解釋。也就是說，兄弟之所以加入，主要因爲那些合法的公司不想按照正常程序運作，所以才邀請兄弟加入。」

一位堪稱台灣組織犯罪專家的資深警官認同馮在政的說法：「說實話，陳帝國和馮在政只是被追訴的一部份人士，但是中正機場營造計畫的壟斷招標事件是由幾個立委，以及包含台灣高階警官的兒子等所精心設計。這些人是從弊案中受益最多的，但我們對他們一點辦法也沒有。」

因中正機場弊案和其他招標壟斷而被判刑十一個月的陳帝國，後來跟一位記者說道：

「當初我如果沒有屈服在黑道的威脅下，也不會有今天的下場。但完全怪黑道似乎有點規避自己的責任。黑道存在是一個事實，政府無法清除黑道也是事實，碰上了只能自求多福，我個人就有很深刻的體會。黑道像一隻吸血的血蛭，一被黏上身就很難甩掉，直到吸乾你的血為止。我就是一個活生生的例子，奉勸企業界，以後遇到黑道找麻煩，一定要非常小心處理，不要以黑治黑，否則一沾惹上一輩子難脫身。」（鄭盈湧 1997:85-86）

滲透合法企業

除了前文提到的企業外，台灣兄弟也介入其他合法生意，尤其是股票市場。因爲他們的加入，與股票市場相關的暴力事件便時有所聞。例如，元大証券的總經理馬志玲在一九八四年遭到槍擊；十四年後，元大証券的總經理黃乃宣遭到謀殺。兩個案件迄今（2004）都沒有偵破，但一般相信兩個案件都是黑道人物幹的。

黑道兄弟不僅活躍於股票交易，也向証券公司勒索錢財。例如至尊盟就曾涉入許多公司股東的勒索案，幫派成員出現在股東會議中並以暴力恐嚇——就像日本的山口組一樣。大部分股東都願意付出一些錢以避免被騷擾。一九九六年執行治平專案時，八名至尊盟份子被逮，且被送到綠島感訓（Kaplan and Dubro 2003; 陳文聖 1997）。

此外，經營者與股東之間出現糾紛時，通常雙方都會請幫派份子出席股東會議支持他們。一名高雄西北幫的幫派領導人吳守雄，在一九八三年的股東會議中遭到槍殺身亡。當時他是應即將破產的老闆之邀，出席債務會議，結果吳守雄當場被另一名債主雇請的西北幫幫派份子槍殺死亡（趙慕嵩 1983）。

幫派及角頭也負責企業的安全維護。有些幫派份子組成保全公司，以便提供保全服務給KTV、PUB及夜總會。但這些保全人員往往下手很重，一九九九年，就發生一名滋事的顧客在KTV中被一群前科累累的保鏢活活打死。

結論：爲何引狼入室

台灣民衆普遍認爲幫派及角頭份子加入企業界是一項嚴重的事情，而很多台灣的兄弟不只介入，甚至建立自己所屬的公司，自稱爲「董事長」，而非大哥。

儘管沒有人質疑黑道出現對合法企業部門的影響，但是誰該爲這個結果負責？衆說紛紜。某些大哥認爲是因爲這些合法企業不想依法誠實做生意，所以在他們的協助下，黑道才得以加入企業界。當一名記者問張安樂，兄弟投入股票市場的經過時，張安樂稱：

「腐爛的肉才會招來兄弟，都是他們（商人）自己想玩，兄弟才會登堂入室。有格調的兄弟是不會找善良老百姓的麻煩，這些上市公司的人想要引進兄弟破壞遊戲規則，才使得兄弟有機可乘，要怪的話應該是怪那些引進外力破壞規則的人。一個股東會沒有人引介，兄弟怎麼敢進去？總是有人告訴他應該如何做，他才知道怎麼介入；是有人告訴他要他去破壞規矩，他才會去破壞規矩。」（陳嘉宏 1996:101）

一名台北市議員也呼應張安樂的說法。他說：「事實上，黑道不是主要問題，反而那些財團才是問題。很多有錢的生意人利用幫派份子拓展生意，有線電視就是很好的例子，甚至想獨佔某些市場。當然，幫派份子可因爲和這些有勢力的生意人合作而得到一些回報，但是一旦發生問題，幫派份子就會成爲替死鬼。」

台灣商業界龍頭王永慶也認爲黑道滲透到合法企業界是因爲白道引狼入室，但他更強調問題的癥結不在黑道或白道，而是不健全的制度：「其實這些地方角頭一開始都是受人之托出面排解紛爭，促成圓滿解決，除此以外本來沒有其他不良動機。但在排解紛爭的過程中不知不覺介入越深，終致到最後成爲工程圍標搞好處的罪魁禍首。就事論事，如果沒有白道份子率先帶頭作弊，產生負面的示範，就不會引起仿效配合，黑道從何而有？若是更深入的探討，其實所謂的白道作惡，也是因爲各項制度不健全，存在種種漏洞，才會引發鑽營漏洞的動機及行爲。若是制度健全，沒有漏洞可鑽，白道即無從產生，更遑論會有黑道存在。可見所有官商勾結及黑道盛行，無不都是因爲政治文化低劣所造成，也就是制

度不健全所導致。」（王永慶 2000:6）

我訪談的一些大哥則認爲他們在商場上之所以成功，基本上是因爲他們努力工作以及社會技巧良好，與白道或制度都無關。陳啓禮解釋他在商場的成功之道：

「如果我上次服刑出獄後開一家牛肉麵攤，在路邊從早到晚賣牛肉麵，那別人會說：『現在這個大哥已經改邪歸正了，看他現在過正常的生活。』但是，如果我所做的像現在一樣，成為一個成功的生意人，管理很多公司，那麼別人會說：『這個傢伙一定是用什麼非法手段才能當大老闆，他必定幹很多不法勾當。』別人怎能知道我之所以成功是因為瞭解人性？而瞭解人性就等於瞭解市場。如果你懂市場，你就會成為一個成功的商人。我也非常努力工作，為了建立人際網，我到處參與各種大宴小酌，這也就是為什麼我會生病的原因。我在台灣做生意時，從未使用暴力收取債款。而且美華（陳啓禮所擁有的週刊）的記者遭到兄弟找碴後，偶而會來向我求助，我總是一笑置之。因為我知道有些事情我不能做。」

以上陳述以及對組織犯罪的觀察，讓人聯想起美國知名記者李普曼（Walter Lippman）所做的報導，他描述一九三〇年代美國黑社會的權力及成功之道，說明當時犯罪份子在法律衝突時、特別是實行禁酒令後的美國社會中所扮演的角色。他說組織犯罪是「權力的奴僕」；流氓、犯罪集團靠強取豪奪合法社會維生，但他們也具有重要功能，所以變得不可或缺。

當然，不法集團對合法企業的滲透不僅發生在台灣。一九二〇年代芝加哥的幫派份子，以及一九六〇年代紐約的犯罪集團也都對建築業界有非常深的影響。根據犯罪學家藍德思科（Landesco 1968:167）的看法：「流氓及槍手進入芝加哥企業界之中，似乎起源於兩個原因：小公司之間的激烈競爭，以及芝加哥缺乏法治觀念且喜歡使用暴力的傳統。」

紐約州檢察官及學者高思達（Goldstock）也解釋爲何紐約黑手黨在紐約市建築業扮演了重要的角色：「……由於集中在紐約市的黑幫份子深諳勒索之道，也因爲企業的分裂與脆弱，造成企業部門必須依賴犯罪集團充當『合理化的團體』，藉這股力量減少不確定感並增加穩定性。」（New York State Organized Crime Tasi Force 1988: xix）

同樣地，組織犯罪學者凱利（Kelly 1999:28）研究了紐約市組織犯罪滲透合法企業的狀況，提出這樣的說法：「與其將黑手黨犯罪集團當作是以暴力脅迫被害人的掠奪者，事實上通常是這些被騷擾的生意人想藉助黑社會的力量，請他們幫忙處理如企業競爭及勞工糾紛等各種問題。」

因此，爲瞭解二十世紀末台灣地區黑道滲透合法企業的問題，我們需要檢視促成壟斷招標的社會、政治以及經濟環境，並與其他黑手黨介入企業也很嚴重的地區，比較相關的社會環境因素。

第五章　大哥玩政治

政治學教授趙永茂（1993）指出，台灣黑道與政治的關係，已經從早期的社會型幫會（一九四五～一九六〇年）、經濟型幫會（一九六一～一九七五年），發展到現今的政治型幫會（一九七六年迄今）。趙永茂認爲，在鄉下農業地區活躍的社會型幫會會勒索政治候選人，而大多數發跡於都市地區的經濟型幫會則會積極介入助選，以期他們支持的候選人選上後，可以保護自己免受警察人員之取締、鎮壓。經濟型幫會有能力從合法與非法的商業活動中搞錢來支撐開銷。活躍於各縣的政治型幫會份子則積極投入政治，轉變成爲民意代表。趙永茂在一九九四年所發表的一篇研究指出，在一九七〇年代時，大概有一〇%的縣市議員有黑道背景。但是到了一九八〇年代，已經增加到四〇%。然而，在一九九〇年代，已經有超過一半以上的縣市議員與黑道有關係。

一則新聞報導指出，黑道大哥要變成公職人員，通常需要具備下列兩項條件：

「黑」，暴力與「金」，金錢。「黑」乃指肢體上的侵略性，亦即若樁腳不誠實或不努力工作，就會被參選的黑道大哥派小弟修理。「金」就是金錢，亦即這些黑道大哥級的政治候選人會利用從事非法活動所獲得的金錢來造橋修路（時報周刊 1995）。

根據一份一九九三年的雜誌調查指出，黑道介入政治的問題，在台灣有三個縣市最爲嚴重，分別是雲林縣、嘉義市和彰化縣；而議員涉入土地炒作投機事業比例最高的三個縣市分別是台北縣、台中市與台南縣；另外，政府官員涉入土地炒作投機事業比例最高的三個縣市，則是桃園縣、台北縣與台南縣。土地炒作、貪污與黑道參政是目前台灣內政最嚴重的三個問題。根據這份調查，導致這些問題的主要原因，是來自於國民黨爲了贏得選舉，自願與企業界、黑道份子合作的結果（姜雪影 1993）。

因爲藉黑道份子的力量就能輕易贏得選舉，所以在台灣有一句俗語：「先當兄弟，再當民代」。一位前任的民進黨立委告訴我：

「我畢業於台灣大學法學院，之前曾因政治事件遭到官方逮捕兩次。我旅居美國多年後，返回台灣想參加政治選舉，結果我老家的鄉親告訴我：『如果你想參加政治選舉，為什麼還需要出國深造？你應該先讓自己變成黑道份子。』在台灣，即使你不是黑道份子，還是需要靠黑道幫你競選。」

第一章的表1.1顯示，在台灣擁有黑道背景的民意代表，所佔的比例幾達三成之譜。台灣大學社會學教授陳東升說：「台灣四十三個主要的犯罪幫派中，有超過六成的幫派有成員是民選的公職人員。這種情況意謂著犯罪組織的成員可以控制縣市議員，甚至是立法委員。」（C. Lin 1999b:3）

本章要探討黑道涉入台灣政治的程度。當台灣民眾談到黑金政治的問題時，都會強調，大部分被黑道政治人物所掌控的縣市，都分布在台中以南，因此本章會將重點放在中南部深受黑道影響的七個縣市，包括：台中、彰化、雲林、嘉義、台南、高雄與屏東。

在探討這七個縣市之前，我要先對大台北地區（含台北縣與台北市）進行調查。討論完黑道涉入地方政治後，接下來我會探討黑道幫派與角頭兩者參與中央政治的問題，並特別評估他們如何藉由立法委員的角色來影響國內政經界。

台北：爲何太平

趙永茂指出，黑道參與政治的型態，城鄉之間顯著不同。都市地區如台北市，不太可能有政治型幫派成立，但經濟型幫派成立的可能性則比較大。從事犯罪的幫派份子，在台北市比較不可能參加公職競選，因爲台北市民普遍的教育程度都比較高，不可能聽命於樁腳，所以就算這些幫派份子從事公職競選，也不太可能會當選。因此，在台北市議會裡的議員中，很少人有黑道幫派背景。一位新黨的台北市議員將他的同僚分成兩個族群：「在台北市議會裡的議員，大致可分成兩種類型：地方型與形象型。地方型議員跟選區的居民很親近，而且不斷地為選民服務。例如他們都會參加選區的婚喪喜慶，也相當重視當地的公共建設。形象型的議員則重視自己在議會所展現的能力，他們知道如何運用媒體去建立自己的形象。或許你可以說地方型議員比形象型議員更可能買票。目前在台北市議會裡有接近一半的議員屬於地方型，另一半則屬於形象型，在他們之間，我可以說只有一位女議員與黑道有關係，因為她丈夫是黑道，而在前任的議員當中，大約也只有三至四人是黑道份子。在台北市議會裡之所以很少有黑道份子滲入的理由有二：一、台北市選民大多擁有較高的教育水準且經驗豐富，不會被候選人的宣傳花招所欺騙；二、光靠個人的特種行業與黑道背景兩個條件來參加台北市議員選舉還不夠，因為要贏得選戰，你還需要更多其他的選票才行。」

然而，台北縣議會就不像台北市議會那麼乾淨，因為有很多台北縣議員有黑道背景，或跟黑道幫派份子走得很近。一位台北縣的資深警察說明了黑道如何滲入議會：「台北縣哪裡的民意代表最有可能是黑道？回答此問題之前，首先你需要了解到底哪些地方與哪種非法活動有關。瑞芳與金山是從事走私的兩大主要鄉鎮；淡水、三芝、樹林是電玩賭博與傳統賭博最氾濫的地區；土城有職業賭場與非法砂石工廠，且該區的議員有三分之一擁有黑道背景；新店是個教育程度高的地區，而且調查局的總部在這裡，雖然有許多黑道大哥住在這裡，但這裡的環境相當平靜。中和是一個居住環境相當擁擠的城市，幾乎都是住著一些層級較低的政府機關雇員，同時也有許多中南部的小販北上到此地謀生；許多中和市的民意代表不僅有黑道背景，而且他們本身也投資或經營建設公司。板橋是台北縣政府的所在地，台北縣的商業貿易中心，主要由三大家族掌控。這三大家族全是板橋市的大地主，而且全台灣的黑道勢力幾乎都是靠這三大家族提供各方面的資助，但無論如何，它算是比較開化的地區，很少有槍戰在此發生。整個台北縣裡，有一半的鄉鎮市民代表主席與副主席都是黑道份子。總之，擁有黑道背景的台北縣民代佔了相當高的比例。」

即使大家都黑，但台北縣議員之間並沒有太大的衝突，爲什麼？這位警察又做了下面的解釋：

「在台灣，唯一從來沒發生過肢體衝突的議會就是台北縣議會。這並不是因為台北縣議員們本身問政經驗豐富或具有專業能力，相反地，它很可能是因為整個議會緊緊地被縣長與對建築業有深厚影響力的某位黑道立委所控制。此外，縣長很善於將縣內各種利益資源妥適分配給每位縣議員，而每位縣議員幾乎都會從縣長身上得到一些好處；每位新上任的縣議員，縣長都會給他們機會參與縣內的各項工程建設計畫，甚至會命令他的縣議員要藉由形象改造的方式來擺脫過去，包括開始穿西裝等等。縣長不僅會買新衣服給新上任的縣議員，還會招待他們去各地旅遊。」

台北縣、基隆縣、桃園縣與新竹縣是台灣北部的幾個主要縣。基隆市的市議員們曾經發生過兩次暴力衝突事件，而基隆當地的非法犯罪活動多爲幫派份子所掌控，例如吳桐潭（天道盟的第二號人物）就是基隆土生土長的大哥；一九九六年桃園縣長與七位人士遭槍殺；新竹市也曾被報導有黑道民代涉入暴力犯罪活動。根據台灣當局與媒體的報導，雖然北台灣的縣市議員有一些政治醜聞與暴力犯罪問題，但是黑道涉入政壇最嚴重的地區主要還是在台灣中部的台中、彰化、雲林、嘉義與南部的台南、高雄、屏東。

中台灣風雲

台中市：誰說沒黑道

台中市位處台灣中部，交通十分方便，不僅是台灣的第三大城市，也頗受民衆喜愛，許多不住在台中市當地的民衆都會到此地消費、找樂子，特別是彰化、苗栗、南投與雲林等地，因爲在這些縣內缺乏高檔的色情處所，所以該地的居民都會到台中的色情場所消費。

作爲一個色情行業發達的城市，台中市的政治據說曾經相當腐敗。一位台中市的承包商跟我說：「我們的市長（民進黨籍）讓很多選民失望，主要原因就在於她丈夫很會搞錢，因此有很多人都說台中市眞正的市長不是她，而是她的丈夫。當時整個台中市政府幾乎都被市長的家族成員所掌控，而且許多國民黨籍議員都受到她的打壓。」

即使如此，與台北市不同的是，台中市的色情行業很少與黑道有關聯。台中市某位高階警官指出：「台中市目前幾乎沒有幫派存在，原因在於這裡的色情行業不像台北地區一樣需要黑道的保護，大家都沒有什麼地盤可言。再者，這裡很少有物品或勞務的竊案發生。大部分色情業者都是本地人，本身不一定具有黑道背景。台中市議會與台北市議會一樣，幾乎沒有黑道份子，但台中縣議員則有些具有黑道背景。台中市是一個大都會，民衆教育水準比較高，因此政治候選人想在這裡從事買票行爲是很困難的。」

另外一位警官也指出，台中市政壇很少有黑道牽涉其間。他說：「台中市要比台中縣好多了，只有三位市議員跟別的市議員比較不一樣；這三位中，有一位是當了兩任議員的大哥級市議員，但他相當低調。另一位市議員主要經營色情行業，還有一位當過警察的市議員，也在經營娛樂事業。台中市議員很少利用權力砍掉警察的預算，此外，台中市有很多外來人口，不容易被買票；很多當選的市議員，是因爲他們有不錯的公共形象。」

這位警察對台中市的情況做了下列的歸納：

「台中市有一些角頭人物，其中一位是市議員。大部分的角頭都從事娛樂事業，有些則是經營公司、調解糾紛與開地下錢莊。外省幫派不可能在台中市建立他們的勢力範圍，外省掛所能做的就是到台中市經營夜總會、討債公司。大致而言，黑道對台中市居民的影響很小。」

雖然我在台中市訪問的警官都說，台中市的黑金問題比台中縣好得多，立法委員簡錫堦辦公室所做的一份調查卻不支持這個說法。根據簡錫堦辦公室的報告指出，台中市政壇的金錢政治（諸如政治人物的賄賂貪污、財政醜聞與買票等）是全國第二名、黑道參政問題排名第九、總體黑金問題排名第五。而台中縣政壇的金錢政治是排名第八、黑道參政問題排名第十一、總體黑金問題則是排名第九。表5.1是台灣各縣市的黑金排行榜。

台中縣

台中縣存在很多不同的地方派系，而這些派系間有很嚴重的權力鬥爭。台中縣是許多台灣黑道人物的故鄉，經常發生買票、圍標、暴力、幫派謀殺等問題。以一九九四年為例，五十七名的縣議員當中有十七名縣議員有犯罪紀錄前科（國家安全局 1997；任之中 1994）。

前台中縣議長，現任立法委員顏清標可稱得上是台中縣政壇最具影響力的人物之一。由於他身材短胖，所以他的祖父給了他一個外號叫「冬瓜標」（M. Chu 2000a）。十七歲就結婚的顏清標，在政府一清專案期間遭到逮捕，在牢裡待了三年多。

表 5.1　各縣市黑金政治排行榜

縣市	黑道政治	金錢政治	黑金政治
台北市	10	12	12
台北縣	8	9	7
基隆市	20	20	21
宜蘭縣	18	21	19
桃園縣	12	16	8
新竹縣	21	18	19
新竹市	19	14	17
苗栗縣	14	17	15
台中縣	11	8	9
台中市	9	2	5
彰化縣	2	4	1
南投縣	7	3	10
雲林縣	1	11	6
嘉義縣	6	15	11
嘉義市	17	16	16
台南縣	4	5	4
台南市	13	10	14
高雄縣	3	3	1
高雄市	15	7	12
屏東縣	5	1	1
屏東縣	23	23	23
花蓮縣	16	19	18
台東縣	22	22	22
金門縣	24	24	24
連江縣	25	25	25

資料來源：簡錫堦（1999）

顏清標在一九八四年被關之前，是中台灣沿海地區相當有名的角頭，專門經營非法的職業賭場。顏清標曾遭惡名昭彰的犯罪份子林博文（外號美國博）恐嚇勒索，當時顏清標給的錢，比林博文所開出的勒索價碼低，於是林博文拿了顏清標的錢以後，又跑去顏清標所經營的賭場開槍示威；顏清標知道以後非常生氣，立刻叫了一些槍手去殺林博文，但是林博文僥倖逃過一劫。最後林博文是在一場與警方激烈的槍戰中遭到逮捕，並且被判死刑（趙慕嵩 1984c）。

顏清標靠一些雇來的兄弟擴充、經營非法職業賭場，也和許多政府官員建立很好的互動關係。他擅長以金錢豢養身邊的小弟並招待政治圈的朋友，藉以建立個人的黑道勢力，一九八〇年代初期，顏清標對台灣中部黑道就已經具有很深的影響力（荊實 1986）。

顏清標在一九八七年獲釋之後，當過三年多的里長。後來在一九九四年縣議員選舉時，他以全台第二高票當選台中縣議員。在初任縣議員的同時，顏清標已經準備競選議長寶座，當時縣議長林敏霖的哥哥在自己辦公室外遭槍擊，有的人懷疑是顏動的手腳。幾個星期後，顏清標自己也遭到槍傷。發生這兩件意外，加上驟然失去台中另一派系楊家的支持，迫使顏清標不再汲汲於追求議長寶座。顏清標隨即又參選省議員並獲勝當選，當時他年僅三十五歲，是省議會裡最年輕的議員。而就在同一年他當了爺爺，因爲他十八歲的兒子爲他添了一個孫子（M. Chu 2000a）。

一九九五年七月，省議員顏清標與同伴被指控在一場警匪汽車追逐中，開槍射傷警察。當時有兩名記者在報導這起事件後，被不知名的流氓以棒球棍毆打，此後，媒體對這樁事件保持緘默，而當地的警察局長居然還跑去跟顏清標與他的朋友道歉。即使顏清標從縣議員縱身一躍變成省議員，但他依舊被認爲與黑道保持密切接觸。當媒體披露顏清標的黑社會背景後，他辦公室的幹事回應記者說：「他是黑派，不是黑道。」（黑白新聞週刊 1995:21）

一九九六年八月在尚德實業股東大會上，顏清標再度與人發生暴力衝突。當天顏清標與另一位頗具爭議性的省議員陳明文一起露面，而且身邊則帶了很多兄弟。攝影機拍攝到顏清標在會中怒吼大叫，並加入打群架的行列。一位民進黨立法委員甚至指控顏與他的人在會場開槍。當陳明文（現任嘉義縣長）被問到有關他的污名形象時，他回答說：「吃檳榔和三字經並不一定是壞事，以我自己的情況來說，檳榔和三字經代表一種容易和民眾親近的草莽氣質，在地方政壇上，恐怕沒有其他東西比草莽氣質更能贏得選民的信賴。」（吳敦燦 1996; 杜遠 1996:144）

過了一年以後，顏清標的弟弟顏清金（一位出名的黑道份子，因躲避政府逮捕而遠避菲律賓）在菲律賓公開放話，要槍殺顏清標的政敵楊天生。當顏清標被問到有關顏清金放話恐嚇一事，他回答：「我也搞不清楚我弟弟到底在搞什麼鬼？瘋瘋癲癲的眞是令我頭痛呀！我現在已經很慘了，治平掃黑說我有份，職棒簽賭也說我是中部的大盤口，股市掃黑也把我算在內。反正不好的代誌統統少不了我冬瓜標；現在好了，連我弟弟也要來插一腳，跑路就跑路，做兄弟的誰沒有跑過，沒事他隔海放話說什麼要追殺人家楊天生，那不是要害我是什麼？我已經夠黑了，如今豈不更黑！」（林新 1997: 129）

一九九八年，顏清標參加台中縣議員選舉，輕鬆當選，其他的縣議員紛紛推選他為議長（陳鴻祺 1999）。隔年，他又當選為台中大甲鎮瀾宮管理委員會的主席。鎮瀾宮是一個龐大的宗教組織，本身擁有數萬名的信徒與新台幣三十億元的存款，以及信徒們所捐贈的無數金條。身為擁有很大政治權勢的議長，掌管著一個大而有錢的宗教組織，顏清標在二〇〇〇年總統大選中的影響力不可忽視。一九九九年末，正是總統大選活動如火如荼展開之際，顏清標精心策畫一場由台中到雲林的媽祖遶境進香活動，當時四位總統候選人都跑去尋求顏清標的支持。某位台中市警察對顏清標作了下面的描述：「冬瓜標對台中縣深具影響力，當然他對台中市也具有一些影響力。不管怎樣，從縣議員到政府官員都要給他面子。有一些黑社會兄弟受他掌控，而這些人才是直接參與違法活動，至於冬瓜標則在幕後操控。每位總統候選人都想獲得他的支持，當然顏清標表面上對四位候選人都表示支持，但實際上他想把籌碼投注在比較有可能當選的那個人。」

顏清標知道如果他做錯決定，所支持的總統候選人落選，他便很可能會因黑道身分被起訴，因此他一直保持沉默；直到選舉投票前幾天，才公開表明自己支持無黨籍獨立參選人宋楚瑜。而就在顏清標公開表明立場後，民進黨開始在報紙上印製大量文宣報導，內容除了描述顏清標與宋楚瑜間的關係外，同時也突顯連戰與羅福助跟伍澤元、陳水扁與李遠哲間的關係。在投票前，李遠哲公開表示支持陳水扁，而且他說這個舉動是為了回應顏清標的舉動。

民進黨的文宣報導很具影響力，而且也明白地告訴民眾台灣黑金政治問題的嚴重性；然而，高層政治人物還是必需要面對一個難題：在一場激烈而勢均力敵的選舉中，老實的政治人物無論多麼厭惡黑道政治人物，也無法拒絕後者的支持。然而，或許宋楚瑜已體驗到，黑道民代的支持可能是詛咒而非福音。雖然宋楚瑜在顏清標的支持下，在台中縣開出亮麗的票數，但還是以極少的票數輸了二〇〇〇年的總統選舉，因為他被認為與有爭議性的民意代表太接近了。國民黨提名的連戰輸得更慘，很可能因為國民黨已被老百姓認為是黑道參政的始作俑者。

民進黨於二〇〇〇年執政後，顏清標於該年六月以大甲鎮瀾宮董事長的身份，跑到大陸積極推動兩岸宗教直航，而鬧得滿城風雨，也得罪了不願跟中國那麼親近的民進黨高層人士（陳嘉寧 2000）。由於上層的不悅，民進黨上臺後成立的查緝黑金中心大舉搜索鎮瀾宮，調查該宮負責人員是否侵佔了信徒捐贈的好幾億香油錢（楊明德 2000）。搜索當天早上，顏清標飛往香港，過幾天風波平息後回到台灣，且聲稱這次行動主要是民進黨想要封殺他參選下屆台中縣縣長的舉動（許林文 2000）。

到了二〇〇一年二月，查緝黑金中心又大肆搜查台中縣議會、正副議長住處，且因顏清標議長被認爲涉及多起槍擊案、強佔案、殺人未遂案而遭收押（馬瑞君、曾秀英 2001）。收押兩個多月後，顏清標以貪污罪（用公款喝花酒）被起訴，且遭求刑二十年（馬瑞君 2001a）。繼續被收押的顏清標想盡辦法獲得保釋，如申請保外就醫、家人靜坐抗議、台中縣議員北上陳情、在看守所絕食等等。

到了七月，顏清標體認到無法保外後，在獄中宣佈參選二〇〇一年底的台中縣立委（羅如蘭等 2001）。到了九月，台中地方法院以顏清標犯貪污、持有槍械、殺人未遂以及教唆頂罪等四條罪，判他二十年刑期（馬瑞君 2001c）。在遭受羈押期間，顏清標委由兒子於十月九日前往選舉委員會辦妥立委參選登記，同時發表參選聲明，呼籲選民再次用選票將他送進立法院繼續服務鄉親。後來顏清標申請交保也遭駁回，因此只好從獄中參選立委，由他家人在外面爲他拉票。或許民進黨已預感到像顏清標這樣有實力的人物，即使被關還是可以當選立委，所以陳水扁總統有一次到彰化助選時曾說：「如果有人選上，也要讓他無法做！」（世界日報 2001f）一位台中高分院檢察官也公開表示：「顏清標若當選立委，不得於看守所宣誓」（陳世宗、馬羅君 2001:5）。

到了開票日，顏清標以第五高票當選，成爲台灣第一位被收押看守所仍當選的立委（陳世宗 2001）。當選第二天，法務部長陳定南派人送一幅「爲民喉舌」的匾額給顏清標作爲賀禮（世界日報 2001g）。當選後，被收押的顏清標如何到立法院完成宣誓就職手續？這又成爲一個議題，顏清標要求保外就醫、戒護宣誓或在獄中宣誓都被當局所拒絕。到宣誓前一個月，台中高分院二審改依貪污圖利等罪判刑十一年六個月，併科罰金兩百萬元，褫奪公權六年；被控殺人未遂罪部份，則因罪證不足改判無罪。法官認爲顏清標的羈押理由已消滅，當庭諭令以五百萬元交保（馬瑞君 2002）。到二〇〇二年二月，顏清標懷著「見習生」的態度到立法院宣誓就職，不久也成爲立法院無黨藉聯盟的召集人，接下羅福助所遺留下來的位子。

彰化縣：優質黑道

彰化縣與北邊鄰近的台中一樣，縣內存在著很多不同派系，而且彼此競爭得相當嚴重。一位民進黨立委辦公室曾經做過一份調查報告發現，彰化縣的黑金政治問題是全台二十一個縣市中首屈一指的；此外，根據某位彰化縣的警察描述，彰化縣議員中有三分之一是黑道人物，而且所從事的非法活動遠超過其他縣市的黑道議員（譚淑珍 1993；簡錫堦 1999）。

彰化縣地方民代間暴力事件屢見不鮮。一九八三年，彰化縣議員黃種雄無力償付一千八百萬元賭債，就遭到槍殺且傷勢嚴重。根據記者陳季芳的報導指出：「黃種雄是土生土長的彰化人，小時候家境不好，童年是在彰化火車站擦皮鞋、賣冰棒度過的……成年後他當上火車站一帶的老大，接著加入縱貫道十八兄弟幫，成了彰化道上人物……六十年代初，黃種雄被管訓，三年後才回來。經過這一次教訓，黃種雄開始改變，先是選上彰化市民代表，四年後（一九八二年）一月十六日，競選縣議員，在第一選區以第六高票當選。黃種雄據說像彰化其他的角頭一樣，主要事業是開賭場，但是黃種雄並沒有因爲開賭場而致富，主要的原因是他也好賭……黃種雄雖然出身黑道，但是他當民意代表，無論是市民代表或是縣議員，都是盡心盡力、克盡厥職、有口皆碑。他問政、質詢，從來不是爲了自己，也言之有物。因此，他在政壇的評價很高」（1983a:7）。

一九九六年，另外一位彰化縣議員柯志栓被槍殺身亡。柯志栓曾因一清專案而入獄，服刑的三年期間，曾待過不同的技能訓練所。當他被釋放回到彰化後，經常在彰化各地賭博，將贏來的錢拿去經營酒吧、KTV、餐廳與賭場。爾後，柯志栓當上縣議員，於是他的賭場收入日進斗金、輸贏飛漲到數千萬元之多。他不但經營賭場，自身也好賭成性（李冰 1996）。

二林鎮

二林是一個人口約十三萬的小鎮，當地除了盛產葡萄、竹筍與花生外，也有許多漁、海鮮加工廠；很多彰化縣內的兄弟都是來自此地。根據一位在當地服務的警察描述：「二林鎮有六位黑道大哥，其中四位當選過民意代表。這些大哥可分成兩種類型：一是社交關係良好者、一是國大代表。這兩類型的人都在非法經營職業賭場，也有一部分人在開砂石工廠、經營KTV與檳榔攤。大約在四年前，當時台灣經濟狀況非常景氣，這些大哥從賭場經營中獲利匪淺，不過如今已盛況不再。這裡地瘠民貧、生活環境非常惡劣，年輕人心裡都想著：如何在這種惡劣的環境下可以生活得更好。因此就算被殺，那又怎樣？」

芳苑鄉

除了二林鎮外，芳苑鄉也是出了許多兄弟而聞名全台。在一九九〇年鄉鎮長選舉期間，陳諸讚與洪佔山的兩派人馬支持者，就因選舉問題而爆發槍戰，當時陳諸讚順利當選。當陳諸讚任期期滿競選連任時，陳諸讚的支持者竟然把政敵的競選助理打成重傷。

還有一件事情，讓芳苑鄉在台灣變成家喻戶曉，那就是一九九七年的農會總幹事選舉。當時陳諸讚與林媽賞兩位候選人競爭相當激烈，就在選舉結束之前，某位競選幹事竟然被活埋，還有許多當地政治人物被射傷（時報周刊 1997b）。陳諸讚一向與黃主旺（彰化縣有名的黑道人物）往來密切，而當時林媽賞則與另一名彰化重量級的黑道人物謝惠仁關係匪淺。這場選舉讓我們清楚看到，候選人想拉攏頗具勢力的犯罪者，從他們身上獲取選票支持，藉以贏得選戰，而其結果必然會引發暴力衝突事件。

洪絲條與謝通運

洪絲條與謝通運是彰化一帶家喻戶曉的黑道人物，而他們被狙殺的消息也在報章媒體上大肆報導。洪絲條在台北出席一場葬禮時遭槍殺，而殺死他的人正是政敵謝通運的兒子。謝通運是天道盟的創始人之一，在台灣中部領導不倒會；謝通運的兒子曾因不滿洪絲條對待父親的態度，而動手去殺洪絲條。洪的手下都認為謝通運的兒子是受其父指使，所以急於殺謝通運報仇。然而，謝通運就在二林鎮自家附近裝設路障，把自己的家包圍起來。某天當謝通運與保鑣開兩部轎車外出時，謝惠仁與他的手下（都是和洪絲條往來的黑道人物）就持機關槍攻擊謝通運一行人。根據媒體的報導：「發生於『民國』八十二年九月二十二日的天道盟『不倒會』會長謝通運命案，當時七、八名歹徒，個個穿著迷彩裝，攜帶強大的火力，在彰化縣芳苑鄉一處甘蔗園埋伏，在謝通運座車通過時，歹徒先以大貨車衝撞、攔阻，再以M十六步槍、九〇手槍掃射三十餘槍，作案情節就像香港電影。謝通運和他的保鏢范明元腦漿四溢，雙雙慘死現場」（許司任 2000:8）。

在謝通運被槍殺的前幾天，他還宣佈要參選立法委員。

粘仲仁

彰化縣另一名出名的黑道份子就是前縣議會副議長粘仲仁。根據一位民進黨立委的描述指出：「粘仲仁曾因走私槍械而被通緝，所以逃到菲律賓避難，但事後還是被抓並引渡回台；後來他獲判無罪，還搖身一變成爲彰化縣議會副議長。當時彰化縣議會裡有兩個派系，一派控制濁水溪上游、另一派控制下游。粘仲仁專門從事盜採砂石的違法買賣，此外，他也控制了彰化縣所有的公共工程計畫，凡是與他有關係的公司才能得標。粘仲仁擁有兩艘汽艇，而他都利用這些汽艇去從事走私活動。」

粘仲仁在一九八七年迅雷專案掃黑前夕被捕，那時他才三十歲，是一個知名度不高的小兄弟，也因此在羈押數月後便被釋放（廖樹貞 1996）。粘仲仁被釋放後，開始從事砂石買賣生意，並賺進很多錢。由於他的財力雄厚且人緣又廣，於是在一九九〇年參加縣議員選舉時輕易獲選。一九九〇年十月粘仲仁因軍火走私案遭通緝，因而遠避菲律賓，拒絕回台到案，不久遭菲律賓官方逮捕，但以行賄方式脫逃成功。爾後在他前往韓國、過境台北中正機場時，遭台灣警方識破逮捕，那時法官發現他涉嫌八項罪行而限制其出境，並免去其議員的身份。最後，在某位彰化縣頗具影響力的政治人物出面支持下，法院只好宣佈他無罪。

民國八十三年，粘仲仁再競選彰化縣第十三屆縣議員選舉，又以高票當選。當選後，粘仲仁又結合另一名縣議員白鴻森，共同競選議長及副議長。粘仲仁和白鴻森兩人本是無黨籍身份，但在競選正、副議長的前夕，粘、白兩人以握有八成議員選票的條件下加入國民黨。國民黨彰化縣黨部在評估粘、白二人有希望當選後，即准兩人入黨，同時以黨提名方式，推薦粘、白二人爲議長、副議長人選，選舉後果然由白鴻森擔任縣議會議長，粘仲仁擔任副議長……。除了有大陸來的殺手投效粘仲仁外，粘某手下還有近十名殺手級人物，這些人平常擔任粘的保鏢、司機，有事情時則個個逞凶鬥狠，逐步威懾其他不聽話的砂石業者和卡車司機（廖樹貞 1996:164）。

當時粘仲仁已經成爲中台灣一帶盜採砂石業者的最大宗，幾乎沒有人敢得罪粘跟他的同夥。他們不僅從事盜採砂石買賣的非法交易、收取保護費，還會攻擊那些不合作的業者，最後粘仲仁與他的手下殺了某位不聽從命令的砂石車司機後，始遭警方逮捕，並被法院判決二十年有期徒刑。然而，就在粘仲仁被控謀殺罪入獄服刑以後，他的太太雖是位政治生手，但卻在第一次出來競選縣議員時就輕易當選。

粘仲仁在上訴期間，因爲瘦得皮包骨，得以健康理由申請保外就醫獲准。隨後棄保潛逃，不久傳出他現蹤在大陸的東莞、廈門一帶。二〇〇一年四月十七日凌晨，粘仲仁與大陸保鏢開車到廈門諾亞方舟夜總會，疑似索保護費不成而開槍濫射，遭到當地公安圍捕，粘仲仁的車子因超速失控而衝撞路邊電桿，他傷重不治。

雲林：黑道不見了

因爲環境因素使然，雲林經常被媒體貼上「黑道故鄉」的標籤；來自雲林台西鄉的黑道大哥，是台灣黑社會的一股主要力量。遠見雜誌在一九九八年所做的一份有關民眾對縣市長表現的調查報告指出，雲林縣長的表現是全國倒數第二名（S.C. Liu 1999）。根據英文台北時報（Lin Chieh-yu 1999a:3）指出，「雲林海岸線附近的土地鹹度過高、不適合栽種，然該縣亦缺乏礦產或觀光景點來賺取收入。除了土地貧瘠、不易討生活外，雲林縣文盲與低教育程度者所佔的人數比例是全國之冠，故長久以來，雲林縣當地的生活水平一向很低。」拼搏求生的態度，從該縣境內的派系衝突相當激烈，可略知一二（王昆義 1997）。

中國時報記者李作平曾經在一九九九年估計，有十二位雲林縣議員出身黑道，然就縣議員擁有黑道背景所佔的比例而言，雲林縣位居全國第二。某位服務於雲林縣的警察告訴我：「目前雲林縣有六位縣議員來自西螺，其中兩位是黑道份子；在西螺鎮內三十三位民鎭代表中，有十一位擁有黑道背景。也就是說，無論是縣級或鎭級代表，黑道在民代所佔的比例將近三分之一。」另一位警察人員也說：「如果你將那些與黑道有關係或是交往密切的民代也算進去的話，那麼有高達八成以上的人擁有黑道背景。」

一九九三年，當某位重量級政治人物在雲林縣遭槍擊後，某家媒體揭開了該縣幫派與政治間錯綜複雜的關係：「政治和黑道在雲林是孿生的連體嬰、命運共同體，政治人物身邊沒有自己的『部隊』，就不用想參與地方政治。久而久之，政府人物也變成了兄弟，兄弟也當上了公職。一位雲林人士自我解嘲說：天氣一熱，脫掉上衣，各民意機關一片『花衣服』，有龍有鳳，有玫瑰和忍字……有人問，雲林的黑道勢力為何會隱而不見，雲林一位陳姓地方人士說：『全部參政去了。』」（蔣眞華、葛樹人 1993:43）

雲林縣在成為衆所皆知的「黑道故鄉」以前，一位作家華鳴（1983:45）發現：雲林縣的黑社會組織型態有三大特色。一、黑道人物各自活動，不正式組織幫派。二、黑道人物大都往外縣市謀求發展。三、最大的特色就是黑道人物非常熱衷參與選舉活動，包括為人助選和自己參加選舉。

他們自己投入艱苦的選戰，有什麼好處呢？一、當選後可以提高社會政治地位和黑社會中的領導地位，並可以掩護自己的非法行動和非法營業。二、有些黑道人物被列為甲級或乙級流氓，警方隨時都在注意他們的動態。一旦他們當選民意代表或地方基層公職人員，警方會很快將他們降爲丙級流氓，以後便可以依照表現，將他們再降爲丁級或提報除名。

劉奇訓是一九九三年的雲林縣議員，是最常被提起的黑道政客；林明義原本是台西鄉的兄弟，曾經是立法委員；張榮味是來自土庫的大哥，也是現任縣長。本節先討論劉奇訓與張榮味，下一節再討論林明義。

劉奇訓

一九九三年，劉奇訓還是一位二十九歲的年輕縣議員，便在雲林斗六遭人開槍擊中，而他的私人秘書也被槍擊，不過兩人都僥倖逃過一劫。當時正値縣長選舉前夕，警方在調查該開槍事件時，赫然發現槍手是由已故黑道人物鍾燦輝的外甥所雇請。在一九八〇年代間，鍾燦輝是斗南鎭最具影響力的黑道份子，當時劉奇訓還是鍾燦輝身邊的小弟。

鐘燦輝在一清專案期間被逮捕，爾後在監獄裡服刑三年。在鍾燦輝入監期間，劉奇訓迅速竄升，變成斗南地區的角頭老大，並掌控該地區所有的非法交易；不久後劉奇訓被選爲縣議員，在政治上與黑社會都擁有舉足輕重的地位。

據說劉奇訓原本並沒有從政的念頭，直到一九九〇年縣市長、省議員及立法委員的三合一選舉時，政府爲維護選舉期間的治安，特別進行大規模掃黑。劉奇訓也列入情節重大流氓並遭逮捕，後來有人出面向一位重量級立委求情，劉才透過這位立委的協助，僥倖逃過管訓的劫數。經過此次教訓後，劉奇訓深感唯有選上民意代表，才是讓警方知難而退的護身符，因此積極參選縣議員；劉奇訓不惜投入龐大的競選費用，並在道上兄弟全力奧援下，終於選上縣議員，從此改變了他的一生。（蔣眞華、葛樹人 1993:41）

一九八〇年代後期，鐘燦輝被釋放後回到斗南鎮，準備回去幹老本行，操縱當地的非法生意，包括控制該區的色情行業並經營賭場。這樣一來，很可能會影響劉奇訓的利益，於是劉在鐘宣布參選之後，就準備要除掉他以前的老大。後來鐘燦輝在一九八八年被槍殺身亡，在過世五年之後，鐘的外甥找了一名槍手去殺劉奇訓。

警方在調查這幾件槍殺案時發現，劉奇訓還涉及其他的槍殺案件，包括在劉奇訓自己被槍殺前三個月，他曾派一位十幾歲的小弟去槍殺斗南農會理事長唐玉如，並且允諾他，如果事蹟敗露被警方逮捕，他會付給這個小弟一筆五百萬元的安家費。當時劉奇訓交代完任務給這位小弟後，就與當時縣議會議長張榮味一起到馬爾他共和國去旅行。唐玉如是一位受過高等教育的老師，他就是因爲在選舉期間不支持劉奇訓陣營而引來殺機（楊子敬 1999年）。最後，劉奇訓因鍾燦輝與唐玉如兩樁殺人案，遭法院判處死刑（林朝鑫 1994a）。

張榮味

雲林縣縣長張榮味是所有進入政治圈的大哥中，在政壇上獲得最高行政機關首長職位的人。跟許多大哥一樣，張榮味當初也是政府一清專案的掃黑對象。

張榮味在一九八九年初擔任縣議員，當時他雖然是第一次當上縣議員，但獲得其他縣議員推舉爲議長。張榮味當上縣議會議長後，國民黨官員當時看上他在雲林的深厚影響力，而想跟他合作，故積極鼓勵張榮味加入國民黨。根據媒體的報導指出，張榮味從不諱言自己出身黑道。他不僅從建築業與房地產業中賺進大筆鈔票，而且跟前國民黨立法委員林明義關係密切（蔣眞華、葛樹人 1993）。

根據雲林縣一位資深記者描述：「自從張榮味當選民代後，雲林縣的黑道問題有顯著改善，原因在於張榮味會控制他的人，不要魯莽衝動地去製造暴力事件。」當了兩任的縣議會議長後，張榮味（當時已經是國民黨員）違背黨紀、決定自行宣布參選一九九七年的縣長選舉，而就在宣佈參選的同時他也宣佈退出國民黨。不過，最後他輸給國民黨所推派的候選人蘇文雄。

一九九九年，蘇文雄突然死於肝癌，根據台灣的自治法規定，假如縣長死亡後尙有兩年或兩年以上的任期，當地政府就應該舉行補選。因爲這次的補選結果將關係到二〇〇〇年總統大選，因此雲林縣縣長的補選活動，成為政治上的大事。

蘇文雄出殯之後，張榮味（無黨籍）宣佈參選縣長補選。民進黨提名林中禮（西螺鎮長），國民黨則無法推出一位既是強手、又被國民黨在雲林的五個派系都能接受的候選人，最後只好推出縣黨部主委張正雄參選。張正雄沒有地方派系的支持，很難贏得選戰，當時媒體大肆報導國民黨為何推出一位不會贏的候選人，是因為當時張榮味「已經和黃昆輝簽署一份契約，承諾在贏得補選後，會支持國民黨總統候選人連戰」（L. Chen 1999: 3）。

縣長補選工作在一九九九年的十月展開，但是台灣發生了九二一地震，導致補選工作被迫延後到十一月。根據一位我訪問的記者指出，九二一地震震垮了斗六市幾棟大樓，而張榮味與蓋這幾棟大樓的建設公司有關係，所以有人推測這件事將會破壞張榮味贏得補選的機會：「九二一地震前，大家都覺得張榮味鐵定會贏得補選，但在倒了幾棟漢記建設公司的房子之後，張榮味原有的聲望重挫。不過，由於漢記公司所牽涉的人士來自社會各界，包括檢察官、警察、情治人員、商人、民意代表、政治人物、當地國民黨黨工、記者等等，他們都曾經從漢記公司得到好處。因此，這就是為什麼假使台灣政府要著手調查大樓倒塌原因時，會有很多重量級人士會被牽扯出來。」

補選活動在十月份時如火如荼的展開，坊間除了盛傳張榮味與張正雄都準備了大筆資金要買票外，同時也謠傳張榮味的兄弟與遍布全台各地的黑道大哥都動員起來支持他，而這些消息來源都是來自民進黨人（C. Lin1999a）。

民進黨此時已經意識到他們所推出的候選人林中禮岌岌可危，可能會在補選中輸給張榮味，因此就利用媒體大肆地抨擊張榮味，暗示民眾張榮味出身黑道，如果讓他當選，那麼雲林就眞的成了所謂「黑道的故鄉」。當時張榮味的競選團隊看到民進黨的攻擊文宣之後，就在投票日的前兩天，安排張榮味的女兒出來懇求鄉民再給父親一次爲鄉親服務機會。媒體報導這段猶如電視戲劇情節的畫面：「張嘉郡（十九歲，留學英國）是張榮味的女兒，她在投票前兩日舉行一場記者會，公開表示父親張榮味絕對不是幫派大哥。她說：『我的父親就像一座山，他是眞心地想爲鄉民服務，當我聽到人家說我爸爸是黑道人物時，我感到很痛心』，後來在一場星期三的造勢晚會上，她在大會舞臺上下跪痛哭，懇求鄉民支持父親張榮味。」（Lin and Chen 1999:3）

張榮味一如預期地在選戰中獲勝，所獲得的票數險勝民進黨所提名的候選人林中禮，至於國民黨所提名的候選人張正雄則位居第三。張榮味獲勝後，民進黨黨員做了以下的評述：「過去幾十年來，大哥只能參加一些層級較低的民意代表，諸如縣市議員或是立法委員。但是張榮味的當選，似乎說明了大哥也可以和其他政治人物在縣長選戰中相互競爭，甚至是一些層級更高的政治選舉。」（Chen et al.1999:1）

儘管如此，某位在雲林縣內服務的警察對這位黑道出身的縣長，作了以下的評述：「假如張榮味能順利當選，那麼他將有助於我們偵查犯罪，因爲我們只要把某個犯罪事件告訴他，他就會提供我們很多訊息。但這也意味著我們無法調查張榮味週遭與他有關的人，因爲他可以隨時把警察局裡的人換掉，例如之前某位斗六分局組長，就是因爲偵辦案件而牽扯一位前任雲林縣長的樁腳，當天就被調到其他單位。」

某位大哥對於張榮味的當選抱持比較樂觀的態度，他說：「當初我們都知道張榮味會當選，後來對於張榮味順利當選也不感到意外。他是個相當道地的兄弟，假如我們碰到一些兄弟間的問題要解決時，通常都會找他幫忙。因此他當縣長應該會比林中禮或張正雄做得更好。」

某位民進黨女立委說：

「張榮味順利當選縣長的理由之一，是因為他知道如何做人。因此有很多樁腳都願意為他賣命、拉票，有些人甚至自掏腰包來幫張榮味競選。例如某位雲林商人到大陸投資失敗、破產後返回台灣，他身邊的朋友或親人沒有半個人願意伸出援手，張榮味知道後立刻就拿三百萬元出來資助他。假如張榮味一年可以賺三億，那麼他大概要花六億，因為對他來說，成為政治人物的另一面就是意謂著賠錢。」

張榮味當選雲林縣長後，國民黨在二〇〇〇年總統大選前夕恢復了張榮味的黨籍，而他也公開表明支持國民黨的「連蕭配」（張啓楷、尹乃菁 2000）。到了二〇〇一年縣市長選舉，張榮味挾著施政滿意度在中部縣市第一的成績以及與各政黨高層的不錯交情擊敗對手，再度登上縣長寶座。二〇〇四年，張榮味挺連宋配，但雲林縣大輸了八萬票，張榮味表示：「這場選舉事實上自頭到尾就是很詭異的，本來就是一場不公平的選舉，所以說個人非常不能接受。」

嘉義：議會九成黑道

嘉義是台灣中部的另一個縣市，其政壇深受黑道人物所滲透，但是沒有人確切知道到底有多少政治人物出身黑道。根據政治學者吳芳銘的說法（1996），嘉義縣三十六個鄉鎮市的正、副民代主席中，有十四位是黑道份子，而十八個鄉鎮長中有一位是黑道出身的，此外有至少三位縣議員擁有黑道背景。某位民進黨縣議員指出，他估計在三十位縣議員中（其中有二十七位是國民黨籍），大概有三分之一是黑道，而某位高階警官也告訴我，嘉義縣所有的議員當中，至少有一半是黑道。另一位嘉義縣民進黨籍議員也說至少有一半的議員是黑道份子，而他們大多都在經營職業賭場或是工程圍標。

某位嘉義縣計程車司機說，他堅信有九〇%的縣議員與黑道掛勾，當我對他所說的話表現出訝異的模樣時，他又說：「好吧，就算沒有九成，至少也有七成以上。」更巧的是，某位早期活躍在嘉義縣內的大哥告訴我：「假使你將民意代表的家庭成員與親戚算在內的話，我可以向你擔保，至少有九成以上的現任縣議員擁有黑道背景。但假使只是單純就縣議員本身而言，那麼大約有七成左右的縣議員擁有黑道背景。」

根據一九八六年時大頭成（嘉義縣角頭，在一九八〇年代中期因為一件謀殺案而遭判死刑）的說法，嘉義市是一個人口僅有三十萬的小城市，卻至少擁有超過一百個以上的大、小角頭組織；而這也就是為什麼許多角頭都會想辦法到外地謀生，導致全省到處遍布著來自嘉義市的角頭，特別是台北市、三重市和高雄市。

呂潮淞（曾經是活躍於嘉義市政壇的縣議員）是第一位因流氓身分而遭到逮捕的縣議員。當時逮捕呂潮淞的警員表示，呂潮淞經常使用恐嚇勒索的方式來獲取金錢、經營賭場與非法持有槍械。呂潮淞被捕之後沒多久，某位記者訪問他的太太，而他太太顯然不認為呂潮淞跟一些名聲不好的人有來往有什麼錯。以下是記者的訪談逐字稿：

問：〇〇〇曾經是軍火走私要犯，呂潮淞怎麼跟他們有來往？

答：〇〇〇也是本地人，小時候他們就在一起，他們的交情很好，他在經濟情況不好時，我們也曾幫助過他。你們總不能一網打盡的認為凡是跟他有來往過的人都是流氓吧！

問：呂潮淞的朋友之中有些是黑道弟兄，該是事實吧？

答：我不否認。可是不能說有流氓朋友的人，他也就是流氓。

問：呂潮淞遇到黑道弟兄伸手求助時，是不是也給予接濟？

答：不論是黑道白道，只要向他開口，他沒有回絕過，他還經常捐款給長壽會和本地寺廟（趙慕嵩 1990b:25）。

嘉義縣對待犯罪人、犯罪以及與罪犯來往的態度是相當曖昧的，這點與一些研究結果不謀而合，因爲在美國也有這種現象存在，假使某個社區裡有犯罪人在那裡居住或工作，這個社區裡的人通常比較不會積極地去抵制犯罪。的確，像這些地方早就被犯罪次文化所侵入，而更重要的是，甚至有些社區到最後變成需要仰賴犯罪組織來提供工作機會、賺錢機會、社會服務與保護（Pileggi 1985）。

蕭家班與曾振農

黃派、林派與蕭家班是嘉義地區三個比較有政治影響力的團體，而這三個團體並非犯罪集團，但在檢警機關的眼中，蕭家班比較有可能被視爲犯罪集團，因爲蕭家班的兩位重量級人物都擁有黑道背景。三個團體都跟黑道人物有來往。

蕭登旺、蕭登獅與蕭登標三兄弟不僅是蕭家班的靈魂人物，而且深深操控著整個嘉義政壇。老大蕭登旺在去世前是嘉義市議長、老二蕭登獅是前嘉義市農會理事長、老三蕭登標是前嘉義縣議會議長，其中蕭登獅與蕭登標是一九九六年治平專案的緝捕對象。

根據嘉義市某位警官描述：「嘉義市有兩個強有力的犯罪集團：一是蕭家兄弟，另一個是南門田市場，後者主要是在經營職業賭場。蕭登旺的女兒蕭苑瑜從美國返台（二十五歲），就當選立法委員，而蕭苑瑜之所以能順利當選的主要原因，就是他的叔叔蕭登獅在競選幕後操盤。在這場選戰中，蕭登獅花了很多錢去綁樁，並且威脅恐嚇那些拒絕合作的樁腳。蕭登旺不是黑道份子；蕭登標扮演蕭家班的代言者。為了贏得立委選舉，蕭家不僅砸下很多錢來幫蕭苑瑜競選，還去恐嚇競選對手的樁腳。」

蕭登旺在一九九〇年代初期當選嘉義市議員，並且在連任後又當選為嘉義市議會議長。當蕭登旺成日忙於他的政治事業的同時，他的兩個弟弟蕭登獅與蕭登標正在兄弟圈裡打滾，兩人也都成為一九八四年一清專案的緝捕對象，但由於他們與一些政商權貴關係良好，故兩人並未因此而遭逮捕。不久蕭登獅當選嘉義市農會總幹事，而蕭登標也初次當選為嘉義縣議員，隨即又被選為嘉義縣議會副議長（葛樹人 1992a）。

雖然蕭登獅與蕭登標變成嘉義政壇的重要人物，但是他們還是與黑道人士往來密切，並且從事一些非法勾當，故當時（一九九六年）的法務部長廖正豪要緝捕他們。蕭登獅被指控違法經營職棒賭博，並且使用暴力去脅迫職棒球員故意放水輸掉球賽，至於蕭登標被指控的罪行則有十四項，包括一樁綁架案（時報周刊 1997a）。

當治平專案開始大力掃蕩的初期，有人向蕭登獅與蕭登標透露他們即將被逮捕後，兩人隨即消失。蕭登獅最後是在新加坡被捕並引渡回台，而蕭登標則是在消失一百三十天後現身在嘉義縣議會，那時他以一個議會議長兼通緝犯的身份在議場中開會，而外面有幾百名大批武裝警力在場外戒備，許多台灣民衆在電視上看到這個景象時，都認爲台灣的刑事司法體系正被這些政治人物耍著玩。台灣的法律規定，民意代表在開會期間，享有司法豁免權，故像蕭登標這種逃亡的議長，在議會期間是不可以加以逮捕的。

當議會開會接近尾聲而警察逐漸靠近包圍蕭登標的同時，縣議會突然決定議會開會期間要再往後延幾天。就在議會延會即將結束前，蕭登標又再度在檢警重重武裝的監視下消失，這顯示了政府機關對於重要的政治人物並無多大能耐。

當蕭登標在逃亡期間，他擔任縣議員與議長的任期屆滿，然而爲緊握住政治地位，蕭登標竟還能在當地選委會登記參選縣議員，並且叫他十七歲兒子幫他助選；更讓檢警詫異的是，在競選期間蕭登標並未在任何一場造勢大會上露臉，但最後還獲得壓倒性的全面勝利。當蕭登標再度當選縣議員後，其他議員們還是選他當議長，不過因爲蕭登標並未在議長就職宣誓典禮上現身，所以他就失去了當議長的資格而僅保有縣議員的身分。在這整個事件的前後始末，我們看到整個蕭登標事件就像是一場馬戲團表演，台灣檢警機關因此次事件，將聲譽弄得蕩然無存。

蕭家班家族認爲，蕭氏兄弟之所以會成爲政府掃黑的緝捕對象，應該與國民黨籍前嘉義縣立委曾振農（蕭家班最主要的政敵）脫不了關係，因爲他要求政府檢警機關全面鎮壓掃蕩蕭家班。曾振農是位大財團老闆，與國民黨內高層的幾位重要人物有很好的交情，包括當時的副總統連戰。當時曾振農因爲是以國民黨增額立委的名義選上，故被指控是利用金錢換取立委的身分。

二〇〇〇年民進黨執政後，蕭家班的勢力開始下滑。首先，前任嘉義縣議長、老三蕭登標於二〇〇〇年十二月，被台南高分院依超貸背信罪判二年十月刑後，准以兩百五十萬交保候傳（蔡坤龍 2000）。接著，前嘉義市農會理事長、老二蕭登獅於二〇〇一年四月因涉嫌省農會賄選案而被拘提（馬瑞君 2001b）。再過幾天，時任嘉義市議會議長的老大蕭登旺突然在市議會病發昏倒，送醫急救無效逝世，醫師判斷是心肌梗塞猝逝（呂素麗、林春元 2001）。

爲了重振蕭家班聲勢，蕭登獅於二〇〇一年七月宣佈以無黨藉身份參選年底的嘉義市立法委員（呂素麗 2001）。選舉立委前夕，被國民黨提名的時任立委蕭苑瑜決定放棄參選，改由她的叔叔蕭登標以無黨藉身份參選（王新良 2001）。

幾天後，最高法院判決蕭登標被訴連續背信以及違反農會法兩案有罪定讞，判刑兩年十個月。由於選罷法規定被判罪定讞即將服刑的人不能參選公職，蕭登標也就喪失參選立委資格（黃錦嵐 2001）。由於判斷失誤，蕭家班在嘉義縣立委選舉中兩頭落空。更有甚者，老二蕭登獅在嘉義市立委選舉中落選後又遭最高法院判決職棒詐賭罪兩年六個月徒刑定讞（黃錦嵐 2003）。在蕭家班瀕臨存亡之際，蕭登獅的妻子蔡貴絲於二〇〇二年縣市議員選舉中選上嘉義市議員後又當選該市議會議長，因而保存了蕭家班在嘉義的一股政治勢力，二〇〇四年總統大選，蕭家班表態支持連宋。

蕭家班在嘉義的政敵、不分區立委曾振農在遭到國民黨開除黨藉後喪失立委身份。然而，在二〇〇一年立委選舉時，他的妻子張花冠以無黨藉身份參選嘉義縣立委而當選，之後，張花冠加入民進黨，並於二〇〇四年立委選舉中爭取黨內提名。

老大哥：林文雄與徐茂良（化名）

這兩位嘉義縣議員同樣是當時治平專案追緝的目標，在這裡討論他們將有助於讀者更加瞭解這兩位縣議員，以及他們如何看待自己當時在治平專案裡的困境。第一位是縣議員林文雄，是位身材矮瘦的老人，在治平專案開始後沒多久，他就離開台灣遠避他鄉。在訪談的過程中，他告訴我：「我擔任過兩任的嘉義縣議員。正當我想競選鄉鎮長時，我被政府列爲治平掃黑的對象，因此只好遠避柬埔寨。我在柬埔寨過了三年，現在我已經是個六十幾歲的老人了。

我原本是個農夫，後來開始從事葬儀生意，接著就當上縣議員。一開始，我只是幫人家競選公職人員，後來他們就鼓勵我自己去參選。當我成爲調查局鎖定的調查目標時，嘉義的警察機關並沒有對我做出任何的調查動作，因爲我都用自己的錢盡力地爲嘉義鄉里造橋鋪路。

以前我是從事菸草種植的農夫，因此我很習慣過著簡樸的生活：在我成長的過程中，我都是一大早就起床，然後很晚才去睡覺。後來我變成商人。老實跟你說，其實我是在製作棺材。當我事業蒸蒸日上時，對於鄉里中一些碰到困難的人，都不吝於幫助他們；爾後在選舉期間，我也會支持某幾個特定的候選人。因爲我在鄉里間經常做善事，所以凡是我支持的候選人通常都會當選，而那個時候我已經是菸草公會的理事長。有一次在慶祝某位新科議員的宴會上，他與其他幾位議員告訴我，我在本地的選舉中扮演著很重要的角色，故鼓勵我出來競選下一任的縣議員，而我也照他們的話去做。」

林文雄對於他爲何會被認爲是治平對象一事，並沒有向我透露很多，但是一位與林文雄很親近的商人提供我下列的訊息：「當政府大力掃蕩幫派成員的過程中，有些人是罪有應得，但有些人卻是無辜的。就以林文雄爲例，雖然我知道流亡海外對他而言是一件很不幸的事情，但我想他也必需對這種局面負責。主要的問題是出在他那兩個魯莽的兒子身上。他那兩個兒子經常帶著四袋槍械四處跑。林文雄的兒子跟人家發生槍戰，最後導致一名無辜婦女死亡，這就是林文雄遠避柬埔寨的原因。每次只要兒子惹麻煩，林文雄就必須去向警察施壓，要求他們不可將兒子移送法辦，所以他（林文雄）的兒子總能在犯法後規避法律制裁。你能說林文雄不該負責任嗎？此外，一旦從事圍標行爲時，並沒有其他方法來約束他們；林文雄就是常常從事圍標行爲，也曾經因此去攻擊其他投標人。」

然而，當我去拜訪嘉義地區一些林文雄的支持者時，其中有一個人認爲政府掃黑的舉動，對林文雄而言算是一種政治迫害。他說：「林文雄是當地派系衝突的受害者，他是無辜的，因爲這是政敵對他所做出的錯誤指控。林文雄從來就沒有做過壞事，他是一個熱心公益的好人，而且爲村里造橋鋪路。導致林文雄政治生涯走向下坡的主要原因是，他公開支持當時的縣長陳適庸競選連任，不過最後陳適庸敗給李雅景。原本林文雄是支持李雅景的人馬，後來因爲陳適庸當縣長時撥給林文雄的鄉里一筆建設專款，於是林文雄就轉而支持陳適庸。

縣長選舉結束後，林文雄試著要向新縣長李雅景解釋爲何他會支持陳適庸，而新縣長李雅景也準備好要原諒林文雄，但是屬於李雅景派系的縣議員——黃派人馬，想要把林文雄扯下來，最後林文雄就成爲治平掃黑的對象。假使當初是陳適庸順利連任的話，那麼林文雄就不會成爲政府治平專案的掃蕩對象了。」

另一位同樣是治平掃黑對象的三十幾歲縣議員徐茂良告訴我，他是如何與外面兄弟相處多年以後而變成縣議員。他說：「以前在高雄時，我常與道上兄弟在一起。回到嘉義後，我跟縣長李雅景走得很近，他非常喜歡我，而且希望我能有一天也變成縣長。儘管如此，我還是決定要靠自己闖出一片天地，因此我離開李雅景陣營，獨自去參選嘉義縣議員。一開始，我是將目標鎖定在當選縣議員後，直接坐上議長寶座；但是在我當選之後，和其他派系的協商並沒有結果，因爲他們想要用抽籤的方式來決定誰是議長！而且當時已經有人表示得很明白：要當議長就去抽。於是我在很生氣的情況下，當場摔杯子，爲什麼？因爲這說明了如果我能順利當選議長，只是因爲運氣而不是能力，我不想這麼沒面子。」

台南：議長掉出三把槍

台南縣與先前所討論到的縣不同，本地政壇擁有黑道背景者的比例較低。某位服務於台南縣的警察告訴我：「台南的黑社會與其他縣市黑社會大同小異，目前比較有勢力的犯罪團體有下列四個：東門、南門、公園口與小公園。這些犯罪團體主要從事職業賭場與色情行業的經營，然色情交易在台南縣尚未形成氣候，不過流動性賭場則遍布全縣，因爲台南縣所佔的面積很大，所以相對地也讓賭場有更多的地方去經營、躲藏。

這些集團的首腦年紀都很大了，但卻依舊深具影響力，通常他們都會支持與該集團有關的成員去參選公職，而這些人在選上之後，會聽從這些黑道份子的話。這些人既是民意代表，又有黑道後台，所以都會表現得很傲慢。」

吳木桐（前任台南縣議會議長）是台南黑道出身且最出名的政治人物。和一般黑道大哥一樣，吳木桐個人擁有經年累月、琳琅滿目的犯罪紀錄史，因而在一清專案期間躲了起來，爾後風聲過了之後，才又現身。一九九二年時，吳木桐被指控涉入一件與選舉有關的暴力事件；那時正值縣市長選舉期間，民進黨提名候選人的競選總幹事遭到槍擊，當時民進黨候選人指稱，這件暴力事件是由國民黨候選人的支持者吳木桐（當時爲副議長）所犯的。事後警方傳喚吳木桐到案說明，吳木桐卻在全副武裝的情況下在警察局露臉，就在滿場記者注視的情形下，吳木桐在走向警察局時，意外地從身上掉出三把手槍（黃政經等1992）。

發生這件事幾個月後，吳木桐被發現陳屍在自己的臥室裡；警方調查該死因後認爲，吳木桐之死主要是因爲他常使用藥物、酗酒、服用安眠藥等不正常的生活習慣所引起的（趙慕嵩 1992b）。

另外一位曾任台南縣新營市民代表會主席的沈文德（綽號水雞土仔），也是台南縣頗具爭議性的人物。媒體報導，沈文德曾是軍火販子許金德手下，曾因殺人未遂案入獄；出獄後，他於一九九四年當選第五屆市代會副主席，第六屆更上層樓擔任主席，接著蟬聯第七屆市代會主席。根據記者陳易志（2003:A10）描述：「沈文德的火爆性格得罪不少人，因此他常常自省要懂得修爲，偏偏遇到不爽的人與事，又回復本色，令他頗爲苦惱。例如，他罹患眼疾覓醫求診，施藥產生劇痛，當場揮拳把醫師打倒在地。沈文德與人交往互動最愉快的時候是把酒言歡，一定要喝到酩酊大醉才散，長期下來傷了胰臟，赴大陸考察時疼得受不了，半夜送急診……」。

沈文德還喜歡賭，六合彩、十三張及地下期貨指數都賭，也因此欠下不少賭債。二〇〇三年八月二十一日，沈文德駕駛賓士轎車外出時遭兩名騎機車男子連開八槍斃命（陳易志、黃文博 2003）。槍手被逮後說，沈文德積欠八百萬元債務不還才被下毒手。

高雄

高雄市：雙雄傳奇

高雄市是台灣第二大都市，僅次於台北市，它是個座落於南台灣的國際港。由於這裡有很多軍事基地，所以造就了許多「特種行業」，南台灣很多的幫派與角頭都集中在這裡。

高雄市議會一向被認爲深受黑道份子所掌控。根據媒體的報導指出：「目前高雄市議壇，與地方角頭老大交情甚篤的不乏其人，黑道色彩相當濃厚。某資深議員之弟是在左營地區呼風喚雨的老大；某議員需由角頭老大持斧護送進出議會；某議員與『一清』釋回的響噹噹人物關係密切；某議員在同仁放風聲欲對其不利後，出入議會都有『兄弟』護航；某議員之子涉及槍械走私案……」（向明 1989:39）

高雄議會有許多犯罪出了名的議員，包括：張省吾、許昆源與蔡松雄等人。張省吾是高雄市三位有名的大哥之一，他在一九八二年經營麗池夜總會時，遭到一群持槍歹徒射傷。一九八八年，張省吾的父親過世，當時他籌備了一場台灣史上最大型的葬禮；數百位黑社會的重量級人物、企業人士與政治人物到場弔祭他的父親（高山 1982; 劉自濱 1988）。

許昆源是一九八〇年代前市議員許昆龍的弟弟，當時許昆龍是高雄市經營色情行業的重要人物之一。許昆龍是高雄市議員，亦是市議會法制委員會的主任委員，他本身擁有多家的夜總會與女郎陪酒的酒吧，後來涉及一件夜總會警匪槍戰，導致兩名警察身亡，多人輕重傷。很多人都說許昆源是兄弟，主要是在搞賭場。

蔡松雄（外號媽子）也是高雄市江湖傳奇性人物。他來自一個富有的家庭，一九八〇年代早期，他在高雄市已經擁有好幾家大型夜總會。當時他與警方發生槍戰，隨即就在一清專案中遭到逮捕。八〇年代晚期，蔡松雄出獄後就登記參選高雄市議員，而支持他的人都是一些高雄市頗具影響力的政治人物，因此他輕易當選。九〇年代晚期，即使媒體大肆報導蔡松雄的黑道背景，其他議員還是推選他當副議長。根據高雄某位角頭的描述，蔡松雄之所以會被推選爲議長，是因爲他願意以每票新台幣五百萬的價碼買通其他議員。

政黨輪替後，蔡松雄於二〇〇二年底縣市議員選舉時又當選連任，且搭配無黨藉市議員朱安雄競選正副議長，並順利連任。然而，檢方經調查後發現朱安雄與蔡松雄涉嫌買票（壹週刊 2003）後，判朱安雄一年十個月，蔡松雄兩年徒刑。朱安雄得知自己被判刑後逃離台灣，也成爲民進黨執政後的頭號通緝要犯。

高雄縣：暗殺議長

高雄縣境內有很多派系：白派、紅派與黑派。前二者屬於國民黨派系，後者則是民進黨派系。自從一九九五年高雄縣議長吳鶴松被槍殺身亡後，高雄縣民才確信高雄縣的黑道問題很嚴重。在台灣，吳鶴松是被兄弟槍殺的民意代表中，層級最高者（邱銘輝 1992）。

趙慕嵩（1985:12）描述吳鶴松進入政壇的經過：「當吳鶴松要選縣議員的消息傳開後，就有人預測，憑吳鶴松在地方上的形象，根本不可能上榜，也有人說吳鶴松只不過是藉此機會打知名度。這些評論傳入吳鶴松的耳裡，本來還在考慮是否出馬，『既然有人瞧不起我，我非要出來試試看。』就在這股賭氣心理下，吳鶴松披掛上陣，在崗山地區展開競選活動。他以黑馬姿態和各候選人角逐，由於衆家兄弟的猛烈助選，爲他增加聲勢，也穩穩地抓住不少票源。開票結果，在崗山鎮當選的七名縣議員中，吳鶴松竟然以六千多票名列第一。有人說，吳鶴松步上政壇後，應該自此改變待人處世的方式，吳鶴松也曾有此打算。然而，近幾年來一直圍繞在四週的兄弟，腳步跟得更緊，兄弟們的心態是：『老大當了議員，我們的日子也好混了。』兄弟出了事，吳鶴松要出面擺平，兄弟被警察抓了，他也得跑腿關說。顯然他當了民意代表，非但不如想像中那般風光，顯然也是被複雜的社會關係所波及。」

許多報導指出，吳鶴松成爲一清專案的緝捕對象，不得不在一九八五年間逃離台灣，因爲當時吳鶴松以經營非法職業賭場爲業。雖然吳鶴松不被認爲是黑道份子，但他卻與黑道走得很近，而且他幾位親兄弟都是道上的。此外，吳鶴松也在從事非法軍火買賣，檢警單位逮捕了他身邊的兩位親兄弟，並起出上百支的槍械。

一九八六年時，吳鶴松的名字從檢警的掃黑名單中被剔除（趙慕嵩 1990c），於是吳鶴松就從中國大陸返回台灣。因爲他堅信警察對於中央民意代表的尊敬程度會高於地方政治人物，所以決定參選國大代表，但是落選了。不過他隨即又轉戰縣議員，輕鬆當選，還順利當上副議長。一九九四年，吳鶴松在獲得國民黨的支持下再度連任，且當選議長。雖然他從事很多特種行業，卻沒有賺到錢，因爲很多顧客都不付帳；儘管如此，吳鶴松還是相當好面子，所以刻意用昂貴的手錶與賓士車來展現他的身分。別人問他爲何會擁有這麼多黑道朋友，他回答說：「交朋友嘛，誰不願多交一些朋友。」問他爲何花錢如流水，他回答說：「面子嘛，人總是要面子的！」（趙慕嵩 1995:39）

吳鶴松被殺三天後，有位年輕人在兩位國大代表與兩位律師的陪同下投案，他的名字叫做黃文重，坦承自己開槍殺死吳鶴松，原因是吳鶴松不准他在某個公園內經營一個小賭攤。但是警察對這樣的說法存疑，他們推測這起謀殺案應該是某些有權勢的人在幕後操弄，而且可能與政治問題有關。吳鶴松被槍殺時年僅四十四歲，當時他還有七件未決的犯罪官司纏身。果然，後來黃文重供出他的堂兄，時任崗山鎮代的黃文忠涉嫌教唆殺人。據警方稱，黃文忠原是高雄崗山地區不良份子，與黃文重共同在崗山一帶經營流動天九牌賭場。案發後，黃文忠逃到大陸、越南、泰國及斯里蘭卡等國家，五年後在泰國被捕，押回台灣。

曾經當過高雄縣議長的許福森，在一清專案蹲過三年四個月的苦牢。返回故里後，許福森競選崗山鎮民代表，不但順利當選，且初次踏進政壇就成了鎮代會主席。他於民進黨執政後，因涉嫌從一九九六年起利用擔任議會「環保調查專案小組」召集人身份，向處理廢棄物業者及廠商索賄八百二十多萬元而遭起訴，求刑七年（黃文博 2000）。

屏東：鄭太吉的興亡

另一個被認爲是黑金政治主要代表地區的是屏東縣。這地方上許多政治人物不是兄弟，就是與兄弟關係密切，根據遠東經濟評論（1995:24）的調查：「熟悉屏東縣的人士說，當地政治人物與黑道混雜的情況沒啥値得大驚小怪的。除了最近的核能發電廠以外，多數的重大公共工程都跟屏東無緣，這裡是以農立業的落後地區，很多犯罪者在此根本肆無忌憚，當地記者說，屏東就像是台灣的西西里島。」

屏東的大哥主要是搞賭博場子與色情行業。一九九四年，在議長因謀殺罪嫌被捕之前，屏東是一個賭場的大本營，因爲它位置偏遠，故在此經營大賭場是最理想的。九四年以前，警方對於取締非法賭博行爲並不積極，總是睜一隻眼、閉一隻眼。屏東一位兄弟的跟我說：屏東黑道大哥的特點是相當大膽，而且喜歡使用極端手段去解決紛爭。每當有衝突的時候，他們就想要當場把全部的帳算清。

從一九九四年鄭太吉與手下所涉的謀殺案件，就可以證明屏東的黑金政治相當嚴重。謀殺案發生當時，鄭太吉不僅是屏東縣議會的議長，也是國民黨剛竄起的政治明星，雖然他的學歷只有國中程度。

在一九八四年一清專案被逮捕的兄弟中，鄭太吉算是非常年輕的一位。在被釋放之後，他在建築業、KTV及第四台電視等各方面的事業，都經營得有聲有色。一九九〇年，他首次嘗試競選縣議員即順利獲選，當時他以菜鳥議員的資歷當上副議長。鄭太吉在三十一歲時當上議長（原任議長選上立委），成爲台灣史上最年輕的議長。九三年，他是協助國民黨候選人贏得當年縣長選舉的關鍵人物。九四年，他再度選上縣議員、議長；而在同年的省長與省議員選舉中，鄭太吉花了二千萬台幣去支持國民黨候選人，幫助他們勝選，當時國民黨的選舉成績令人印象非常深刻。鄭太吉對國民黨打贏選戰的貢獻，受到當時總統李登輝高度讚賞。

不管鄭太吉對國民黨勝選的貢獻有多大，他在縣內的行事作風已經到了無人可包庇的失控程度（陳永恒 1995）。英文台北時報有一篇社論（2000b: 9）這麼描述鄭太吉：「他向特種行業索取保護費（例如：賭場、夜總會與有圍事保護的餐廳）。他的手下會威脅記者，會痛打立場相左的議員，會把報社辦公室搗個稀爛（因爲它們負面報導鄭太吉）。每個人都不敢說話得罪他，甚至連當地警察局長也都噤若寒蟬。」

一九九四年十一月，鄭太吉帶著幾位攜槍的手下出現在鍾源峰（當地角頭及大賭場老闆）的家裡，就在鍾的母親面前，一槍槍把鍾源峰打死。當時媒體（I. Lin 2000d:3）披露了鄭太吉會殺鍾源峰的主因：「法院發現，鄭太吉和鍾源峰兩人在屏東合資開設一家賭場，但是合夥關係很快就走味。一九九四年十一月，鄭太吉因鍾源峰和黃泰郎合開賭場但沒有交保護費給他而發火。過了不久，鍾源峰的好朋友與縣議員黃慶平在賭場（鄭太吉的賭場）內發生激烈爭吵，而鍾源峰卻沒有出面制止，鄭太吉爲此感到非常不爽。後來鄭太吉獲知鍾源峰的友人打算幹掉（鄭太吉的）心腹黃慶平時，心裡更是怒不可遏，幹掉鍾源峰的念頭油然而生。」

某位服務於屏東縣警局的警察告訴我一段很長的故事，故事內容是有關鄭太吉起起落落的人生：「鄭太吉成爲屏東縣議會議長之後，根本沒有人膽敢向他挑戰，假如民進黨議員在議會中質詢他，他只要向手下做個手勢，他們就會將這位愛找碴的縣議員拖到議長辦公室內毒打一頓。被打之後，這個議員回到議場就不會再說什麼話了。鄭太吉也從事賭博電玩，如果有警察去他的場子找麻煩，他就會在議會找機會對警察界報復。

鄭太吉有兩個衆所皆知的團體：『棒球隊』和『白布鞋隊』。棒球隊是由一群手持球棒的惡棍組成，在選舉期間，他們是用來對付那些不友善的媒體記者與政敵；而白布鞋隊則用於維持一些政治性場合的會場秩序。

鄭太吉爲了賭博恩怨而殺了鍾源峰。鄭太吉本身非常富有，他有位哥哥是中台灣地區的角頭；鍾源峰的合夥人黃泰郎是另一位有名的粗暴人物，十六歲就殺人入獄，鍾源峰的賭場就是他在管的。

那天晚上，鄭太吉跟他的手下，包括幾位地方民代都喝醉了，在酒酣耳熱之際，開始不斷『幹譙』鍾源峰的惡劣行為，說完之後，大家就一起去鍾源峰所開設的KTV內開槍示威，前前後後大概開了十七、八槍，隨後他們又去鍾源峰的家裡，鄭太吉當場就在鍾源峰的母親面前開槍射殺他，而鍾源峰的身體被槍掃射成蜂窩狀，當時在場的有些人並沒有參與鄭太吉的殺人行為，因為他們都醉得不醒人事。鄭太吉開槍射殺鍾源峰時也是醉醺醺的。」

屏東的某個大哥也告訴我有關鍾源峰與鄭太吉的關係：

「鍾源峰是來自潮州鎮的兄弟，出獄後就在屏東開設賭場。他的賭場規模很大。當時屏東地區被劃分成好幾個地盤，而每個地盤的賭場都要付保護費給鄭太吉。鍾源峰大規模的經營賭場不但沒有交保護費給鄭太吉，居然連招呼都不打一聲。更氣人的是，他還給另一群人保護費，鄭太吉對這件事相當不悅。後來，鄭太吉和一位屏東縣議員到鍾源峰所開設的賭場賭博，鍾源峰在贏了五百萬後就說要離開，當時那位縣議員很不爽，抓住鍾源峰要求他再繼續賭。結果這件事引發鄭太吉想殺鍾源峰。

事實上，鄭太吉那晚並沒有喝醉。我不認為鄭太吉會醉到不知道自己殺了鍾源峰。他相信就算在鍾源峰母親面前殺了鍾源峰，也不會惹上麻煩，他想最壞頂多叫一個小弟出來為他頂罪。然而，當他知道自己無法僥倖脫罪時，一切都為時已晚。」

另外一位屏東的兄弟對此樁謀殺案的說法是這樣的：

「鍾源峰非常依賴黃泰郎的保護而不是鄭太吉，這件事讓鄭太吉相當反感，因為這不是純粹短收保護費的問題，而是面子問題，所以鄭太吉想殺掉鍾源峰。鄭太吉認為自己的勢力凌駕在黃泰郎之上，事實上，鄭太吉在政治官場上可能是最有力的，可是在黑社會裡，鍾源峰比鄭太吉更有勢力。」

案發三天後，直到民進黨的立委召開記者會對外宣佈此事，大家才震驚。鄭太吉因謀殺罪被起訴之後，縣內就舉辦了議長補選的工作。然而，當副議長蔡侑展宣布要競選議長寶座時，馬上就遭到槍擊，至於那些對蔡侑展表達支持的議員也遭受人身攻擊，但還是沒有人敢報警，因爲大家一般黑，蔡與另一位縣議員黃昌源競逐議長寶座時，都曾因買票而被判有罪（李肇南 1996a）。

鄭太吉因謀殺案被判處死刑，並於二〇〇〇年八月二日伏法。他的案件拖了六年，在台灣高院歷經四次的審判。鄭太吉的對手黃泰郎亦於二〇〇一年在自己「萬丹鄉鄉民服務處」被一名戴全罩式安全帽的男子持九〇手槍槍殺。二〇〇四年，亟欲擺脫黑道故鄉臭名的屏東，依舊發生黑道圍標里港工程案，甚至還發生國小訓育組長涉嫌替黑道運槍的案件。

從上述有關地方政壇與黑道的討論中，我們可以很清楚地看到，黑道人物已深深地根植在整個台灣的地方政治。從一九八四年一清專案開始掃蕩黑道份子，到後來將他們釋放，我們發現黑道份子透過競選公職人員的路徑取得政壇地位後，就能夠更無顧忌地從事非法的犯罪活動，也使台灣地方政壇變成只有那些有膽量的人才敢涉足的場所。「首先成爲兄弟，然後變成議員」，這似乎已經成爲許多兄弟可以預見的職業生涯道路。

立法院：黑金殿堂

雖然中台灣與南台灣黑道份子進入政壇的比例令人擔憂，但民衆對於黑道進入立法院的情況，更加感到不安與憂心。立法院是制訂法律的地方，也是監督行政院運作的機構，而行政院的官員管轄著中央政府下屬的各個機關，立法院染黑，台灣就當眞是黑道治國了。

一九九二年十二月，台灣舉行國民政府遷台以來的第一次立法委員改選。總共有一百六十一個立委席，而只有一百二十五個席位是透過投票方式選出，另有三十六個不分區席位，這是根據政黨候選人的當選名額計算，分配給各政黨。有四百零三位候選人參選，這次競選活動値得注意的是，候選人的背景大多是代表家族派系、爲求獲取政治權力的企業大亨，而不是眞正代表政黨的黨員。最後，有四十六位候選人雖然掛著國民黨的旗幟參選，但他們並沒有得到黨的提名。（Wachman 1994:213）

在一九九二年的選舉中，少數地方黑道政治人物與一些有黑道關係的人一起登記參選，最後獲勝了。到了一九九五年的立委選舉，有更多黑道份子進入立法院。到了一九九九年，根據民進黨某位個性率直、反對黑道進入立法院的立委指出：

「立法院目前約有五位是黑道份子，另有七位既不屬於黑道、也不屬於白道，就是我們所謂的灰道。因此，你可以說大約有五%至一〇%的立法委員是黑道人物或與黑道有關係的人。」

因爲立法院有許多黑道人物、商界大亨，再加上國民黨與民進黨立委間的激烈競爭，使得立法院成爲一個充滿肢體暴力打鬥衝突的「殺戮戰場」，而這些西裝筆挺的立法委員間的打鬥畫面，已經成爲全球各地的笑柄。根據政治學家田宏茂的說法（1996：21）：「立法院在以前威權體制的時代裡，只是一個虛有其表的橡皮圖章機關，但現在已經逐漸轉變成眞正的立法機關與重要政策制定的討論場所。很不幸地，現存的議會組織（例如：政黨團體或委員會）缺乏程序上的效率，使得立法院欠缺能力去管理審議法案。結果，整個議會程序就在委員間的相互叫罵與肢體衝突中延宕。這個國會尚未建立具有信譽與尊嚴的制度化領導體制。」

事實上，立法院已經成爲各種社會人士關說的地方，這些人經常透過立委來解決他們跟各個政府機關之間的個人問題。民眾想要關說的問題型態很多，諸如：病人到醫院想找床位或是想到公家機關找工作等等。在所有的立法委員中，廖福本被認爲是關說文化中的代表人物；只要當事人給予一筆「服務費」，他就很樂意爲這些有需求的人去關說，難怪廖福本被取了一個「紅包本」的綽號（羅如蘭 2001）。

林明義：第一位國會大哥

第一位進入立法院的兄弟，是來自雲林的林明義。他出現在立法院，爲國民黨在立法院充當「打手」，導致國民黨跟民進黨在立法院第一次涉及黑道的衝突。林明義與另一國民黨立委合起來跟一群民進黨立委對抗，這時一些主要的黑道份子包括天道盟精神領袖羅福助（後來當上立法委員）、四海幫的蔡冠倫與趙經華、松聯幫的王志強等人帶著一群兄弟在立法院出現，並和民進黨支持者打成一團。另一個有兄弟背景的施台生（國民黨）也參與衝突的行列。根據楚楊（1993:30）的描述：「近日立法院武鬥頻傳，最先是國民黨的黨鞭洪玉欽，被民進黨立委許國泰以『大哥大』偷襲，日昨是民進黨的黨鞭陳水扁，被國民黨立委韓國瑜拳擊受傷，同時受攻擊的還有民進黨立委謝長廷與蘇煥智。……五月七日，立法院外支持民進黨立委陳水扁和蘇煥智的群衆，與支持國民黨立委林明義、韓國瑜的群衆突破警方的分隔線而大打出手，發生流血事件。……以五月七日立法院外發生兩派群衆發生武鬥的情況而論，支持台獨的群衆多來自南部（台南），一看外表即知；支持國民黨的群衆，一部分來自南部雲林等地，一部分來自台北。因爲外省立委韓國瑜的夫人是雲林人，韓國瑜的岳父李日貴是雲林現任縣議員，雲林人以擁有這位外省女婿爲榮，故組團北上聲援韓國瑜。林明義立委碰巧又是雲林人，於是以勇悍著稱的雲林鄉親便北上台北，要與支持陳水扁的台南人對抗。至於聲援國民黨的台北市群衆更是來頭不小，包括天道盟、松聯幫、四海幫、竹聯幫、榮民、軍眷、反獨救國陣線等等，聲名遠播的天道盟盟主羅福助親臨第一線，支持林明義與韓國瑜，旗下兄弟個個年輕力壯，以十人爲一組，一律穿黑色西裝、手持大哥大，甚是『軍容鼎盛、虎虎生威、氣勢懾人』。」

立法院外發生著名的打架事件後，國民黨因爲有大哥的幫忙而「戰勝」民進黨。那次打架事件具有非常重大的政治涵意，因爲國民黨立委在立法院內，長期以來就相當害怕民進黨少數激進派立委的劇烈動作，而這次的打架事件不管是黑道主動幫忙、或是國民黨尋求黑道協助，總算是替國民黨立委出了一口氣。

在此次的打架事件後，國民黨可能決定：天道盟精神領袖羅福助適合進入立法院。因爲，以羅福助的影響力來看，爲什麼不把他帶進立法院內，卻讓他在院外參與抗爭？而同樣的情形也發生在國民代表大會，國民黨也依賴一位所謂的「地下議長」的幫助，以確保民進黨國代不會在會議中有大動作。

根據一位法務部調查局的工作人員的說法：「林明義是位擁有黑道背景的國民黨立法委員，但他努力地想將自己漂白，然而他始終無法擺脫與黑道的關係。例如，林明義在立法院有幾位助理，不過他很少與這些助理交談，反而私下擁有一群來自雲林的兄弟所組成的『助理團』，這些『助理』就跟他很親近。如果他想競選下屆立法委員，他就必須跟這些黑道兄弟保持密切關係，林明義相當需要這些兄弟的支持與協助，以便贏得選舉。如果他離開這些兄弟，那他根本別想在選戰中獲勝。這就是他的難題。」

林明義告訴我有關他如何從地方政壇起家，然後成爲立法委員的過程。他說：「我的父母親從事竹筍買賣生意，你可以說我來自一個富裕的家庭。我年輕的時候，喜歡結交各行各業的朋友，經常就在路邊攤吃吃喝喝。因爲我的朋友遍及台灣各地，所以許多朋友碰到問題時都會來找我幫忙，特別是遇到雲林縣外所發生的問題時。例如，如果某個雲林商人在台南市遭到當地流氓的敲詐或欺騙而來找我幫忙時，我只消打個電話到台南，就能圓滿解決他的問題。

過了一段時間之後，一群雲林工人鼓勵我去競選縣議員，那時我只有二十三歲，便說：『不要把我當傻子。像我這種幾乎是文盲的人，哪有可能當縣議員？』二十七歲時，又有朋友鼓勵我去競選縣議員，可是我還是拒絕。一直到三十歲那年，我才了解到身為一位議員的重要性，於是決定參加公職人員競選。當時我和一些朋友偶而會被警察找碴，所以我想，如果可以當上縣議員，他們就不敢隨便來煩我。我一次就選上了。

一開始我並沒有任何政治上的抱負，等到我又被選上民代以後，才開始思考政治之路其實也可以變得很有意義。我開始在縣議會中展露頭角，特別是去擺平那些只知道製造問題的縣議員。我對那些喜歡在議會上無理地羞辱行政官員的議員感到反感，於是我做了一些我認為該做的事來約束這些議員。因為民主的本質是相互尊重，我們議員應該尊重地方行政官員。同樣地，行政官員也該尊重我們。

後來縣長廖泉裕（前任雲林縣長）跟我說他希望我去競選立法委員，我回答：『不要跟我開玩笑』，當時我對他所說的話並不是很在意。後來又有一次，他坐下來跟我說他是很認真的。在他的鼓勵之下，我參與立委選舉而且順利當選。

我從未特別注意到自己的個人利益，因為我認為應以公共利益為優先；我不會因某些利益而與其他人發生糾紛，但對於我認為是對的事情，總會全力以赴。對於媒體經常將我貼上大哥級立法委員的標籤，我實在是很訝異。在這種情況下，我都跟立院同僚說：『立法院內只有一個流氓，而那個流氓就是我』，除此之外我沒有選擇餘地。事實上，假使我不算好人，那麼世界上就再也找不到好人了。」

在二〇〇一年的立委選舉，林明義爭取四連任失敗。二〇〇三年，他以涉入劉泰英的中華開發案，遭起訴求刑四年。

施台生：動手書記長

另一位具有爭議性的立委是施台生。施台生曾在一九七七年與一九八一年競選台南市議員，但二次都落選。最後在一九八九年第三次參選市議員時才順利當選。一清專案期間，施台生被提報流氓後被捕入獄（葛樹人 1989b）。在一九九二年時，他與林明義都當選立委，之後在立法院成爲國民黨黨團書記長。施台生也被認爲是青幫的成員之一，根據青幫某位人士說：「施台生來自眷村，經常惹是生非，當他知道自己即將被警察逮捕而入監服刑時，就跑去服兵役。等他服完兵役，更懂得怎麼打架，而且知道如何將他的追隨者組成一個團隊。後來，他掌控高雄火車站，而他的小弟就幫外地來的計程車司機拉一些回程客。他不跟小弟拿錢，但當他需要幫忙時，這些人必須充當打手。他以經商維生，當台灣房地產開始狂飆、建築業相當景氣時，他從建設公司手上拿到一些水電工程來做。不久他自己很快就成爲承包商，成功打進商業界。

他有了錢之後就去競選市議員，許多生意人都支持他，當然，他也必須花自己的錢。不過，一旦選上，他就可以壟斷某些行業，獲得更多賺錢機會。施台生當上市議員後，競選立委自然成爲他往上爬的唯一道路。他當上立委後，在立法院的抗爭場合中站在國民黨這一邊，許多立法委員知道他有黑道背景，所以不敢動手打他。」

當完兩屆立委後，施台生沒選上一九九八年的立委。某位民進黨立委描述：「施台生之所以會落選，是因爲他不被認爲是國民黨的一員。第二任立委選舉時，國民黨起初拒絕提名他，他也曾跟李登輝吵過架。雖然國民黨最後還是提名他，但並沒有給予任何資源。當然，國民黨在提名與選舉過程中的表現，受到施台生黑道背景的很大影響。」

下臺後的施台生於二〇〇〇年十二月被台北地方法院依貪污罪判處有期徒刑十年（二〇〇三年十二月三十一日，更審變無罪）。法官認定施台生在立委任內收受一家交通公司負責人之二千五百萬元賄賂後，接受該負責人的陳情，並在實質審查中油預算時，假借立委職權施壓，迫使中油不得不與受托公司續約（世界日報 2000c）。

羅福助：稱霸立法院

毫無疑問，立法院最有名的兄弟人物就是羅福助。他承認自己是天道盟的精神領袖。羅福助不只是台灣三大幫派之一的領袖，也是台灣最有錢的人之一。羅福助的兩個兒子在政壇上也很成功：一個是立法委員，一個當過國大代表。然而，羅福助給人最深的印象就是：立法院發生的所有打群架事件中，幾乎他都有一份，十足的大哥立委。

羅福助因一清專案而被關三年，他被抓後，中國時報說他：「情治單位掃黑，拘捕了台煉常董羅福助。羅某長袖善舞，以搞賭博投資建築業起家，對待黑白兩道面面俱到……深具傳奇性的羅福助，近年來崛起建築界，儼然大亨，手面闊綽……當年『潦倒』時，羅福助只不過是流竄台北、擺賭博場子的黑道人物……羅福助在道上揚名立萬，是因爲他懂得黑道人物的心理，慷慨多金，盡做一些叫人咋舌的豪舉。據傳他的一位黑道兄弟喪生，羅某竟耗巨資二千餘萬元，一手包攬了後事，風風光光，也使他聲名遠播……最近，台煉國內一位馬姓經理在公司附近遭三人持槍狙擊，幸好沒死，他的指證對羅福助不利；後來羅某從國外趕回來澄清，過了這一關，卻在在『掃黑』時應聲入網。他的手面闊綽，使許多人爲之傾倒，樂意結交，以致有省、中央各級的民意代表，在他被捕後分頭奔波，相報可謂仁至義盡……」（1984:5）

衆所周知，羅福助與一批大哥在監獄成立了天道盟，而羅福助也成爲該組織的精神領袖。出獄後的羅福助，由於幾件與天道盟有關的暴力事件以及本身與黃鴻寓（綽號黑牛）的衝突，經常登上媒體頭條新聞。例如，一九八九年九月八日的聯合報報導：「文山幫老大，傳爲天道盟創立者之一，羅福助家遭縱火開槍，人在國外未歸，疑涉黑道恩怨，警方嚴防火併」，九月九日聯合報又報導了：「黃姓槍擊要犯燒了羅福助家，天道盟下達追殺令懸賞五百萬要他命」，九月十二日聯合報報導：「投擲汽油彈，火燒羅浮宮；三煞縱火焚樓，羅福助所有，損失五千萬；乃兄煙嗆不治，樑子結大了，警方防火併」；一九九〇年八月六日的中國時報指出「羅福助保鏢落網，天道盟軍火庫曝光；王炯熾住處起出大批改造玩具槍械，配備紫外線瞄準器火力驚人」。由於頻頻登上社會新聞版，在一九九〇年迅雷專案實施期間，羅福助被當時的行政院長郝伯村視爲重要的掃黑目標，所以羅就逃離台灣。

他在逃亡的過程中，兩個兒子又當選民意代表：一個是新店市民代表主席，而另一個是國大代表。

一九九二年羅福助回到台灣之後，變成不動產業與建築業界的成功商人。私底下，他被認爲是因爲經營賭博而獲取財富。在一九九五年七月底，羅福助宣佈競選立法委員。根據聯合報（1995a:4）的報導說：「台北縣新店市聞人羅福助，決定在台北縣參選立委：

…無黨藉的羅福助是國民黨籍國大代表羅明才及省議員羅明旭的父親，和台北縣議會議長許再恩及立法委員鄭逢時，也有「換帖」之誼……。據親近羅福助的人表示，其實羅福助在去年省議員選舉時，即曾考慮出馬參選，但因其他考慮，改由長子羅明旭出馬，羅福助幕後操盤輔選。結果羅明旭獲得十二萬多票當選，使羅福助對自己的影響力了然於胸……。」

競選期間，羅福助後援總會遭到槍擊，幸無人傷亡（聯合報 1995b）。開票結果，羅福助與兒子羅明才雙雙當選立法委員。根據某位法務部調查局調查員的描述：「羅福助選上立委後，每個人都想看他在立法院的表現。我清楚記得他第一次站在立法院發言台的情景，雖然他眞的很想嘗試成爲一位立法委員，但他的行爲舉止就像是個大哥。你可以感覺出他是個非常強悍且不輕易退讓的人。」

不出大家所料，羅福助當上立法委員後立法院就風暴不斷。身爲無黨藉立委，且身爲可以改變大局的少數關鍵票，羅福助開始扮演秩序維護的角色。不但如此，羅福助也開始一連串的暴力行動。在對趙永清與錢達兩位立委暴力相向後，羅福助於一九九六年五月掐住無黨藉立委張晉城的脖子，而令後者感到「呼吸有短時間一度困難，頭腦一片漆黑」（聯合報 1996b:3）。一九九六年八月，立法委員廖學廣被人押走後關在狗籠（聯合報 1996c）。一九九六年治平掃黑時，羅福助的弟弟因涉及六合彩簽賭案而被捕（聯合報

1996d)。

雖然羅福助頻頻出狀況，他與兒子羅明才於一九九八年立委選舉時還是成功連任。第二度當上立委的羅福助還是依然故我，於一九九九年中旬參與立法院內的一次群毆而打傷立委余政道。接著二〇〇〇年總統大選後政黨輪替，民進黨成爲執政黨，羅福助失去靠山後也受到了相當的制裁。首先，台北地方法院於二〇〇一年三月二日宣判，法官依共同傷害罪判處羅福助、林明義與周五六三名立委各拘役五十九天，但得易科罰金（王己由 2001)。對此形同兒戲的司法制度，中國時報的一篇社論的反應是：「議場打人拘役五十九天，易科罰金五萬四千多元，形同花五萬元練身手，這個代價便宜得很」(2001 a :2)。

過沒幾天，羅大哥又在立法院痛毆親民黨女性立委李慶安。當羅福助兇狠地拳打李慶安的畫面出現在電視銀幕後，全台爲之譁然（世界日報 2001a)。爲了平息衆怒，立法院紀律委員會象徵性地處分羅福助停權半年。

停權期間，羅福助爭取當任立法院財政委員召集委員不成，之後促成兒子羅明才三度出任財委會召委。當民進黨立委們對羅明才出任召委有異議時，停權中的羅福助氣沖沖的在立法院痛罵大家「貓不在，老鼠就作怪」、「你們哪有本事叫我停權」、「我今天不來，你們還在吵」、「我羅福助是什麼角色，你們不是不知道」、「二百多個立委，那個有我這樣的氣魄？」(中國時報 2001 b :3)

羅福助在立法院發飆後的兩年內，他與民進黨掌控的司法體系之間的互動，看了令人眼花撩亂。首先，台北地檢署於二〇〇一年十月依傷害罪（毆打李慶安）提起公訴，並函請警方依權責提報羅福助爲流氓（楊天佑 2001）。接著羅福助大喊這是政治迫害，兒子立委羅明才也於院會開議前戴口罩站立發言台爲父聲冤，且要求釋憲。過幾天，原本準備年底在台北市南區參選的羅福助宣佈正式退選，且引用古語「讓人三分又何妨」、「成功不必在我」（世界日報 2001d:A6）。接著，法務部長陳定南否認外界關於羅福助以退選交換免提報流氓的傳說（中國時報 2001c）。第二天，羅福助回立法院復權，且誓言還是要在立法院「抓老鼠」。在這個節骨眼，且在國民黨與民進黨圍堵的情形下，羅福助還是當上立法院財政委員會召集委員（羅如蘭、黎珍珍 2001）。

過兩天，台北市警方初審通過提報羅福助爲流氓。到了第二個禮拜警方要在下午（二〇〇一年十月二十四日）復審是否提報時，羅福助於上午倉促出境到香港。到了下午，台北市警察局復審認定羅福助爲情節重大流氓（世界日報 2001e）。羅福助在海外一直停留到二〇〇二年一月七日才回台，期間三番兩次透過媒體喊冤。

羅福助之所以回到台灣主要因爲：羅福助背後的智囊團利用羅出國期間，採取個個擊破、軟硬兼施的方式，與檢舉羅福助流氓事證的秘密證人取得聯絡，相互套招找出爲羅福助解危的秘徑。據了解，羅福助以「空間」換取「時間」，化解流氓官司的步驟，日前已經爭取到一定的籌碼，這也是間接促成羅福助返台的原因（中國時報 2002 :7）。

儘管如此，羅福助回台後第二天，檢調單位還是大張旗鼓地搜索他的住所與服務處，並查扣四箱文件，且限制羅出境（世界日報 2002a）。當時羅福助的反應是：「雷聲大，但下不了什麼雨滴」。接下來的幾個月，羅福助被調查是否有超貸、流氓行爲，以及是否涉及組織犯罪等不法行爲，也三番兩次傳喚他出庭應訊，並在他卸任立委的頭一天將他拘提到案，不過隔一天又把他放出來（世界日報 2002b）。爲此，羅福助後來還告檢察官沈名倫妨害自由（世界日報 2002c）。最後，於二〇〇二年六月六日，台北地檢署以圖利、恐嚇取財、侵佔、炒作股票等十一項罪名將羅福助及幾位家族成員起訴，起訴中並認定羅福助的不法所得現金高達十三億五千餘萬元，且被求刑三十年。然而經過幾個月的審訊，台北地方法庭於二〇〇二年九月二十五日以貪污、詐欺、背信等罪名判羅福助四年徒刑。羅福助並沒有出庭，而他的律師聲明要上訴（Taipei Times 2002）。

果然如羅福助所說，檢調單位的雷聲大但雨點小。經過這麼多年大肆周章地在媒體討伐羅福助之後，這場官司很可能與其他許多涉及黑金人物的官司一樣，不了了之。老百姓每天在報紙上讀到誰誰被抓、被起訴、被求刑、被定罪、或被判刑，但很少有人最後被關起來，因爲有權勢之嫌犯都可以易科罰金、交保或上訴。更有甚者，某些黑金立委被起訴後，仍然可以當上與本身利益息息相關的立法院各個委員會召集委員。我認爲，過去幾年檢調單位與羅福助之間的你來我往，對台灣司法體制的踐踏，與蕭登標事件相比，可說有過之而無不及。

雖然媒體與民衆都認爲羅福助是江湖人物，一些我曾訪談過的人士與兄弟（天道盟的成員）卻認爲羅福助不是一位眞正的兄弟。根據我曾訪問過的一位無黨籍立委的描述：「羅福助並非有實力的黑道份子，許多眞正的黑道份子是很瞧不起他，因爲他只會依靠賭博來建立他的財富，而不是眞正的狠角色，這就是爲什麼羅福助無法爲他被殺的親兄弟報仇。」

根據一位熟悉羅福助的人士的描述：「羅福助的世界確實非常的複雜。如果你在他的世界能夠生存下來，那麼在任何地方你都可以活下來。他必需應付兩種類型的人：知識份子與暴力份子，同時他也必須應付互不歸屬的衆多團體。這些團體並不相互合作，它們不只偶而會發生衝突，而且拼命爭取羅福助的青睞。羅福助是幕後的老闆。

羅福助並不知道要如何在公開場所演說，但也許他現在已經有進步了。他可以私下和你談，但他不太願意公開進行演說，不過他在人際關係上經營得很好，認識許多有影響力的人，而且他很有辦法從任何人那裡得到他所想要的東西。他的辦法是叫一位你會聽他的話的人來跟你開口，他很少會親自跟你開口做任何要求。

在立法院，他基本上是全力擁護國民黨的立委，雖然他是無黨籍，他這樣也是全爲自己著想。在議會裡，他的無黨派聯盟扮演了一個重要的角色，他的聯盟所支持的團體都會佔上風。他不僅很有才幹，而且也非常冷靜、不多話。令人折服的是他擁有扮演仲裁者角色的能力，這不僅是大多數幫派大哥所具備的特質，也是他們天生的本事。每當他做仲裁的時候，總是迅速有效地解決問題。基本上，他會把問題解決妥當。

羅福助決定競選立法委員時，他認為這可能是一個保護自己免受法律制裁的好方法。在他成為立法委員之後，他更堅信議會就是一個保護傘。」

一位民進黨立法委員（也是羅福助的死對頭）告訴我：「羅福助比國民黨成員更像國民黨黨員。在議會裡，他是國民黨的貫徹者。他的言行舉止有暴力傾向。羅福助在立法院這麼支持國民黨，而國民黨則以幫助他成為院內幾個重要委員會主席做為回饋，例如在建築、運輸及其他的行業方面，因為這些都是有利可圖的。國民黨也曾經讓他成為司法委員會的主席，不過這眞是一個笑話，因為國會竟然允許像羅福助這樣的人擔任與法務部長平起平坐，或是質詢部長有關司法事務的角色。羅福助恐嚇過我好幾次，我是唯一敢在立法院站出來反抗他的人；即使許多的同僚都支持我，但他們還是不敢自己去跟羅福助對立。」

三年後，羅福助又被同僚推選出來擔任立法院司法會議的召集人。英文台北時報記者曾描述：「儘管有許多的抗議，但具有兄弟身分及無黨籍立委的羅福助，在昨日仍被選為立法院司法委員會的三個召集人之一。羅福助獲得了國民黨立委的支持……『當他們進到會議時，我無法想像司法院院長翁岳生與法務部部長陳定南竟要向羅福助鞠躬』，民進黨立委蔡明憲說。蔡還說，兩年前前法務部部長廖正豪拒絕出席司法委員會會議，因爲他必須向羅福助致敬，因爲羅福助當時也是司法委員會的成員之一。」（Huang 2000: 3）

每當有人指稱羅福助是一個大哥立委時，他總是防衛性地宣稱並無證據顯示他涉及不法活動。有一次他被問及他的黑道背景時，他回答說：「有事來求我時，我是立委；沒事的時候，我就是黑道。」（獨家報導 1998:134）。在另一個場合，他也說過：「我的黑夜還比他們的白天更光明。」羅福助在身爲立法院司法委員會召集人而被批評時，說了下面的一段話：「我當立委並不是我去偷來的，而且媒體現在根本對我不公平，你們怎麼能夠在毫無根據的情況下，就把我當黑道份子一樣對待？」（Huang 2000:3）。

儘管他經常被媒體當作新聞炒作，但就像美國黑道教父一樣，羅福助非常擅長在社區中建立良好的人際關係。例如他在新店地區組織長青協會，並且慷慨地捐贈金錢給老年人，也因此這些老人對羅福助心懷感激，所以每當選舉來臨時，這些人就成爲羅福助的鐵票。

二〇〇〇年五月民進黨籍的陳水扁當上總統幾個月後，國民黨所掌控的立法院黨團要控告陳水扁廢除核能電廠興建計畫，然就在國民黨與民進黨立委爲此事爭論不休時，因爲羅福助控制著立法院的幾張具有決定性的票，所以顯然只有他有權決定最後的爭論結果。華盛頓郵報的評論指出：「他（羅福助）曾因命令手下將某位批評他的人脫光衣服只穿短褲，關在郊區的狗籠中而被人批評。……自從五年前當選之後，他就常在立法院內與人發生爭吵，而且曾經還傳出他手持鋁棒對著他的政敵揮打。此外，也有人控告他買票。羅福助說他是天道盟的精神領袖，該幫派是一個惡名昭彰的組織，主要從事放高利貸、賭博、性交易的事業……。民進黨秘書長吳乃仁在幾天前接受報社專訪中說：『如果民進黨必須依賴羅福助來確保繼續執政，那麼我們寧願不要有這樣的權力。』羅福助說：『我已告訴所有國會同事，歡迎他們提出任何犯罪證據。不過五年後的今天，依舊沒有人提出證據。』他喝了一杯咖啡後，又說：『我是清白的。』當問及有關立法院的打架事件時，羅福助回答說：『我打人就是因爲我在努力讓法條在立法院通過。』（Pan 2000:A20）

除了立法院以外，台灣曾經還有兩個全國性的民選機構：國民大會與省議會。有些觀察家認爲，黑道侵入國民大會與省議會的嚴重情形，就像他們侵入立法院一樣。曾經有一位國大代表（擁有黑道背景）被封爲地下議長。蔡永常是位來自雲林的國大代表，在治平專案期間被提報流氓；另一位來自於彰化的國大代表謝東松則曾被指控是謀殺某位黑道份子的幕後主腦。

結論：黑道當家

本文深入調查台灣知名大哥政治人物的生命與職業發展，對象包括中央與地方。根據國立台灣大學社會學家陳東升的說法，擁有黑道身分的地方民代比中央多，可是黑道中央民代對社會所造成的傷害卻遠勝於地方民代，理由是因爲中央民代是法律的制訂者，而其影響的層面是全國性的。此外，他們還掌控最高行政機關——行政院。然而，台灣的立法機構實質上是被少數黑道或灰道人士所控制。根據民進黨某位立委的描述：「通常在要通過法案或是要得到更多票源等情況下，少數大哥級立委扮演著相當重要的角色，特別是當民進黨聯合新黨一起來對付國民黨時。」黑道人物進入立法院，加上多數立委沒有條件或不願意做負責專業的立法者，拖延了台灣發展成先進國家的速度。根據一位政治評論家（2000：8）的說法：「台灣的立法院文化事實上是黑金政治文化的縮影。對某些民意代表而言，針對政府採購案、營建契約或是個人升遷等事情進行關說才是他們的正業，而審議法案及監督政府只是他們的兼差工作，或是一種達到個人利益的手段。因此對立委而言，由於關說失敗而以抵制法案及預算做爲報復的手法是司空見慣的。更糟糕的是，在質詢期間怒罵行政官員，或製造一些錯誤的行賄或犯罪行爲指控；而行政官員爲了在行政機關與立法機關間求得和平與融和，就必須低聲下氣的承受這種羞辱。」

《英文台北時報》（2000a: 9）的社論也做了以下的結論：「組織犯罪存在於許多的國家，可是連義大利的黑手黨都寧願在枱面下把持政治，也不敢公然的參與政治選舉。然而，台灣黑道不論是在中央或是地方議會竟都成了大哥級人物，這對任何一個民主國家而言都是一種羞辱。」

第六章　掃黑，愈掃愈黑

根據台灣大學社會學家陳東升（1999）的研究：除台北市、高雄市外，有三十個主要犯罪集團分佈於全台各地，其中有二十三（七六．七%）個集團的成員或親人當中有人擔任民意代表。許多政府官員及媒體工作人員也指出，有如此高比例的道上人物當選民意代表，是件驚人的事情，這造成地方政府及議會被幫派份子把持。

本章將揭開台灣黑金政治發展的歷史沿革及社會背景，說明為什麼有那麼多大哥能如此順利進入政治圈，以及黑金政治對台灣的影響。另外，我也將討論幫派份子、財團、政治人物間的模糊界限以及他們共生關係的發展。本章最後討論關於「黑金政治」這個慣用語，以及為何現今黑金政治成為打擊對手所使用的術語。

一九八〇年代中期前，雖然某些地方民代及台灣省議會議員是民選出來的，但這些職位並沒有政治實權，「眞正的權力握在國民黨及中央政府的手中，民代還不能透過選舉進入權力核心。縱然地方選舉有競爭性，國民黨仍可藉由相當好的組織運作來獲取選票，並透過判斷正確的利益分配方式，熟練地培養忠貞的支持者」（Wachman 1994:202）。這種政治系統，本質上是屬於恩庇依隨關係（patron-client relationship），也就是說：「……恩庇的政治人物提供物質及非物質商品給依隨的支持者，物質商品利益通常包含工作、政府契約、金融貸款及免除司法起訴等；非物質利益包括社會聲望、與中央關係密切的感覺等。爲了回報這些資助，依隨的支持者會在選舉時支持這些給予恩庇的政治人物（Wu 1987:15）。」

一九八〇年代中期後，隨著一九八七年解嚴及一九八九年開放各類公職人員選舉，此時出現了一個強而有力的政黨——民進黨，與國民黨相抗衡，加上國民黨內部的分裂，迫使國民黨領導者思考新的方向以維繫其優勢地位。許多觀察家（陳明通 1995; 黃光國 1997; Rigger 1999）相信，上述因素導致國民黨領導核心產生「贏得選舉是最重要」的心態；如何贏得選舉則不是眞正的重點。最終的結果——贏——就是正義，也就是說選舉時的得票數，超越一切的手段。

台灣，一九八四

幫派涉入台灣政治可以一九八四年爲分野，劃分爲兩個階段。一九八四年是非常重要的一年，因爲那時主管當局爲剷除幫派而雷厲風行展開一清專案。諷刺的是，這些嚴格激烈的法律，執行結果竟意外迫使黑社會份子在服刑三年重返社會後進入政壇。

影武者

政府實施一清專案前，紀錄中僅有少數兄弟與政治有較深的關連。一九五〇年代早期，僅有兩位具影響力的江湖人物——蔡金土及許海青——活躍於台北市議會。到了一清專案，在數以千計的被捕幫派份子中，也不過僅有幾位具備地方官員或民意代表身份。但一清之後，許多一清大哥投身地方官員及民意代表的選舉（池宗憲 1985）。警政署一位前署長跟我說：「過去（一九五〇年以前）犯罪集團僅在本身所轄領域內活動，掠奪範圍僅限於勢力範圍內的居民與工作者，而且範圍通常相當小。兩個鄰近幫派的血腥衝突只是偶發事件。然而自一九五一年地方選舉開始，他們的影響勢力範圍突然擴大，因他們能夠幫候選人獲取票源。因此在地方上選舉，他們變得舉足輕重。」

在最初時期，地方政治人物與黑道份子間的交往過程中，前者由於大部分是聲譽很高的專業人士，如教師、醫師等，被後者剝削的機會並不大（李筱峰 1993）。然而當愈來愈多所謂的金牛或財團進入地方政治時，候選人與樁腳間的關係便開始建立在金錢基礎上，而非尊敬（金石 1989）。一位調查局的官員在討論候選人與樁腳間關係的改變時說道：

「許多角頭或地方派系在南台灣發展，因為在一般時期他們扮演社會秩序維持的重要角色，在地方選舉時則發揮影響力。由於需要保護，大部分的有錢人會跟地方角頭有來往。這些有錢人後來利用角頭擔任樁腳獲取選票，以便進入政壇。我的意思是這些角頭已經寄生在有錢人身上；而站在有錢人的觀點，既然如此，何不利用這些道上人物幫他們選上民意代表。」

通常黑道人物扮演下列角色幫助他們的候選人贏得選舉（金石 1989）：

一、佈樁：或建立一個票倉。假如一位角頭答應幫助某位特定候選人，他的活動範圍會成為候選人的票倉之一，然後角頭會替候選人招募樁腳。

二、護駕：或保護候選人。角頭和他的隨從通常會充當候選人的貼身保鏢，並且在候選人蒞臨演講會場時負責安排聽眾拍手喝采。

三、監票：或監視選票。幫派份子將確定被賄賂的選民是否將票投給候選人，如果不是，他們會替候選人將錢要回來。

除了上述的貢獻外，一位竹聯的大哥解釋他的幫派如何曾經幫一位新黨的台北市長候選人：「我們組成一支鼓隊，並沿路表演傳統的舞龍舞獅，在候選人所到之處燃放鞭炮，且組成一支車隊跟在候選人後面，我們的小弟則保護助選人。你必須瞭解，在台灣選舉是非常激烈的。許多地區都掌控在國民黨及民進黨手中，普通人不敢進入這些區域進行競選活動，因爲會遭受口頭的辱罵或被潑水，更糟的是遭到毆打。舉例來說，萬華是非常複雜的地區，角頭集團就有數十個。大部分的助選員很怕這種形態的地區，但是如果有兄弟保護則另當別論。在萬華的一些兄弟是支持民進黨的，但是他們都知道我們，那就是爲什麼當他們看到我們進入他們的地盤進行競選活動時，他們會說『這些是自己人，不要煩他們。』那就是爲什麼當助選人有我們保護時，都敢到任何地方拉票的原因。」

在那時，許多兄弟願意幫助候選人，呂金榮（1985:28）這麼解釋：「肅清敗類、維護社會治安是警察的任務，但被捕的不良份子，大都能找到民意代表或鄉鎮市長出面關說。……因爲民選的公職人員競選時需要選票，許多黑道人物投其所好，採用各種手段幫他們拉票，而他們所要求的回報就是民意代表必須經常捧他們的場，尤其在必要時爲他們『護航』，避免被警察取締。由此可見，黑道份子介入政壇的深度及其影響之深遠。究其原因，主要是黑道人物平日無所事事，有的是時間可以搞人際關係，各角落都有他們的熟人，而人們與黑道人物的交往，雖然是敬而遠之，但卻又不願得罪他們。黑道人物所能拉到的票是相當可觀的，足以影響選舉，許多道上人物能夠一躍而爲民意代表，就可證明他們對選舉的能耐。」

一位高雄的角頭表示，兄弟心甘情願幫助候選人拉票，除了回報那些曾經幫助過他們的政治人物外，也爲自己步上政壇鋪路。那就是爲何有的道上人物不僅不拿候選人費用，還自掏腰包幫候選人買票。不管他們的理由是什麼，黑道份子在選舉上扮演決定性角色。一位前民進黨立委表示：「在選舉上你不需有高學歷，而要黑道的支持。」

我來當主角

執法者與新聞媒體皆認爲一清專案後，黑道份子藉由選舉進入政壇的情形非常嚴重。大體上說來，黑道份子努力進入政壇的原因有二：一是自我保護，一是錢。

自我保護

朱高正（1997:98）說：「黑道份子在獄中與異議份子一起關了幾年後，才會對參選公職產生興趣，因爲在國民黨高壓統治時期，監獄是對付黨外異議人士的重要手段。選舉期間慣於大放厥詞，批評國民黨的黨外人士都知道，『當選過關，落選被關』。一旦勝選，可以保住身家性命，在廟堂上與國民黨繼續周旋；要是不幸敗選，就可能會被國民黨以『甲級流氓』移送綠島管訓。政治人物因敗選而落難在綠島，給道上的『大哥』多所啓發：既然只要有選民的基礎，民代的頭銜，就算是政治上的異議份子，國民黨也不得不網開一面；因此，黑道人物若能勝選，當也可免去牢獄之災。這等於變相鼓勵黑道人物出獄後積極部署參選，既可漂白，又可自保，何樂而不爲？」

許多大哥表達對所幫助過的政治人物感到失望，一位兄弟告訴我：「我曾經幫助一位民進黨員當選市長。他是一位律師，在一件刑事案件中曾經幫助我的兄弟。因爲受過他的幫忙，所以我心甘情願幫他拉票。不僅沒有收取任何金錢，甚至我還捐了一小筆金額給他的競選總部。他在競選時從台灣專程跑到長安找我，要我幫助他。於是我動員在台灣的熟人幫他贏得選舉。等到他當上市長後，態度完全改變，並開始疏遠我。我覺得我好像被利用了。」

一位在上海經商的竹聯幫大哥說：

「兄弟會涉入政治最主要的原因在於一清專案。許多大哥幫別人助選都非常成功，但是當他們因一清專案被逮捕時，這些他們曾經幫過的民代卻沒有人伸出援手。因此這些大哥被放出來後，便決定自己參選公職，擔任民意代表。他們深信，既然都能幫他人當選，自己要當選應該相當容易。」

幾年前，吳鶴松（一位江湖人物，於一九九五年在高雄縣副議長任內被伏擊死亡）跟一位新聞記者趙慕嵩說出他進入政壇的心路歷程（1990a:48）：「沒有當選議員前，我的弟弟不學好，交往了一些道上兄弟，惹出事情後，就會找到民意代表出面關說。但是有的民意代表架子很大，競選的時候好話說盡，當選之後卻是氣派十足愛理不理。岡山地區的一些朋友說，既然我們經常要找議員說話，又要看他們的臉色，幹嘛不自己出來當民意代表？反正只要有選票，誰都可以當民意代表，我就是這種情形下出來競選的。」

一位兄弟當選議員後表示，成爲一個民意代表的意義非凡（任之中 1994:45），因爲：「憑良心說，有議員的身份畢竟不一樣。以前看見警察總要矮三分，現在是和局長平起平坐，誰怕誰還不知道。」

在嘉義縣的一位黑道民代說：「我會成爲民代的原因是要自保，免於法律上的處罰。除此之外就沒其他原因了。如果不是爲了保護自己，誰要出來選民代？」另外一位嘉義市的民意代表也表示同樣看法：「爲什麼選議員？理由就是那麼簡單——保護自己，就像是爲自己獲得一把保護傘。」

金錢

競選公職人員時，黑道份子和一般非黑道份子一樣，需要花費大量金錢。爲什麼那麼多人願意花大把金錢競選民代？因爲只要握有政治權力，賺錢的機會便隨之而來。當上民意代表，除每個月領有相當優渥的俸給外，還可以在其他的選舉時充當其他候選人的樁腳，藉此賺取大把鈔票。幾乎每一次選舉，民代都可以靠當樁腳撈錢。

在台灣有個公開的秘密，就是中央政府賦予地方議會地方建設配合款（工程配合款）的決定權，地方政治人物則選擇特定的承包商，並收取二〇%的回扣。一位中研院的學者解釋，爲什麼有那麼多的幫派份子進入政壇：「黑道進入政壇跟尋求自我保護根本沒有關係，完全是爲了物質上的報酬。在一九八〇年代前，中央政府並沒有給予地方很多建設經費，如果有撥付金錢建設，則地方政府亦要提撥相對的金額。當時黑道份子僅能依賴開設賭場、應召站、敲詐勒索等方式維生。一九八〇年早期，中央政府開始增加爲數不少的公共工程建設經費，每個人（包含黑道份子）都開始注意，如何分食這塊大餅。」

藍綠都在用黑道

黑金政治在台灣得以發展的這個議題，其問題點在於爲什麼國民黨會允許那麼多的黑道份子進入政壇。對這個問題，有下列幾個答案。

最普遍的答案是國民黨在內外雙重壓力下，想要握有權力，只要這些政治人物能認同國民黨，而且有錢及有能力得以當選，國民黨除了接受這些黑道背景的政治人物外，實在別無選擇。在「勝選是一切」的座右銘驅使下，國民黨有意識且有系統地在全國招募爲數不少的政治人物，這些政治人物中有許多黑道人物、企業主及地方派系領導。假使個人未能擁有足夠的經費，也沒有相當影響力來爭取選票，縱然此人學歷高、能力佳、形象好，也不會被國民黨提名爲候選人。

從國民黨的觀點來看，黑道份子的加入，可以介入維持秩序，讓國民黨擺脫民進黨長期以來利用黑社會份子去騷擾政見發表會及造勢大會的困擾。政治學者王金壽（1997:5）說：「另一個因素是黑道份子介入『維持』政見發表會秩序。過去國民黨候選人在公辦政見發表會上，常有因民進黨支持群衆的鼓譟而無法發言，甚至無法上台的情況。」

前立委伍澤元認爲，從對立政敵而來的壓力，是促使幫派進入政治的原因：

「只有在屏東縣長選舉結束後，我才明白什麼是『白布鞋部隊』、『棒球俱樂部』。註4另外你必須知道的是，民進黨也雇用流氓來騷擾對手的公開演講場合。你可以問問曾永權（國民黨黨員），他會告訴你一切。當他競選屏東縣長時，在發表政見的場子一個字也沒辦法說，因為台下總有大約二十人在叫囂、鼓譟，他們不讓曾永權開口。這種狀況也發生在我競選屏東縣長的時候。因此當民進黨控訴別人使用『白布鞋部隊』時，他們自己應該照照鏡子，看看自己幹過什麼好事。」

一九九〇年代，國民黨與民進黨在地方選舉的競爭愈來愈激烈，國民黨不僅需要黑道去支持候選人，也希望具有影響力的大哥級人物能進入政壇，以減少民進黨在地方議會的勢力。一位國民黨總部的官員明白指出：「我們有自己的顧慮，我們也不想提名任何有黑道背景的人。然而假使我們提名一位形象清新卻沒有公衆支持者的候選人，結果如何？那就是爲何我們必須先評估這個人有無勝選把握，先不去管他的犯罪紀錄。爲什麼即使蔡松雄據稱是黑道份子，我們仍要他在當選高雄市議會副議長後加入國民黨？因爲高雄市長目前是民進黨籍，如果我們連在高雄議會都沒有任何影響力，將被迫失去高雄的政治版圖。因爲我們知道如何去操作、如何去實行確保贏得各種地方選舉的手法，所以才能繼續在地方上保有強大的影響力。」

如果國民黨拒絕黑道勢力進入政壇，最終的結果，可能會造成一些黨外人士及桀驁不馴份子贏得選戰，這將使國民黨陷入明顯的困境。因此爲避免此種困窘的情形發生，國民黨採取擁抱黑道的作法，此舉可避掉黑道支持民進黨或將黑道推入民進黨陣營的風險。一位忠誠支持國民黨的大衆傳播學教授明白指出，國民黨不需特別挑剔伙伴，他說：「因爲水清則無魚。國民黨是個受歡迎的政黨，因此必須廣納百川，接受各類型的個人及團體，不能因爲他們是黑道或參與不法活動而將他們排除在外。」

正如一位國民黨地方官員被問起，爲何他的政黨提名一位曾有殺人犯罪前科的人擔任鄉鎮市民大會副主席時，他毫不猶豫的回答：「這個鄉是一個很困難的地區（民進黨相對較爲強勢），國民黨黨員中沒有人有意願與民進黨抗衡，經過評估後，我們決定提名他，就算我們不提名他，他一樣會勝選。」

民進黨認爲，國民黨爲了達到權力目的不擇手段、不顧形象，已經是個被逼到牆角的政黨。一位民進黨前立委認爲，國民黨利用黑道份子打選戰已經上癮，如果不這樣做，他們不知如何操盤。

在選舉中，國民黨與黑道份子聯合是不可避免的現象，因爲後者扮演買票的重要角色。竹聯幫的張安樂這麼跟我說：「國民黨自然不會輕易放棄執政權，因此它必須依賴社會及政商關係贏得選舉。尚未解嚴前，在台灣選舉是相當平靜的，但在一九八七年解嚴後，國民黨瞭解到，如果它要繼續擁有權力，必須得到地方派系支持，國民黨候選人要當選，要有黑道份子相挺。爲什麼？假說你，陳教授，要我這個有影響力的地方人士幫你買票，我告訴你，我的監票實力有一萬張，每張票要價一千元，則你必需支付給我一千萬元，這些票中我有把握開出六成，即六千張票給你。假設羅福助也想要競選同一個席位後來找我，要我幫他，並支付買票錢一千萬元。我當然替羅取得相當的票數。至於你先前相同的要求，我則以拿錢不辦事的方法處理。因爲假使你不爽，那又如何？你能怎樣對付我？第一，你不敢去報警，因爲買票是違法的行爲；第二，你是一位教授，不敢也沒有能耐傷我。」

總而言之，在一九八〇年代末期台灣的民主化，造成一個移植自中國大陸的政黨逐漸衰微，而不得不用極端的手段去保有長久以來擁有的權力。國民黨需要台灣化，便快速地招募一大群本土政治人物，希望藉此抵制日漸壯大的民進黨。這個本土政黨藉由歷次重大選舉侵蝕國民黨基本權力（詳見表6.1）。面對外面政黨的挑戰，黨內的分裂，以及一九九三年從自身成員分裂出去後組成的新黨的夾擊，國民黨領導階層不得不轉向與地方派系、財團及幫派份子結盟，而如此作法乃是維持權力的必要之惡。

選民爲何選黑道

大多數的江湖人物，尤其是在台灣出生的台灣人，轉換跑道到政壇都相當成功，其中很多人是第一次嘗試選舉便當選。甚至在競選活動中他們都不需露臉，有些人在看守所中，由家中成員代爲競選也能當選。毫無疑問地，在台灣有很多角頭有能力吸收到爲數不少的支持者。問題是爲什麼？爲什麼有那麼多被指爲暴力的、邪惡的道上人物藉由進入政壇來再三嘲諷威權？根據執法界的說法，黑道份子在選舉中非常成功，原因在於他們有的是錢，有關係可以買票，並有實力（暴力）作擔保，人們拿到錢之後，不敢不投票給他們（國家安全局 1997）。無疑地，官方的說法有一定程度的可靠性。但是我也想探討是否有其他因素，促使黑道人物成功於政治舞台上。在本章的末尾，我們將探討黑道大哥如何利

表6.1 中華民國近年主要選舉各政黨得票率一覽表(%)

	國民黨	民進黨	新黨	親民黨	台聯	其他
縣市長						
1989	52.67	38.34	----	----	----	8.99
1993	47.47	41.03	3.07	----	----	8.43
1997	42.12	43.32	1.42	----	----	13.14
2001	39.13	39.00	13.00	4.35	2.36	----
8.70						
高雄市議員						
1998	45.24	26.90	3.85	----	----	24.01
2002	25.75	25.02	0.63	11.98	6.71	29.91
高雄市長						
1998	48.13	48.71	0.81	----	----	2.35
2002	46.82	50.04	----	----	----	3.14
台北市議員						
1998	40.02	30.95	18.60	----	----	10.43
2002	32.08	28.52	9.02	17.56	3.71	9.11
台北市長						
1998	51.13	45.90	2.97	----	----	----
2002	64.10	35.90	----	----	----	----
台灣省議員						
1989	62.10	25.60	----	----	----	12.20
1994	49.06	31.67	6.22	----	----	13.02
國大代表						
1991	71.17	23.94	----	----	----	4.89
1996	49.68	29.93	13.59	----	----	6.08
立法委員						
1992	61.67	36.09	----	----	----	2.24
1995	46.07	33.17	12.59	----	----	8.17
1998	46.43	29.56	7.06	----	----	16.95
2001	28.79	33.38	2.61	18.57	7.76	8.89
總統						
1996	54.00	21.13	12.59	----	----	24.87
2000	23.10	39.30	0.13	----	----	37.47

資料來源：中央選舉委員會

備註：親民黨係2000年總統大選後由宋楚瑜組黨；台聯黨係2000年總統大選後由李登輝的支持者自國民黨分裂而組成，奉李登輝為精神導師。

用金錢及暴力獲得選票。

草根性格

大部分大哥擁有一種特質，善於與低教育水準及無專業技能的居民建立關係，這些大哥抽煙、酗酒、嚼檳榔，也像其他人一樣賭博及經常出入色情場所。更重要的是他們說選民能懂的語彙，不強調政治意識型態。

一位屏東的計程車司機道出成爲一個受歡迎的政治人物要具備什麼條件：

「一個人想要當上民意代表並不容易，他必須多金且關係良好。關係必須在選前就進行長時間的部署，是否可以擁有良好關係還得取決於個人特質。最近我有兩位校友決定出馬角逐市民代表，其中一位花了兩百萬元，但還是落選，就是因為他沒有和一般民眾建立關係。選舉期間他要我載他到各處去拜票，並替他買票及送禮，我照著他的話去做，但是我並沒有選他。另外一位校友是現任民代會主席，他知道如何和老百姓打交道，所以我把票投給他。一位民代必須回報選民，為他的選民工作，幫助他的選民。」

那也就是爲什麼一位嘉義的角頭說：「不是仗著你有錢就能當選，如果你是下流卑鄙的兄弟，那也不會當選。」一位刑事警察局的官員說：「大部分的黑道民意代表在做人處事方面是非常阿沙力的，而且非常好相處，否則他們不可能成爲大哥。」

一位國民黨中央黨部的黨工對黑道政治人物作了以下描述：「你不能用美國人或一個學者的角度來看我們的地方政治。如果他們說話及行爲像學者，那麼鐵定落選，這些低教育程度的民衆是不會投票給他們的。假如他們不像農民勞工一般喝酒、嚼檳榔、滿口三字經和髒話，是不會被認同的。他們可能在外面作了許多骯髒污穢的事情，但是對他們的選民非常好。」

影響力

在台灣，黑道人物是個很好的助選人，不僅因爲他們的人格特質受到選民歡迎，還因爲在涉足地方政治前，長久以來在地方上已經有很大的影響力。地方民衆有糾紛時，通常會轉向黑道求助解決糾紛，而不向政府機構求援，因爲他們相信黑道可以「公平且有效率地」幫他們解決紛爭。一位民進黨政治人物承認，「有黑道背景的民意代表居間處理民衆糾紛，比我們這些無黑道背景者來得好。」

服務

居住在台北市以外的選民有許多是老人、農人或勞工，他們學歷低，也沒有強烈的政治意識，因此不太可能以候選人的政見及所屬政黨決定是否要支持某人。他們投票行爲的基礎端看與候選人的關係或地方派系的運作而決定。他們會選擇將票投給能幫他們解決個人問題的候選人（Wachman 1994）。

一位嘉義的計程車司機說出什麼是「理想的」地方政治人物：「就我而言，一位好的民意代表是，當我需要他幫忙時，他可以迅速地處理。換句話說，一個好的民意代表不會把我們的請求放在一邊。我才不在乎他是不是黑道兄弟。」大部分的民意代表，尤其是黑道出身的民意代表都知道如何給予選民最好的『服務』，也就是要對選民『好』。」

根據一位熟悉地方政治的嘉義兄弟的看法：「那些當上民意代表的兄弟，都是些喜歡整天跑來跑去幫忙鄉里的人。他們都是樂於服務老百姓的人。如果一位擁有博士學位的知識份子出來選公職，哪怕是選最基層的民代，我想他都不會當選。因爲他不會好好爲他的選民服務，而且他也不懂得如何服務。」

爲了寫黑金這本書，我還跑到中國大陸，一位被通緝的台灣角頭告訴我：

「兄弟當民意代表當然比學者當民意代表好，因為學者沒有一些兄弟有的社會經驗，也無法體會低下階層的苦楚。兄弟不僅有豐富的社會經驗，也知道什麼叫做民間疾苦。」

一位在台中的警官也有一致的看法：「在台灣西部沿岸一帶，特別是沙鹿、清水、大甲等地，有許多黑道背景的民意代表。當然這些民代對於他們的選民都提供很好的服務。只要他們答應要幫忙的一定做得到。至於這些民代涉及包娼、包賭及圍標等各類型的非法活動，大部分的選民是不在乎的。只要黑道政治人物幫助民衆，人民一樣會把票投給他們的。」

一位前民進黨立委對於「黑道政治人物非常善於確定選民的需求」的說法表示贊同：「黑道政治人物不在乎是否他的支持者要求幫忙的事情是否合理或合法，只要有請託，總是全力幫忙實現。這些黑道政治人物會不擇手段地達成目標，像賄賂、暴力、走捷徑關說等行爲，什麼都做。」

慷慨

除了上述所提及的「優點」外，黑道份子在用錢方面相當慷慨，舉凡幫忙社區鋪設道路、重建寺廟及組織社區計畫等，他們都誠心誠意地幫忙，他們還參加鄰居的婚喪喜慶，在這些場合都扮演得非常得體。

趙慕嵩（1994a:42）認爲，黑道份子能把有限的金錢發揮最大效益，以收買人心，影響選民的決定，這方面黑道份子做得非常好。換言之，黑道份子善於「建立關係」：「如今金錢掛帥，大哥投入選舉當然也得入境隨俗，錢是必須要花的。不過，他們花的金額絕對比那些職業性的政治人物來得低，而且花錢的方向也不會全部拿來買票。他們的錢大部分用在沒有底線的應酬，以及整日爲他們跑腿拉票的小弟身上。另外還有一部分錢則投在公共建設上，哪條巷弄的公共設施損壞了，只要被候選大哥發現了，一定在幾天內花錢修好，這種作法很容易討好選民。」

爭取公共工程財源

另一個常被提起的好處就是，如果地方上有黑道份子擔任民意代表，則可以爲地方爭取到公共工程財源。根據一位中央研究院的學者表示，人們會投票給黑道份子，主要是因爲他們知道如何爲選民爭取經費。黑道民意代表有辦法從中央政府替選民爭取到公共工程經費，畢竟地方上有許多人依賴這種類型的經費維生。

另外，台灣大學的一位曾經研究黑道參政的教授告訴我：「就地方民眾而言，公平正義、身份地位和忠誠都非常重要，黑道民意代表也都花心思在這些價值上，因此會受到民衆喜愛。黑道民意代表不會侵害他的選民，也不會在自己的選區搞非法活動。事實上，他們反而積極無私地爲選民的福祉戰鬥，特別是爭取中央政府對地方建設的重視。」

伸張小民正義

一些黑道份子相信他們選民意代表時可以吸收很多支持者，主要是因爲他們的支持者認爲政府當局對待他們這些人非常不公平，因此用選票表達政府把他們貼上流氓、幫派標籤的不滿。據陳啓禮表示，兄弟能當選民意代表是因爲許多人相信他們是社會不公平制度下的受害者，一張投向兄弟的選票即表示一個對抗當局的人民。

總括來說，爲什麼黑道份子經常當選民意代表？根據趙永茂（1998）的說法，那是因爲黑道民意代表常有以下的作法以滿足選民：一、幫選民找工作；二、調解仲裁世俗的糾紛，例如當先生毆打妻子時，黑道民意代表會命令他的小弟修理這個先生；三、黑道民意代表會幫市井小民關說；四、他們常會積極改善附近的街道及寺廟。

一位在嘉義很有份量的兄弟告訴我，他對於南部地區黑道份子及選民關係的觀點是：「基本上選民才不在乎候選人是不是兄弟。事實上，是選民將黑道份子拉進政壇的。我的意思是，你必須瞭解，鄉民很少和外界接觸，就連鄉鎮長也很難有能力去處理交涉和其他鄉鎮相關的事物，因爲他可能和外界沒有良好關係。因此，鄉民要這些與外界有接觸的兄弟服務，他們說：『你們這些傢伙不要躲躲藏藏生活那麼困難，回來替我們服務吧！』這些兄弟當選民意代表後，憑藉經驗及良好的人際關係，可以很輕易地幫選民解決鄉鎮外所遇到的困難。這也就是爲什麼選民們不在乎這個人是不是兄弟。」

一位刑事警察局的警官認爲，如果黑道份子想出馬競選公職，有很多方法可以蓄積選票：「台灣的鄉民受宗教信仰的影響很深，只要你去重新整建年久失修的廟宇，則地方居民會待你如神明；另外在台灣黑道份子是最值得信賴的仲裁者，如果有任何人覺得自己遭受不公平的對待，可以請角頭幫幫忙主持正義。爲了回報角頭，居民自然會把票投給角頭支持的候選人。在下一次選舉時，如果這些角頭親自參選，就算是沒有賄選，這些居民也會把票投給角頭。這些角頭對他們的選民非常親切和藹，只有對外人才會粗暴無理。這些角頭會盡可能地做一些有益社區的事物。這就是爲什麼就算大家知道這些人是黑道份子，仍然把票投給他們。」

在台灣地方政壇，幫派份子如此普及並不稀奇。對幫派涉入政治有研究的學者表示，美國某些城市有一段時間被有黑道背景的政治人物把持，而且這些黑道政治人物都非常受老百姓的喜愛（Landesco 1968; Finckenaeur and Waring 1998）。

黑金開始亡台

黑金政治的另一個議題是它如何影響政治、經濟及刑事司法。在台灣，除了兄弟以外，大多數人都認爲幫派份子及財團涉入地方及國家政治事物，已經對台灣政經各方面造成可怕的影響。如果不正視這個問題，這個國家終將走向滅亡。黑金政治到底會產生什麼問題？那就是嚴重的買票文化、選舉暴力、政治腐敗及台灣代議政治的衰退惡化。

買票

台灣的各種選舉中，買票行爲非常猖獗。黑道份子擔任各種層級候選人的樁腳，在買票過程中扮演非常重要的角色。

過去，候選人通常以送禮鞏固票源，如今在台灣，現金買票已是公開的秘密。有句台語說：「選舉沒師父，用錢買就有」（簡錫堦 1999:1）。一位國民黨中央黨部的人員也表示：「你買票不一定會當選，但是沒買票一定會落選。」一位高雄縣的民代助理告訴我：「假如你不買票，不管你的能力多好，或屬於哪一個政黨，我敢打包票你鐵定落選。」

黑金政治對台灣民主政治的最大傷害，是選舉時猖獗的買票行徑（詹碧霞 1999）。政治學者田教授這麼說（1996:19）：「一九八〇年代，許多國民黨候選人不再、也不能強烈依賴黨的支持，轉而使用一些旁門走道的手段贏得選舉。買票、送禮、擺流水席及招待旅遊等，都變成相當普遍的競選花招。到了一九九二年，買票成了常規，依選舉類型不同而有不同價碼，每張有效票從新台幣五百元至兩千元不等。當選舉所需經費愈來愈高後，僅有財力雄厚者能負擔得起。這種現象在國民黨的候選人身上更爲明顯，他們很少強調自己的形象或政治理念。」

趙永茂（1993）曾估計各種選舉候選人花費金額如下，注意，這是十年多前的價碼：

村里長	五十萬至一百萬
鄉鎮民代表	一百萬至三百萬
鄉鎮長	一千萬至二千萬
縣議員	三千萬至八千萬
立法委員	五千萬至一億二千萬
縣長	一億五千萬

候選人需要花很多金錢係因爲除了買票的花費以外，還需花大量的金錢購買選舉造勢所需的材料，提供流水席及選民的婚喪喜慶等開銷。根據中國時報一九九八年六月十二日的社論指出，縣議員的競選開銷超過一億，鄉鎮市民代表的買票價碼，一票就得三千元。

方法與程序

買票的方法有許多種，最普遍的方法是找尋樁腳或選票掮客。英文台北時報揭露的訊息顯示（1996b:3），買票的步驟如下：「剛開始的時候是候選人尋找『大規模批發』選票的收租者，像是農漁會總幹事之類的人來統管買票。這些人再利用關係找尋較小的樁腳，這些小樁腳大都是村里長或其他地方組織的領導。這些人每人負責五十至一百票左右，他們會填寫選舉人名冊交給競選總部，競選總部會將名字建檔於電腦資料庫。這些名字會經過再確認確保沒有重複，以防多次對同一人買票。買票行爲通常都是很隱密地進行，被買票的對象通常是小樁腳的鄰居、好朋友及親戚。」

一位民進黨縣議員的助理解釋，爲什麼候選人必須依賴樁腳買票：「候選人基本上得依賴樁腳贏得選舉，假如你沒有樁腳，一定不會當選。選民並不是喜歡特定候選人，而是給樁腳面子。」一位南台灣的資深記者也說：「票通常不是投給特定的候選人，而是投給特定的樁腳。」

因爲樁腳的影響力才是選舉勝敗的關鍵，佈樁成爲選戰決定性的第一步。根據研究買票過程的王金壽（1997:29）表示：「每個村里當中，願意當樁腳的人數是有限的，並不是每個人對選舉或是政治都有興趣。因此當有很多候選人時，樁腳就變成衆多候選人搶奪的重要資源。因此當選戰愈來愈激烈時，樁腳名單必須越早確定，否則可能因爲樁腳被其他人動員而找不到樁腳。」

在台灣，任何人如果有能力拉到二十張票，就可以當個小樁角。大部分的樁腳是地方上的政治人物、兄弟、自助會會頭、生意人及有社會地位的人。小樁腳藉由選舉謀得小錢，而有錢有勢的大樁腳通常是自掏腰包替候選人買票。許多大樁腳願意花錢在特定候選人身上，因爲他們是：一、做人情給候選人的競選總幹事；二、給枱面下幫忙的中間人面子；三、期待候選人當選後有所回報。因此許多人當選後，當要作人事安排、公共工程及地方政策等決定時，會先考慮回報給他的競選樁腳。

台灣的政治中，農漁會總幹事是最有力的樁腳，因爲他們掌管農漁會信用部，在台灣大約有三百個農漁會以信用部來服務他們的會員，其運作如同商業銀行般，也服務非會員。在選舉期間這些農漁會總幹事發揮他們的影響力，不僅以核准或不核准貸款來要脅會員，而且還透過信用部買票。

沈國屛曾經研究過農會在地方選舉中所扮演的角色，提及農漁會總幹事是非常有權力的，對於農民是否可以貸款、可貸款多少錢、貸款期限多久等事宜，他都有自由裁量權。此外他還可以利用農會信用部買票。他們可以打電話給客戶，告知對方「某某人你家有五口人，我已經匯五千塊到你的戶頭。匯多少別人都不知道，只有你知我知，改天看你投票不投票，你不投，我再把錢抽出來，抽出來的原因是匯錯了。」（沈國屏 1993:70）因爲這些農漁會可以對他們所支持的候選人提供相當多的財物援助，所以現在這些農漁會都被地方派系滲透，在競選總幹事時變得非常激烈及暴力。

理由：不買行嗎

爲什麼台灣選舉買票情形如此猖獗？一個原因是候選人本身無法提出與其他人不同的眞正議題。根據英文台北時報社論指出（1999a），在一九九九年雲林縣長選舉中，民眾投票是投給個人魅力而非議題。既然候選人大同小異，那爲何不接受買票？不幸的是，買票風氣鼓舞貪污腐敗。

竹聯幫的張安樂也是這樣認爲：「在台灣，民進黨與新黨是依賴政治理念吸收選票。民進黨主張台灣獨立，而新黨則主張與中國統一，因此無須買票，兩陣營的支持者都爲自己支持的政黨自動出來投票。因爲國民黨候選人沒有政見，因此需要用錢買票。」

買票很普遍的第二個原因是民眾的冷漠。如前文所述，台灣大部分的選民，尤其是居住在南台灣的人，許多是年紀較大或是低教育程度的勞工，對政治沒什興趣。大部分的選民認爲所有的政治人物都是貪污的，他們當選後會想辦法掙錢，變得富有，所以拿他們的錢沒啥不對。一位新聞記者告訴我：「選民願意接受買票，理由是當選者會從公共建設經費獲取龐大的佣金，所以選民認爲候選人在選舉時所花的錢都是小錢。假如選舉時投入三億元，當選後他可能賺到五億元。不管當選人是國民黨或民進黨，都很有可能索取佣金，就算當選人不會那樣做，他們的家人也會替他索取佣金的。」

一些候選人會牽涉買票，是因爲他們的支持者得知對手在買票，導致情勢對他們不利，會堅持主子也得買票。這種政治氣氛是不管哪位候選人做了什麼事，其他候選人都會跟進。一位民進黨縣議員承認：「我已經當了三任縣議員，在長輩們的強迫下我涉及買票。縱然我相當確信沒有買票也會當選，但是他們要我買票，因爲他們沒有百分之百把握我能當選。在與競選幹部開會時，三分之二的人贊同長輩們的意見，所以我就任由他們去做。」

一般人相信國民黨必須爲買票盛行的風氣負責，因爲這個政黨捐贈大量的經費給他們的候選人，特別是競選重要職位且對手是民進黨時，黨內會支援上億的金額，候選人可以要樁腳透過各種方法大量買票。

另一個使這種非法手段繼續存在的原因，在於政府當局在候選人買票的過程中，不太可能逮捕他們或是蒐集證據控告這些候選人。上述提及小樁腳是向親戚、朋友或鄰居買票（王金壽 1997），所以幾乎不可能被發現買票；選民更不可能向政府當局檢舉。如果這樣做，表示他與樁腳從此斷絕一切關係。而且依照台灣法律，縱然樁腳成爲買票嫌疑犯，他所支持的候選人如果當選還是有效的。

在選舉當中，爲什麼買票就可以當選的另一個原因，是幫派份子的涉入（陳建勳 1994）。根據一位民進黨前立委表示：「買票通常需要黑道份子的支持。雖然很少看到買票與暴力有關，但暴力還是存在的。因爲黑道份子並不需要暴力相向，這些人拿了黑道所支持的候選人的買票錢之後，就知道不履行義務會有什麼下場。」

一位前任行政院院長對於台灣金錢政治作以下總結：「許多台灣本地人在改善本身的經濟條件後，便渴望進入政壇。然而他們的選舉策略就是買票。但是要有效地買票必須靠黑道份子幫忙。因此二者是共生關係、密不可分的。」

這些候選人不僅在競選公職時賄賂一般民眾，當選後也被一些想當議長或副議長的同事所賄賂。因爲議長副議長可以分配地方工程經費，故能從中獲取很大金額的回扣。因此議長副議長的選舉通常非常激烈，買票就變得很重要。因爲這個選舉是由議員們選出的，選舉人很少，所以候選人可以就近監看同事的動向。候選人會用一張票數十萬或百萬的代價要求同事投票給他。此外，爲了確保同事不會改變心意，通常會招待他們旅遊幾天直到選前一晚才回來。當有黑道背景的議員想選議長時，他的黑道兄弟都會穿上黑衣現身議場坐鎮。如此一來，這名黑道人物當然能夠當選（趙慕嵩 1994a）。

政治暴力：面子問題

自從許多黑道份子及財團人物進入政壇後，爲了維護他們的面子與金錢來源，競選公職便成了生死攸關的大事。當選席次成爲政黨成功的唯一指標，現在台灣的每一次選舉都好像一場激烈的戰爭，也造成人員不可避免的傷亡（南方朔 1996b）。依照趙慕嵩（1982:18）的見解：「愈是窮鄉僻壤、教育水準低落地區，候選人愈容易爲了競選成敗而不惜一切地孤注一擲。他們在政見、宣傳上不能發揮作用時，就投入金錢與暴力，問他們何苦如此？答案很簡單：『面子』。問他們參與競選的目的是什麼？答案也很簡單：『面子』。」

拚死參政

台灣的政治暴力早在一九八四年一清專案前就已經存在（司法院 1992）。政治學者趙永茂（1993）表示，自一九八二年到一九八六年間，鄉鎮長及代表受害案件有五十一件之多，其中包含殺人、意圖殺人、重傷害等等。舉例來說，一九八二年鄉鎮民代表選舉，雲林縣崙背鄉的候選人被不知名的槍手槍殺重傷（趙慕嵩 1982）。

縱然一清專案大規模逮捕黑道份子，但選舉暴力並不因而停止。一九八九年時，一清專案中被逮捕的黑道大哥獲釋回到社會，那年的立法委員選舉發生四十五件暴力案件，包含一位競選立委的醫師被射殺而癱瘓（趙永茂 1993）。同年在嘉義，一位公職候選人失蹤三天，他後來拒絕解釋發生什麼事，但大家都懷疑他是遭對手綁架。一九八九年一位競選高雄縣鄉代表的候選人被槍殺身亡。一九九二年一位候選人助理遭到殺害（黃政經等 1992）。那段時期，黑道份子要脅許多演藝人員幫政治人物站台助選。

到了一九九三年，迅雷專案後三年，政治暴力在台灣已經相當普遍。經過一而再、再而三地遭到歹徒恐嚇，一位國民黨提名的彰化縣長候選人因此退出選舉，大家因此更斷定了：「大哥不點頭，政客也只得乖乖讓路。」一名彰化的兄弟在這位候選人退出競選後說：「不是有錢到彰化就有用」（李文邦 1993:74）。

一九九六年，台灣政壇歷史上發生最嚴重的暴力事件，不僅許多地方上政治人物遭到攻擊，中央政治人物也遭到傷害、綁架或殺害。三月二日，一位民進黨秘書長在中央黨部前遭到襲擊；五月十八日，一名民進黨立法委員在自家門前遭到砍殺；八月十日，一名立委遭到綁架；十一月二十一日，縣長劉邦友連同其他八名受害者一同遭到殺害死亡；十一月三十日，民進黨幹部彭宛如遭到殺害（南方朔 1996b），劉、彭兩案迄今沒有破案跡象。

競選文武場

台灣政治另一個恐怖的地方是它的選舉暴力。從地方村長選舉到中央立法委員選舉，競爭都非常激烈。因爲幾乎所有的選舉結果都和樁腳有關，候選人大部分的時間都花在佈樁（確定主要樁腳）、綁樁或固樁（鞏固招募到的樁腳以防他們被對手搶走），以及拔樁（偷其他候選人的樁腳）。結果大部分的選舉暴力和爭取的樁腳有相當大的關係。

除了防止被拔樁外，候選人還要愼防他們的選票被對手侵佔，因此在南台灣，許多地區都遭到候選人監控，選舉前一晚與選舉無關者都禁止在這些地區任意遊蕩。一位民進黨前立委跟我說：「謝通運（一位主要的角頭，他被槍殺前是天道盟的領導人之一）不允許不相干的人進入他的勢力範圍拉票。我常到他家找他，看到牆上密密麻麻的電視牆。那是他監看自己勢力範圍狀況及每一個進入村莊的人的方法。」

一位彰化選出的女立委證實，她家鄉某些地區確實被黑社會份子嚴密監控，她說：「我競選國大代表時，我的助選員不敢進入二林鄉拜票。結果我當選後到這個地方謝票，但是當地居民不敢出來和我握手。」

當暴力威脅到候選人的人身安全時，他們只能靠黑道份子及專業貼身保鏢保護。總而言之，競選公職，候選人需要財團的金援及黑道的武力支援。錢是用來買票，武力是用來阻礙對手的脅迫，有時也用來恐嚇對手。

暴力殿堂

台灣政治最聲名狼籍的現象之一是立法院上演的肢體衝突。因爲立法院是全國最高的立法機關，他們在立法院的鬥毆行爲經常是攝影機捕捉的焦點，透過鏡頭，全國乃至於全世界的人都可目擊立法院內躺在地上血流如注、衣服被扯破且骯髒不堪的立委。

國會肢體衝突的始作俑者，是一九八七年時還屬於民進黨立委的朱高正，他想要挑戰國民黨立委在國會殿堂至高無上的權力（王丰、李憲洲 1987）。朱高正和他的民進黨立委同事與一群國民黨立委大肆爭吵，這件事情震驚全國。朱高正扯下議會主席台的麥克風、將一位資深立委推倒在地，以及他被老立委用枴杖打的照片都出現在各大報章雜誌。之後幾年內，民進黨與國民黨立委在議事廳中爆發好幾次嚴重爭吵打鬥事件。百姓漸漸習慣了這種公開的打鬥事件，也以爲立法院只適合會打架的「英雄好漢」（陳國君 1990）。媒體甚至列出立法院內國、民兩黨驍勇善戰的立委名單（時報周刊 1991）。

在一九九三年六月二十五日，立法院內立委之間的衝突造成立法院外兩個黑道派系大打出手。施台生被一群黑道份子（包含四海、松聯及天道盟的領導人）擁護。號稱天道盟的最高領導者的羅福助和一群穿黑衣、戴墨鏡的隨從也出現在立法院門口。根據羅所說，他是來「調解衝突」的。另一個有兄弟背景的國民黨立法委員林明義也在現場（邱銘輝、陳東豪 1993）。

一九九○年代早期，因為愈來愈多有黑道背景的立法委員進入議場，因此立法委員之間的鬥毆變得愈來愈嚴重。一九九五年羅福助成為立法委員，據說他曾經威脅、恐嚇、攻擊一些同僚。羅福助曾經警告一位立委「有一天怎麼死你都不知道。」

一九九六年八月，一位無黨籍立法委員廖學廣指控羅福助是幫派份子，之後他被人從床上拉出關在路邊的狗籠中。因為狗籠上插著一支寫著「替天行道」的旗子，因此大家臆測這件事情八成是天道盟所為，因為沒人敢假借天道盟的名號行事。稍後有一位嫌犯被逮捕，羅否認與此事有關，但是大家都心知肚明到底是誰在幕後操作（許俊榮 1996）。[註5]

同年夏天在一場立法院內混亂的爭議中，民進黨立委余政道遭到羅福助、周五六及林明義的攻擊。此事起因於余政道反對羅建議無黨籍立委伍澤元代表立法委員參與國家司法改革會議。二○○○年一月，另一位民進黨立委簡錫堦在某個會議上控告林明義及羅福助涉入非法活動，必須交由立法院依程序處理，隨後即遭到他們兩人攻擊（I. Lin 2000e）。

台灣的立法院成了鬥毆場所。學者黃光國作了以下評論（1997:257）：「當『羅大哥』疾言厲色痛斥張旭城立委的時候，平日滿口『人權』、『正義』的立委們個個面面相覷，噤若寒蟬，跟他們平常的作風大異其趣。據說這正是立委們對『羅大哥』的典型反應。有一次，有位知名的在野黨立委主張嚴刪預算，當時羅委員桌子一拍，兩聲怒罵，嚇得這位立委面無人色。有一位與會的國民黨立委形容：他實在很想去摸摸這位在野黨立委的鼻子，看他還有沒有『氣』？」

因爲羅福助是無黨籍立委黨團的領導人，又是讓人害怕驚恐的人物，因此他成爲立法院內舉足輕重的角色。黃光國說（1997:257-58）：「在立法院中三、五票就足以改變大局的情況下，不論朝野立委，對羅大哥都要禮讓三分。羅立委雖然是無黨籍，但是他對行政部門預算的支持，卻比國民黨籍立委還『用心』，因此每回朝野協商，如國羅大哥不在，國民黨黨鞭一定要叫黨工立即去請他來開會，唯恐他不在場，便罩不住民進黨立委。羅大哥的『分量』也因此節節上升。」

雖然民進黨立委及社會大眾都公開譴責立法院內頻繁的互毆事件，但一位與羅福助親近的新黨女立委認爲，儘管美國和英國這兩大民主國家，他們早期的民主政治也有暴力介入議會。但是台灣是一個發展中的民主社會，必須學習採用成熟的方式處理國家事務。

黑道：我才不暴力

我訪問的黑道民代都不認爲他們特別暴力，也不認爲台灣政壇因爲他們的參與而成爲暴力的舞台。他們說這只不過是一種偏見，或是政治對手給他們戴的帽子。一位被認爲是黑金象徵的國民黨立委作了以下的說明：

「事實上我並不想在立法院內打架。然而一些民進黨立委在協商時非常粗野，指著你的鼻子告訴你，你不是人。誰能容忍？我有我的人格和尊嚴，不需要站在那兒讓這些人再三羞辱。記者只報導我打人，卻沒有詳細報導整個事情經過。在美國國會沒有鬥毆，因為他們瞭解什麼是民主的本質。他們在討論議案時不會有咒罵及無禮的行為。但立法院是武裝戰鬥的場合，經常發生衝突。我是一個護航者，我主要的任務是幫忙（當時還）執政的國民黨排除所有的爭吵及障礙。」

無論如何，由於政治圈的暴力問題，使得在台灣敢出來參政的人士都可以說很有勇氣的，許多人還沒有當上民代之前要穿防彈衣參選，有可能競選總部、住家或車子被開槍，椿腳或本人被砍、被開槍或被綁票，甚至於被殺害。當選之後更不安全，不是被跑路的兄弟盯上，就是本身就很容易捲入許多是非並惹來殺身之禍。

回顧台灣過去二十年來與政治人物有關的槍擊事件，我認爲這些暴力事件的發生率以及殘暴性，不亞於紐約的義大利黑社會與華人堂口幫派。

貪污腐敗及金融詐騙

一般人認爲在台灣競選公職是昂貴且危險的，但是令人好奇的是，爲什麼還有那麼多人對於成爲民意代表感興趣。有些人是爲了實現自己的政治理想而參政，但也有很多民意代表卻只是關心如何運用他們的地位及關係賺錢（陳建勳 1994）。政治人物們瘋狂地找錢，目的不僅爲了償還過去選舉時所欠下的債務與平衡日常開銷，還爲了籌措下一次競選經費。結果貪污及金融詐欺都隨之而來，成了另一種形式的黑金政治。這些黑金政治牽扯的範圍包含涉入公共工程、買賣土地、從他們掌控的銀行盜用公款以及從事違法的特種行業，這些都是台灣政治人物最常見的搞錢方法。

公共工程大肥羊

一九八〇年代國民黨放棄反攻大陸的目標，開始將焦點放在將台灣轉型爲現代化社會。這個政策，引導著執政的國民黨投入大量的金錢改善國家的基礎建設，因此使得經濟繁榮，外匯存底累積至數百億美元。當政府利用公帑建設大量的公共工程時，人們就運用自己的職位影響這些公共工程的競標結果，目的是想讓自己在這個過程中得到好處。政府官員、商人、民意代表及幫派通力合作，確定他們在公共工程這塊大餅中分得一杯羹。

事實上，大部分的公共工程在有力人士運作及貪污的情況下，品質都粗糙不佳。舉凡縣的道路、橋樑及建築物等公共工程，建商大都使用便宜的材質草草興建以獲取龐大利益，這已經是公開的秘密。這些廠商在賄賂想分一杯羹的黨派時，也努力讓自己有實質獲利。因爲政府官員不是被賄賂就是被脅迫，因此公共工程僅有形式的審查，便予核准。黑道或非黑道背景的政治人物都和公共工程牽扯很深，但是黑道份子的涉入比較會引起大衆的關注，因爲他們更有能力去強迫其他人就範。一位雲林的警官跟我說：「黑金主要的影響是這些進入政壇的幫派份子涉入公共工程圍標。那就是爲什麼台灣的公共工程造價這麼貴，但品質卻如此低劣。假如黑道份子沒有涉入公共工程建設，他們就不會傷害社會那樣深。」

一位新聞刊物出版者跟我說：「每位縣市議員都有一筆大約兩千萬的公共工程建設費可以自由支配。他們會向廠商要求二〇％的佣金。貪婪一點的甚至要求三〇％至四〇％的佣金。」一位鎮民代表會副主席告訴我：「當廠商支付回扣給地方民意代表、政府官員及幫派後，通常只剩下預算一半的費用可以用在工程上。」

一位民進黨立法委員向我透露，因爲政府花那麼多的費用在公共工程產業上，因此許多政府官員白天是執行公務的威權身份，到了晚上則搖身一變成爲多種營建公司的老闆，或是退休後成爲營建公司的重要執行人物。民意代表的地位比一般人民更容易得到公共建設計畫的訊息，假如他們沒有得到他們所要的，便會在議會提問題找麻煩，或採取不合作的態度來杯葛政府，更過份的會讓那些與他們「無關」的公共工程都不通過。

爲了爭食公共工程的大餅，造成政治人物間根深柢固的敵意，議會成了他們報復妨礙他們賺錢機會的同事及政府官員的場合。會議上對如何服務選民及社會，並沒有太多的討論，議事廳裡瀰漫肅殺之氣。糟的是這些衝突並不能帶來和平，反而招來更多暴力敵對。過去十五年來，政治人物、商人及幫派份子爲了公共工程而格鬥是很平常的事。舉例來說，一位雲林的立法委員遭到一名商人射殺身亡，原因是這位立法委員答應這名商人幫他取得重要工程，結果這名貪婪的立委未能履行承諾，而且拒絕退回定金一千萬元（趙慕嵩 1987a）。許多受訪人士認爲桃園縣長官邸殘忍的謀殺命案與該縣快速發展建築工程有很深的關連。

土地投機金雞母

台灣不動產眞正的飆漲是在一九八〇至一九九〇年代，買賣土地及炒作土地是官員賺錢的另一種方法。一位前新黨立委跟我說：「炒作土地是一個非常重要的賺錢方法。每位新市長就任後第一個檢閱的業務就是都市發展計畫。一旦農地變更爲工業用地，土地價格便會飆漲。政治人物會在土地開發前買下，一些低職位的官員也會買一小筆土地藉此賺錢。任何階層的人都很高興。一些接近這個開發區域的地主也很高興，因爲一旦那塊土地開發後，他們就能跟著獲利。」

因爲台灣是一個面積狹小而多山的島嶼，沒有太多平坦地帶可以興建住宅。此外許多地方是保護區，像是農地、森林和斜度很大的山坡等，不允許當作建築地基。假如地主找對人，擔任他們與政治人物及官員間的中間人，運氣好的話，土地有可能被相中用來興建高樓大廈，許多保護區也會因此重劃。如果農地變更成工業用地，會增值二十倍以上。這個過程使許多民意代表變得非常有錢（陳志賢、陳金富 1997）。

總而言之，土地投機及不動產生意均被地方派系及利益團體所掌控支配。因爲縣市長可以控制都市發展委員會，而委員會有決定土地改爲商業區或住宅區是否適宜的最後權力，因此地方政治人物能輕鬆快速地致富。

盜用銀行資金

在一九八〇年代後期銀行業解除管制後，商業銀行的數目由十二家增加到六十幾家，這些私人銀行及信用合作社基本上根本未受政府監管，因此民意代表能好好利用這個機會，運用關係盜用銀行的資金、壓迫銀行同意撥付巨大貸款給他們親戚開的公司，並且強迫銀行投資不動產。因此在經濟不景氣的年頭，許多銀行的壞帳增加到令人吃驚的地步。

特種行業

黑金人物另一個賺錢的方法是經營特種行業。在台灣，性服務及賭博都有一定的市場與需求。但是這些行業是非法的，故而僅有一部分非常有權勢的人可以經營特種行業而毋須害怕警察。一位屏東縣警官說：「許多政治人物必須花幾千萬的代價贏得民代地位。選後他們必須找門路賺回之前的選舉花費。包工程不是經常有的機會，所以政治人物喜歡利用黑道份子介入色情和賭博等特種行業。黑道份子會保護這些場子免受到閒雜人等或競爭者的騷擾，而政治人物則可利用權勢保護這些行業不受警察的干擾。」

特種行業和民意代表有密切的關係，特別是當他們是議會的執法者或司法委員時，因爲這些民代掌控警察預算，所以可以避免警察的取締。假如民意代表不滿警察行使職權時，會讓警察死得很難看，最簡單的手段就是刪減警察年度預算。舉例來說，許昆龍在高雄市議員任內擔任市議會保安小組召集人。他也是許多酒吧、夜總會、舞廳及理容按摩店的顧問。因爲他在市警局中有影響力，所以其他議員也在他的包庇之下經營特種行業而不會被警方取締。有一次他所涉入的某家特種行業場所發生暴力事件，造成兩名警察殉職，社會上議論紛紛（趙慕嵩 1984b）。

在高雄發生那件暴力事件後，許多民代還是繼續經營特種行業，只不過他們將這些營業場所搬到選區以外的地方，以免讓自己的選民抱怨。葛樹人（1989b:35）的報導指出：「南部地區地方上無利可圖，道上兄弟大多以特種營業爲經濟後盾……但值得一提的是，這些『兄弟議員』全都有一個『共識』，他們絕不在鄉里爲惡，不論是開場子或搞色情，他們全都『遠走他鄉』，免得地方上的鄉親父老情緒反彈，反正縣議員的影響力是全縣……。」

民意代表的賺錢方法很多（英照台 1992:42）：

一、參與特定的調查（研究）委員會，對許多機構施壓：像是要求省屬行庫貸款給企業行號，民意代表便可從企業貸款金額中索取金錢。

二、刪減預算：民代威脅刪減省府預算，以便讓屬意的公司拿到公共工程。

三、參與縣市都市計畫委員會：這是最能獲利的位置，因爲可以使民意代表買賣土地，並從中獲取巨大利益。

四、承包政府公共工程。

五、以收取一定的價碼，幫民眾關說或使民眾免於受罰。

六、參與地方活動，像是經營賭場、酒吧、夜總會及包小工程等。

通常這些民意代表透過助理來運用各種方式努力賺錢。英文台北時報（Monique Chu2000b:3）報導：「在台灣的立法者有時反而是違法者，而那些惡棍助理基本上可以狐假虎威地威脅、恐嚇政府官員及利益團體。這些人被稱爲『便當助理』，他們不支薪，只要借用立委的名號就能替自己牟取利益。」

台灣政治的墮落

除了買票、暴力及貪污外，國家政治惡化也是黑金政治的另一個癥候。過去政治人物大多有好名聲和高學歷，大部分是醫生或老師等退下來的專業人士，應追隨者的要求服務鄉里和國家。如今大部分的民意代表是年輕人，他們從政的理由不外乎是賺錢、從執法者得到保護、有面子、回應支持者的要求、要壯大他們所屬地方派系的權力，或只是因爲他們沒有其他事情可做。新新聞記者紀延陵（1996）報導，大部分的國民黨立法委員不是專業的立法者，他們之所以能夠當選民意代表，乃在於他們的財富以及和國民黨間的關係。他們大多數並不具有當立法委員的資格。一位高雄縣鎮民代表告訴我他進入政壇的原因：「在我擔任民意代表前，我在一家工廠工作。那時我的父親是個里長，有些人想把他拉下來，所以控告他侵佔公款。我父親決定要我競選民意代表，以便擊敗誣告者所支持的候選人。我父親最後終於如願以償。」

台灣的政治品質可以從民意代表花多少時間服務（或沒有服務）他們的選民中看出端倪，也可以從地方派系的本質得到驗證。

社會禮數

民意代表有一項很重要的工作，就是滿足選民的社會禮數要求。根據中央研究院社會學所吳乃德（1987:237-38）描述：「選民辦喪事時會期待所支持的民代以政治頭銜送花籃或輓聯。這種政治輓聯通常放在極爲顯目的地方，如果喪家本身或其親戚與民意代表熟識，他就得出席公祭並誦念祭文。選民辦喜事時，民代一定會收到紅帖子，假如他與新人不熟識，至少要送喜幛或禮金，假如他本人認識新人或新人的家人，那就非得參加喜宴並上台致詞。當選民新居落成時，如有宴客，通常也會邀請地方民意代表。沒有任何一個政治人物會讓他的支持者沒面子。」

結果，大部分的政治人物得花很多時間及金錢回應這些要求。一份一九八六年時報周刊關於立法委員行爲的報導顯示，平均立委每個月收到兩百封邀請函，假設每個邀請函需要一千元開銷，那麼一位立法委員每月必須花二十萬元應付這些社會禮數，這還不包括參加這些場合所花的時間（陳依玫 1986）。

涂一卿（1994）在嘉義地方派系的研究中發現，縣級的地方派系領導人平均一星期要參加一百場婚喪喜慶，鄉鎮級的則約五十場。我曾經在沒事先約好的情況下去拜訪高雄縣某個鄉民代表會，結果沒有一個民代出現，代表會的工作人員說：「今天是個好日子，早上幾乎所有的鄉民代表都到處趕場去了。到了中午他們都會去吃吃喝喝及小賭一番」，意思是說今天他們不會進辦公室了。

服務：收費可觀

除了花許多時間及金錢應付社會禮數，民意代表也必須花精力服務選民。舉例來說，一位民進黨的縣議員表示，過去十七個月之內，他調解了一、三八三件糾紛。這些事件包含交通事故、建築申請、就業及不當醫療等。一位國民黨市議員說，他的服務處是日夜都開著，花在選民服務的金錢、精力及社會拜訪是難以估算的。

大部分的民意代表由於選舉時需要黑道的支持，所以不能不理會這些人的要求。當被問到爲什麼他們常常幫助黑道人物，通常他們會有以下反應：

問：外傳你當選議員後，等於替黑社會朋友護航，對於一些違法營業也從旁照顧，你如何解釋這些流言？

答：我們幹民意代表的只要有人來找幫忙，不管是什麼人我們都不會讓人家失望，不過我會告訴對方，有的非法案件我也幫不上忙。譬如有的小兄弟被抓到警察局，有我出面關照一下，也許可以免受修理之苦，但是該移送法辦的還是要移送，我也只能做到這種地步。有人說我替黑道做什麼護航，那是故意破壞我的形象，可

是我得聲明，我的服務對象並不限身份，即使是流氓來找我，我也不會拒絕他。（趙慕嵩 1990a:48）

關於服務黑道份子的感觸，一位角頭議員這樣說：「我雖然有不少道上的朋友，但他們也是我的選民，當然也就是我服務的對象，人本來就不應該有貴賤之分。」（葛樹人 1989b:35）

從某種角度來說，民意代表就像律師或仲裁人一樣，提供服務後需要收取服務費。根據一位鎮民代表副主席說：「有人來請我幫他們解決問題時，如果他們是一般民眾，我不會收取費用。如果是商人的話，我會要求一些費用。這些錢當作是捐獻給我的服務處。有些民意代表也會要求一般需要服務的民眾支付兩萬到三萬不等的費用。」

一位台中市的警官告訴我，雖然民意代表常常干涉警察工作，但他們現在接洽的方式比以前謹慎：「如今，當民意代表到警察局表示關切時，態度上比較客氣。如果他們現身在警察局的話，說完話便即刻離開，主要目的是要讓民眾知道他有盡力。有些人則會打電話給我們。以前可不一樣，他們通常一走進警察局，就好像他們是當家的主人。因爲很多教育程度低的民眾不知如何和警察打交道，所以大部分民眾通常會要求民意代表到警察局幫他們。」

質詢：予取予求

台灣許多基層民意代表教育程度不高，也沒有什麼專業訓練。先天條件不良之下，加上他們將時間和精力都花在社會禮數及處理紛爭上頭，接著議會又出現了黑道人物，人們不禁懷疑：地方議會能有什麼功能？他們如何扮演政府質詢者的角色？我問一位在交通部服務多年的政府官員，他對黑道人物擔任地方議會領導者有何感想時，他非常憤怒地回答：「那個彰化的副議長，他怎麼能夠當副議長？他根本就是個惡霸！他非法開設盜採砂石工廠，還常用暴力獲得他想要的。他也開設賭場。成爲縣議會的領導者，他懂什麼？黑道背景的議員沒有專業技巧，他們會做什麼？他懂法律、運輸嗎？他們如何質詢專家有關專業的問題？在台北市這個問題還不大。許多台北市的議員，除非他們知道一些關於運輸的課題，否則是不敢提問題的。他們在踏上質詢台前，一定會先作功課。台北市以外的地方眞的很糟，包含高雄市也一樣。這些政治人物只知道予取予求。假如他們要什麼，我們給什麼，那一切沒問題。假如我們不照辦，他們就威脅刪除我們的預算。質詢政府官員時像在吵架，而且把三字經和各種髒話隨時掛在嘴邊。」

很多民意代表在質詢政府官員時，會使用激烈的身體或口頭語言來表示對議案的關心。舉例來說，他們會撕破自己的襯衫、刺手臂、把墨水倒在身上或口頭辱罵被質詢者。

諷刺的是，大部分的選民把民意代表這種幼稚行爲當成是「有魄力」、「有效率」、及「有能力」的行爲。

一位竹聯幫的大哥說：「新黨的民意代表擁有較高的學歷，他們很多人都擁有美國的碩士或博士學位。但是他們不知道在立法院中應如何運作表現。他們非常有禮貌，害怕衝突，甚至這些新黨立委還被接受質詢的政府官員羞辱。國民黨及民進黨的立法委員就不一樣，只有他們羞辱政府官員的份。這也就是爲什麼新黨的支持者很看不慣他們選出的民意代表，在立法院及台北市議會的表現這麼遜。」

如果立法委員花很多時間、精力審法案，而忽略了選民服務，通常在下一次尋求連任時就會遭到淘汰。一位民進黨立委說，有兩位立委發生過這種事：

> 「蔡式淵和謝聰明兩位立法委員連任失敗，並不是因為他們抵制黑道活動。他們兩人擁有高學歷，而且是非常稱職的委員。他們的活動大都在立法院，很少在選區中。結果雖然大家對他們在議會的表現有深刻的印象，卻不認為他們努力耕耘地方選區。」

此外，國民黨對政黨在議會的席次比例的關心程度，遠超過對民意代表的資格條件要求，因此並未有系統地招募及培育年輕一代的領導人。台灣大學教授趙永茂（1993:24）

觀察到：「選舉前黑道民代大多是無黨籍人士，但當選後卻又大多被執政黨所吸收。這種平日不致力發掘及培植政治人才，只知提高地方議席位佔有率，以及爲了官樣數據好看而犧牲政黨形象，任由地方政治生態加速融蝕的現象，頗值得檢討。」

關於有那麼高比例的黑道份子參政造成台灣政治品質低落，一位前新黨立委作以下的說明：「選民要吃雞蛋卻養鴨子，怎能期待這些鴨子能下雞蛋？那是不可能的事情。」

派系犯罪化

另一個和黑金政治相關連的社會疾病是地方派系犯罪問題。根據曾經是台大教授，現在（2004）是陸委會副主委的陳明通（1996:176）表示：「地方派系是描述人與人之間的網絡，其功能在於達到政治目的，而其活動舞台在地方而非中央。它的政治目標在於透過政府機構及企業組織動員選民贏得選舉；藉著合法及非法的組織以獲取資源；並將這些資源分配給網絡成員。換句話說，地方派系是一種半組織性的團體，透過集體行動來追求、掌控公務或半公務部門的資源。」

黑金政治發展之前，學者吳乃德（1987）認爲台灣的政治是菁英主義。這些政治菁英可分爲中央以及地方，兩群菁英有各自的傳統與組織架構。然而在一九九○年代，當地方與中央政治變得水乳交融時，許多地方派系掌門人轉進省議會或立法院。一些地方派系的掌門人被國民黨吸收成爲政府官員（廖忠俊 1998）。根據陳明通（1995）的說法，在一九九〇年早期，國民黨由於受到黨內及黨外政治人物的挑戰，所以變得愈來愈依賴地方派系獲得選票。當時的國民黨秘書長宋楚瑜在一九九一年國大代表選舉及一九九二年立法委員選舉中，扮演著促進國民黨與地方派系聯結的重要角色。

當地方派系變成有效率的買票機器，而且在地方大老進入中央取得民代地位之後，國民黨逐漸無法控制這些曾經完全藉由黨的力量取得政治和經濟成就的群體（蔡明惠 1998）。這些地方派系不斷地在改變，第一步先將省議會及立法院的地方派系作橫向聯結，再將地方派系及全國政治組群間作垂直同盟。第二步則建立許多全國性政商企業，以擴大他們的版圖，不再完全依賴國民黨贊助。第三步是許多地方派系吸收黑道加入他們的網絡，組織也因此自然轉型。這些黑道份子不顧後果地介入樁腳的搶奪、買票及阻礙對手，使對手無法完全自由地進行競選活動（陳明通 1995; 王振寰 1996）。

我的訪談發現，加入地方派系的縣市議員，很有可能是黑道份子或是和黑社會關係密切，這顯示幫派成分已經接管了政治活動，否則不會連正派的政治人物現在也接受台灣政治生態中黑道佔有重要地位的事實。

藍、綠、黑、金

雖然大部分的人都認爲黑道及財團滲入政治是很嚴重的問題，但多數人不知道該由誰負起這個責任，也不知換個政黨來執政是否可以解決這個問題。民進黨的黨員相信黑道和財團會介入政治，是國民黨需要他們的暴力和金錢去贏得選舉；如果換成民進黨執政，民進黨絕對不會重蹈覆轍。民進黨說他們不會吸收黑金份子或讓民進黨的人變成黑金人物。有些人認爲黑金政治雖然嚴重，但也沒有像民進黨講得那麼嚴重，民進黨只不過是故意指控那些和國民黨過從甚密的人有黑金背景，以此攻擊國民黨，希望用這種手段達到執政的目的。他們也強烈地相信，民進黨成爲執政黨，掌握分配資源的權力，黑道份子及財團也會與民進黨建立伙伴關係。

在台灣審視黑金的問題，不僅要看問題的本身，也要去思考黑金在錯綜複雜的政治背景背後所扮演的角色。

許多民進黨立委告訴我，黑金政治的發展，國民黨要負完全的責任。民進黨立委簡錫堦說，對於黑道滲透到地方政治造成地方財政機構的災難，國民黨是有責任的。國民黨掌控愈久的縣市，黑金問題越嚴重。他說：「爲什麼有黑金政治？答案很簡單：因爲國民黨想繼續保有權力，所以他們不介意鼓勵黑道支持國民黨候選人。黑道人物因此與政治關係密切，並且後來決定自己出馬競選公職時，國民黨還是繼續支持他們。整件事的主謀是國民黨；你不能說這一切都是偶然發生的。」

一位常攻擊國民黨與黑金政治掛勾的民進黨立委蔡明憲告訴我：「國民黨知道黑金涉入政治是一件嚴重的問題。然而，國民黨爲了繼續保有權力，只好繼續依賴黑道份子。如果國民黨要清除所有的黑金政治人物，就無法保有權力。」

一些民進黨立委提到黑金政治過程中，一位非常重要的人物是李登輝，他在一九九〇年代早期受到國民黨非主流份子的攻擊後，非常需要政治盟友。根據一位國民黨立委的看法：「黑金政治的發展主要是因爲李登輝想培養一批地方派系人物，來反擊那些多數爲外省籍的國民黨非主流派。」台灣大學教授王振寰（1996）寫了一本名爲《誰統治台灣？》的書，書中確定李登輝受到黨內份子的挑戰後，便邀請黑道份子、地方派系及財團進入中央政治系統。其他的民進黨政治人物也點出，李登輝到南台灣的許多行程是爲了替黑金份子進行輔選。此種做法造成台灣目前的政治版圖充滿了黑金人物。

一位不滿國民黨的政府官員認爲：「黑道政治的出現，國民黨是有責任的。事實上，國民黨知道在地方上誰是黑道人物。如果國民黨在最初時期（一九九〇年早期）即開始阻止他們競選公職，現今我們也不會這麼亂七八糟。稍早，黑道政治人物願意和國民黨合作是爲了勝選，但是假如現在國民黨和黑道份子有利益衝突時，這些黑道人物是不會聽從國民黨的。」

一位在國民黨開始其政治生涯，後來退黨的台北市議員也認爲，國民黨，特別是李登輝，要爲黑金問題負全責：「李登輝總統是黑道份子進入地方政治的罪魁禍首。爲了保住李登輝在台灣的地位、打擊國民黨內非主流人物及壓制黨外反對人士，他決定依賴黑道份子、富商及企業集團。只要這些人能對他忠貞，他便支持他們競選公職人員。」

被認爲是「黑金教父」的前總統李登輝卻認爲，黑道民代的大量出現，應該怪選民而不是怪他。他曾說過：「如果選民要選流氓，那政府也沒有辦法。」（世界日報 1999b:A6）另外，從國民黨的觀點來看，所有關於黑金政治的談論，只不過是民進黨用來打擊國民黨的策略。一位國民黨中央黨部的人員說：「你不要聽信媒體及民進黨的說法。他們只會誇大其詞，好讓國民黨難堪。」但另一位國民黨黨工並不否認黨的政治人物涉及犯罪，不過他也強調民進黨人士也不是完全不涉非法活動。的確，一位屏東縣選出的民進黨籍前國大代表徐炳豐，因涉嫌海洛因毒品的使用及買賣被判有罪；民進黨籍前國大代表，現爲立法委員的蔡啓芳曾經是一位大哥，還有幾位民進黨民意代表本身不是黑道份子就是與黑社會往來密切（趙慕嵩 1992c, 1994b）。

對於民進黨黨員也涉入犯罪或屬於黑社會，大部分受訪的民進黨員並不否認。但是他們指出，他們不像國民黨那樣放縱，對於判決有罪的黨員，黨部會加以處罰。一位雲林的民進黨政治人物說：「國民黨爲繼續保有勢力，黑金政治成爲其勢力發展的一個網絡。假如民進黨成爲執政黨的話，民進黨不可能支持黑金政治。它會處罰與黑社會份子關係密切或者從事勒索、敲詐等行爲的黨員。舉例來說，民進黨開除嘉義籍的立法委員侯海熊，侯是因爲涉入一件金融詐欺案而被判刑。因爲侯是不分區立委，當他被迫離開民進黨時，他很自然失去他的地位。雖然周伯倫及朱星羽據說也涉及非法活動，但因爲他們沒有被法院判罪，所以民進黨沒有處罰他們。[註6]然而那麼多的國民黨從政黨員被判有罪，但是國民黨都置之不理。」

一位經常批評黑金政治的民進黨立委也說：「假如民進黨的從政黨員涉入非法活動，民進黨本身有一個機制去處罰他們。舉徐炳豐的例子來說，他被指控使用毒品及販賣毒品後，我率領一個民進黨調查委員會調查這件指控，當我們發現證據後，便開除他的黨籍。另一件事和朱星羽有關，據說因爲朱星羽認爲有一位飯店女服務生沒有好好款待他，便出手打這位女服務生。於是我們強迫朱星羽向那位女服務生道歉。我們的態度和國民黨有很大的不同，國民黨不僅拒絕處罰這些壞蘋果，甚至在他們被捕後還保釋他們，以便他們再競選公職或幫國民黨候選人助選。」

當民進黨籍和國民黨的成員相互攻擊，並宣稱對方才是和黑金掛勾時，那些所謂的黑金政治人物也有他們自己的看法。國民黨籍前立法委員林明義說：「媒體和民進黨員常常說在台灣黑金是一個嚴重的問題。但我必須請問你，黑金是什麼？黑金的定義爲何？你敢說民進黨內完全沒有黑金份子嗎？假如國民黨成員和商人關係良好，人們就會說那是官商勾結貪污的關係。但是民進黨現在是執政黨，關於招募許多財團到行政院中擔任政務官，人民作了什麼回應？我們怎麼能夠將伍澤元、羅福助等人標籤爲黑道份子？他們都是民選的立法委員。他們犯了什麼罪，需要把他們貼上黑金份子的標籤？顏清標好歹是個縣議會議長（現爲立法委員），爲什麼說他是黑金份子？」

不管民進黨成員如何說國民黨與黑道份子掛勾，無論民進黨本身如何竭力地想在黨內掃除黑金，一般民衆都相信只要幫派份子及財團幫得上忙，所有的政黨都會心甘情願地和他們結盟。一位無黨籍立委說：

「不管哪個政黨都一樣，全都接受黑道份子的財務援助，連陳水扁也一樣。當羅福助問他：你不是也接受我的財務援助嗎？陳水扁無言以對。民進黨黨員在所謂的黨外階段，曾經接受了許多角頭的援助。」

當一位中央研究院的學者被問起關於台灣黑金政治的問題時，他覺得相當好笑，他認爲黑金政治只不過是政治人物、幫派及財團之間爭奪金錢和權力的把戲罷了：「你認爲黑金政治是什麼？基本上那是酸葡萄心理。在台灣，政治人物、商人及黑道份子都想在公共工程這塊大餅中分一杯羹。二〇〇〇年總統大選前，國民黨和地方派系幾乎瓜分所有的大餅，民進黨連一小部塊都搶不到，所以民進黨就攻擊國民黨及地方派系是黑金政治的象徵。假如民進黨成爲執政黨，也會變得和國民黨一樣。事情就是這麼簡單。所謂的黑金政治其實並沒有獨特的特徵。競標也是一樣，假如在我心中已經屬意某人得標，結果卻是你因某種理由而得標的話，我就可以說有黑道介入，並且要求重新投標。如此一來，我就還有機會讓我屬意的人得標。」

結論：貪污之害甚於黑金

在這一章我們從歷史、政治及社會的背景去檢驗黑金政治。也思考爲什麼黑道份子在競選公職人員時會比較成功；黑金政治的影響以及政治人物、黑道份子及財團間的共生關係。在結論部分，我打算把焦點放在黑金問題到底有多嚴重，以及是否只有黑道份子和財團是問題的根源。問題是：黑道份子及財團需要承當一個大部分利益都被其他團體所瓜分的不公平責罵嗎？

根據台灣的一位專欄作家（Kennedy 2000:4）描述：「嚴重威脅我們民主的根本問題在於黑道深入政治。」一位民進黨的官員也斷定黑金政治對「台灣的政治及經濟系統帶來三方面的影響。它們是：貪污的政治環境、人民對司法的不信任以及經濟活動的公平競爭空間被破壞」（S. C. Liu 2000:5）。

在台灣，並不是所有的人都認爲黑金政治是非常嚴重的問題。例如一位以前當過兄弟的人說：「我認爲在這個縣裡有九〇%以上的民意代表和黑道份子有關，並不是什麼大不了的事。爲什麼呢？因爲並不是和黑道有關的議員都是壞人；事實上他們大部分都是好人，因爲他們知道社會大衆都在拿著放大鏡看著他們。問題是那些沒有犯罪前科的議員，這些議員眞的很壞，專門參與一些非法的勾當。」

受訪的國民黨官員們也不認爲在政治舞台中黑道的存在是一個嚴重的問題。一位國民黨官員說：「我不認爲黑道介入地方政治是嚴重的問題。我倒認爲當人民愈來愈有民主經驗，而且地方派系組織變得愈鬆散時，黑道份子就愈不可能涉入地方政治。」

另一位國民黨官員告訴我，他並不擔心這個問題，因爲他的政黨對於這個問題已經有所動作：「國民黨也是非常關心自己的形象。在過去五、六年來，我們也非常注意被提名者是否有前科紀錄。假如一個人曾犯過罪，我們不會再提名他出馬競選。」

許多人認爲，我們應該少把注意焦點放在黑道介入政治的議題上，而應該多注意貪污的政府官員及民意代表。不能只因爲這些人不是大哥，媒體及執法者就常常忽視。事實上，有些人認爲，貪污的官員和政策制定者對社會的傷害遠勝於黑道民意代表。黑道民意代表除了質詢政府官員外，並不會實際參與政策的制定實行。一位警官告訴我：「黑道份子可能欺騙人民幾百萬元，政府官員則可能侵吞數億元公款。」

甚至連中央研究院院長李遠哲，這麼一個對抗黑金政治不遺餘力的人都承認，台灣黑道份子的影響比不過白道，也就是貪污的政府官員。

第七章　打擊組織犯罪

在台灣，控制幫派和角頭成員對執法當局是一個難以處理的議題，因爲這些人若非與政治人物有密切關係，就是他們本身即爲政治人物（張起厚 1998）。另一個因素是，台灣的執法單位不甚完整且彼此缺乏協調，甚至經常互相扯後腿。此外，執法機關在抗衡流氓幫派及組織犯罪時，所依賴的法律有諸多漏洞。這章我們將檢視抗制組織犯罪的主要執法機關、控制幫派的法律沿革，及一九八四年到一九九六年間所執行的三大打擊幫派專案。本章還要討論台灣控制組織犯罪所面臨的問題與展望。

執法機關

在台灣防制組織犯罪有四個主要執行機關，包括警備總部、警政署、法務部調查局以及國家安全局。

警備總部

在一九九二年以前，警備總部爲國防部下的一個機關，主要負責流氓的控制，不過建立初期以執行戒嚴令及調查政治破壞活動爲主。在台灣，「流氓」係指慣犯、角頭人物及幫派份子，主管單位是警備總部，警察局及其他執法單位蒐集流氓相關的情資及初步認定爲流氓後，轉報警備總部審核。

同時期，警備總部也主管感訓流氓的機構，官方稱之爲職業訓練總隊（職訓隊現稱爲「技能訓練所」），這些職訓隊多位於台灣的離島，目前有兩個職訓隊，一個在岩灣、一個在綠島，均爲低度開發的地方（趙慕嵩 1992a）。

警備總部是一個充滿神秘且令人恐懼的政府單位，所遭受最大的批評是完全忽視人權及缺乏法律正當程序，在警備總部的授意下，曾未經審判公開調查即逮捕了大批罪犯及政治意見相左的人，甚至懲以嚴厲的長期監禁或判處死刑。

警政署

警政署隸屬內政部，主管全國警察事宜，刑事警察局及各市、縣（市）警察局則隸屬警政署，職司犯罪調查工作。

法務部調查局

法務部調查局大約有三千多名成員，有許多地方與美國聯邦調查局相似，有九項工作職掌，包括：內亂防制、外患防制、洩漏國家機密防制、貪瀆防制及賄選查察事項、毒品防制、組織犯罪防制之協同辦理事項、重大經濟犯罪及洗錢防制、國內安全調查、上級機關特交有關國家安全及國家利益之調查、保防事項。調查局與刑事局在調查一般犯罪方面，尤其是組織犯罪，共同扮演了重要且關鍵性之角色。

調查局隸屬於最高司法行政機關——法務部，但似乎前任及現任部長與調查局長間的互動有問題，以致常常無法掌控調查局（I. Lin 2000c）。

國家安全局

國家安全局一九五五年三月一日成立，隸屬於國防會議。一九六七年，國家安全會議成立，取代國防會議，國家安全局（簡稱國安局）成爲國家安全會議（簡稱國安會）附屬機關，一九九四年一月一日，總統公布國安會與國安局組織法，國家安全局正式法制化，主管國家安全情報和特別任務，雖說國安局扮演國家安全和刑事司法事宜的角色，但非實體，因爲沒有足夠的人員，所以必須藉由其他機關執行調查及情報的蒐集工作。

國家安全局主要爲軍系，在執行一清專案時扮演重要的角色。由國安局主導，透過警總、警政署、調查局的協助，逮捕了上千名角頭及幫派老大，包括一九八四年在舊金山謀殺新聞工作者劉宜良（江南）之幫派人物。國安局決定逮捕殺死劉宜良的三個竹聯幫老大時，並沒有知會這三個人的雇主國防部情報局，國安局局長汪敬煦之後也否認對情報局雇請竹聯幫刺殺劉宜良一事知情，但當時的國防部情報局局長汪希苓堅信，後來國安局執行一清專案的主要目的爲逮捕竹聯幫三名老大，爲的是讓情報局在刺殺劉宜良事件中的角色曝光（汪士淳 1999）。

今天警總不再介入處理組織犯罪，一般犯罪調查工作之執行也已轉移至警政署刑事警察局及各地方警察局，調查局只參與重大犯罪、或涉及政治性、國際性的案件，國安局則大多退居幕後扮演協調不同執法機關的角色。

檢肅流氓條例

在台灣，抗制角頭和幫派份子等慣犯罪者的主要法律爲「檢肅流氓條例」，其前身爲「台灣省戒嚴時期取締流氓辦法」，於一九五五年十月二十四日實施。該法在執行長達近三十年後，於一九八四年執行一清專案時備受法律學者批評，因爲一清專案中，數以千計的嫌疑犯被移送職訓隊，沒有給他們任何澄清的機會。

一九八五年該辦法修訂為「動員戡亂時期檢肅流氓條例」，該條例於一九九一年廢止，一九九二年七月更名為「懲治盜匪條例」，檢肅流氓的任務隨即由軍人（警備總部）轉移至警察（警政署）身上（高政昇 1996）。

一九九五年七月，台灣最高法院解釋部分檢肅流氓之認定條文違憲，導致該法於一九九六年八月十九日再次修訂。因為對檢肅流氓條例不斷的批評，立法院爰於一九九六年十一月二十二日通過「組織犯罪防制條例」，希望藉由該法補充檢肅流氓條例的不足，用以對抗黑金政治（司法院 1998）。

在台灣，對為非作歹的人稱之為「流氓」。大體而言，流氓意味著無業的流動不良份子，寄生於社會從事不法活動。法務部調查局的資深官員表示：「流氓被認為是社會的亂源。犯罪型態包括組成犯罪幫派、製造武器及販賣、毒品交易及爭奪地盤，敲詐勒索、強迫買賣、經營非法賭博、逼良為娼、欺壓善良、恃強為人逼討債務等。更甚者以暴力介入政治活動、選舉動員、壟斷商場、敲詐勒索企業家、圍標公共工程。」（Cheng 1992:1）

一九九〇年有二、五九五名流氓被逮捕，其中有六・九％為幫派份子，三〇・三％曾留下持有武器前科，四三・三％有勒索前科、七・三％有賭博、賣淫、放高利貸前科，及一二・二％有六合彩前科（司法院 1992）。

執行

在早期，執行檢肅流氓條例分爲三階段：提報、認定和感訓處分裁定。第一階段爲地方警察負責向上提報流氓名冊，提報來源多爲祕密證人提供事證，經地方警察局初步審核後，送交警備總部作最後決定，再由地方法院裁定是否交付感訓（司法院 1992）。現行規定檢肅流氓分爲三階段：提報、認定、移送法院審理，第一階段爲直轄市警察分局、縣（市）警察局提出具體事證，會同其他有關治安單位審查後，報經警政署複審認定之，經認定爲流氓而情節重大者，直轄市警察分局、縣（市）警察局檢具事證移送管轄法院審理。法院審理之結果，認應交付感訓者，應爲交付感訓處分之裁定，但無庸諭知其期間。

如果一個人被認爲是一般流氓（初犯輕罪者），他會接獲書面告誡並接受警察三年的輔導。如果不服則可聲明異議，但只能向當地管轄警察局聲明。現行規定如果對認定不服者，應以書面敘述理由，向原認定機關聲明異議；如仍不服，得向警政署提起訴願；如仍不服，得向內政部提起再訴願；如仍再不服，得向行政法院提起行政訴訟。情節重大流氓及流氓現行犯，包括幫派份子，將被移送「治安法庭」。「情節重大」流氓的認定標準如下：犯罪的手段、被害人的人數及受害的程度、破壞社會秩序的程度，行爲後的態度及有無逃亡之虞（司法院 1992）。根據法務部調查局（1996）的報告，一九九一年至一九九四年間，每年逮捕超過兩千個流氓（如表7.1）。

表7.1　每年逮捕流氓人數

年度	情節重大流氓	一般流氓	合計
1991	1497	1432	2929
1992	1246	1494	2740
1993	1301	1452	2753
1994	1581	1022	2603
1995	949	803	1752

流氓？我說你是，你就是

在檢肅流氓條例中有許多問題，包括「流氓」的定義、逮捕過程缺乏法律正當程序、流氓行爲的認定以及過度嚴厲的處罰等。

定義之爭

在台灣，有關流氓的定義是模糊不清的，不過被貼上流氓標籤的人會遭到嚴厲的處罰，而且這烙印將一輩子跟著那個人。服過刑的流氓，日後即使僅犯輕微的罪行，都會再被捕且送職訓隊接受四年以上的管訓，沒被判過流氓的罪犯犯下同樣罪行，最多只被關十四個月。一個高雄的角頭告訴我：「我被監禁三次，理由全部都是流氓。我被認定爲流氓是因爲我在火車站經營野雞車生意。執法當局認爲我將火車站做爲地盤、使用暴力拉客，且嚇跑其他汽車司機。」

由於流氓的行爲定義並不明確，所以當他的選民被以流氓罪名逮捕時，民意代表都會介入（黃光國 1984）。結果，定罪與否端乎被逮捕者是否有良好關係，以及警察是否能不偏不倚。刑事局一位資深警官說：「有時我在調查是否應該逮捕某個流氓時，他卻可能同時接受政府表揚，得過熱心社會公益的獎章。」

許多黑道人物相信，地方警察局經常被中央要求每年要逮捕一定數目的流氓。有一位曾被提報爲流氓現爲受刑人服務的人說：

「我是在警察承受提報一定數量流氓的壓力下，於一九七〇年被捕，你可以說我就是所謂的『人頭流氓』（配額流氓），當時我是為準備考試而前往朋友住處借一些教科書，我既不是幫派份子也沒有任何的犯罪紀錄。這個事件完全改變我的一生，我從此變得憤世嫉俗。」

在台灣，一個人被隨意提報爲流氓的機率很高。結果，一個有黑道背景的民代嘲笑說：「如果我們（兄弟）對某些人說話大聲點，就會被控告恐嚇某人，因此我永遠不大聲對人說話。」

缺乏司法程序正義

在台灣，一個人如果被別人向警方檢舉，就有可能會被認定爲流氓。爲保護證人及鼓勵人們勇於揭發，執法當局堅持證人的身分必須保密。之前的法務部長曾辯稱，移送流氓去職訓隊不是處罰，所以當一個人誤指另一個人爲流氓時，不需承擔任何法律責任（司法院 1992）。

一個曾被一清專案送到綠島管訓三年的縣議員說，他眞誠的希望執法當局在逮捕流氓之前能蒐集眞實的證據，不能只靠秘密證人的證詞，因爲他們不清楚秘密證人與被告間的關係，也不知道那些人是否會利用檢肅流氓條例，來除掉商場上和政治上的敵人（趙慕嵩 1990d）。更有甚者，警察爲求績效表現，僞造證人指證筆錄，誣陷無辜市民爲情節重大流氓，導致曾經有人被警方誣賴後自殺身亡（潘立明 1999）。

嚴厲的處罰

雖然先前法務部長曾說流氓是「感訓」而不是「處罰」，但實際上對流氓的處罰卻遠超過那些犯相同重罪的人。根據司法院（1992:337）的報告顯示：「如果治安法庭裁定感訓，則拘束人身自由可爲一至五年不等，而一般案例均在二年以上。這意味著被判感訓處分拘束人身之期間，有九成半以上的案例比一般刑案的刑期爲重。」

而且，流氓因爲違法先被法院判刑入監服刑，出獄後又因流氓身分，還要再被治安法庭裁定移送職訓隊感訓。台灣官方並不認爲這是雙重處罰，因爲在監獄服刑被認爲是「懲罰」，至於移送職訓隊則被認爲是「感訓」（司法院 1992:338）。結果導致剛從監獄放出來的流氓，再被警察送到職訓隊感訓，這種情形司空見慣。

即使官方認爲所謂的「技能訓練所」可以讓情節重大流氓在那兒接受訓練及輔導，好讓他們重返社會，但多數的流氓卻對此非常感冒。首先，刑期顯然是不確定的（司法院 1992），在技能訓練所會被關多久是無法預知的，因爲不確定他們什麼時候會被釋放，往往導致裡面的人產生破壞性行爲。其次，技能訓練所的工作人員多爲經驗不足的警察，不可能對經驗豐富的罪犯輔導奏效。根據司法院的說法（1992:309）：「吾人以爲，輔導之成效繫乎輔導是否得宜及受輔導人是否有心向上。受輔導人係被認定（核定）爲流氓之人，受不良污染已深，頗多社會閱歷，一般基層警勤區警員，類皆爲二十歲左右，甫自高中畢業，經過一年或兩年之警校（警專校）訓練，分發基層，其閱歷反較流氓不足，以之擔任輔導重責，恐將事倍功半，某報譏爲『菜鳥』輔導『老鳥』，恐有反被污染之虞，實非無據……」

蔡冠倫這個曾經常出入技能訓練所的四海幫大哥，描述在那兒的「訓練」狀況：「早晨六時起床，吃過早飯後就上課，下課後就出操，所謂出操就是立正、稍息，整整二小時。大家都當過兵，立正稍息大家都會作，沒有什麼了不起，說穿了就是罰站、整人，罰站就罰站，也沒什麼了不起，也站不死人的。」（趙慕嵩 1992a:72）

檢肅流氓條例經常遭受黑道及自由派法官的批評，認爲它有許多缺點，以台灣黑道發言人自居的董念台說：

「只要每次一掃黑，這群烙上『流氓』印子的道上人物，就要面臨可能再一次被移送感訓的威脅，這太不公平了啦！我們多次呼籲停止『檢肅流氓條例』，讓司法歸司法，任何人有罪一律依法論法，卻未見效果……政府管訓反而把小太保管訓成大流氓。」（鄧至傑 1991b:154）

另一個積極提倡司法改革的天道盟大安會長陳崇賢（綽號「黑印度」，曾因走私槍械入獄）爭辯說：「說我犯法，就請依司法程序起訴我，我絕對心服口服，不能憑『流氓』兩個字，高興什麼時候把你送管訓就送管訓！全世界到那裡去找這種惡法啊！」（林新、鄧至傑 1992:54）。

一清專案

即使一清專案是台灣第一個主要抗制幫派的計畫，不過在這之前多年亦已實施其他鎮壓專案，例如安民專案，在一清專案之前實施；捕鼠專案，以竊盜犯爲對象；捕牛專案，焦點在黃牛；及伏妖專案，目標是小太保；但都不如一清專案來得大規模、密集及持久。

一九八四年十一月十二日，執法當局發動一個詳細策劃全面掃除角頭及幫派份子的「一清專案」，這是在台灣執法史上最有雄心的專案，執行數個月後成效良好。一清專案係由執政的國民黨策劃，由國安局監督執行，並由警總、警政署和調查局共同執行。專案執行期間，數千個執法人員及軍人突擊各犯罪團體的據點，在數天內拘捕六十二個知名的犯罪團體或幫派之一千多名角頭或老大，這個專案目標爲重要犯罪集團，例如竹聯幫、四海幫、牛埔幫、大湖幫、七賢幫、西北幫、三環幫及芳明館等幫派，但主要的焦點擺在竹聯幫及其首腦陳啓禮爲主要對象，在逮捕陳啓禮到案後，主管當局才大量逮捕其他的黑道份子（池宗憲 1985）。

因爲陳啓禮和他的幫派是主要目標，且鎮壓行動是在陳啓禮和他的同夥到舊金山暗殺劉宜良回台之後才執行，所以有些人認爲整個一清專案是肇因於那起謀殺案，而數以千計的黑道人物被迫爲與他們無關的犯罪行爲付出代價。根據執行該專案的一位重要高階警官陳述：「無疑一清專案是竹聯幫首腦謀殺劉宜良的結果。全國性的專案執行直到逮捕陳啓禮之後才發動，由蔣經國總統直接下令，他要確定陳啓禮會被逮捕。而且，一清專案主要目的是打擊竹聯幫，我們逮捕竹聯幫幾乎所有主要的老大和數百個嘍囉，但沒有逮捕太多其他幫的份子。我們也緝獲一些角頭，但爲數不多。」

然而，並不是每一個人都同意一清專案有幕後動機的說法，另一個高階警官告訴我：「一清專案並不是特別爲了劉宜良命案而規劃的，因爲在那件事發生之前，一清專案就已經在準備執行了。在一清專案執行前，政府要求幫派份子向主管當局登記自新並宣布解散幫派，這就是執法當局在執行大規模掃蕩前的警告。」

不管一清專案是否與劉宜良命案有關，都備受掃黑對象及法律學者的批判。二者都認爲地方警察是受到高層的施壓，才逮捕大量無辜的人。一個高階警官承認，在一九八四年十一月十二日之前逮捕的嫌疑犯，都是經過長時間的跟監及蒐證，但之後逮捕的上千名罪犯，則沒有充份的時間或能力去蒐集他們的罪證（陳季芳 1987）。因此一清專案後期大批被掃入的嫌犯，可能有許多是無辜的。

衝擊

根據不同的估計，總數有超過四千名的黑道人物在一清專案期間被捕。台灣主管當局宣稱，這場掃蕩幾乎消滅了全台所有有影響力的角頭和幫派份子，那些未被逮捕者則逃亡海外到日本、菲律賓、泰國等國。根據另一消息來源指出，台灣的夜生活突然停止了，酒吧及夜總會業者抱怨他們的生意重創是因爲主要客人都入獄了（鍾白、趙慕嵩 1984）。

因爲有這麼多黑道人物在沒有理由的狀況下被捕，因此大多感到極端痛苦，被逮捕的四海大哥蔡冠倫描述（趙慕嵩 1999:55）：「大多數被一清專案送來的隊員都覺得自己很冤枉，因爲在一個自稱是民主的國家裡，竟然有守法的國民未經任何合法的審理過程，就失去三年自由，在民主國家中這是令人難以理解的事情。」

那些被逮捕的人被關在台灣兩個偏遠地區的技能訓練所。在同一個技能訓練所共同生活了將近三年，使得黑道份子之間彼此極爲熟絡，根據一清專案中被捕的角頭形容：「一清不但沒有解決治安問題，反而讓許多本來不熟的角頭有了串聯的機會，就算不串聯，大家也成了朋友，出來以後，朋友有事找你幫忙，你能不幫忙嗎？」（鄧至傑 1991b:162）。事實上，天道盟就是在獄中由一些最有影響力的本省人所成立，一九八〇年代末期大哥出籠後，成爲台灣黑道中一股不可忽視的勢力。

而且，根據台灣幫派專家分析，一清專案對黑社會的規範產生極爲深遠的影響。一名資深的台北縣警官說道：「過去，竹聯幫、四海幫、飛鷹幫、華山幫、松聯幫和牛埔幫，是在台北中山區許多的酒吧和夜總會活動，那裡的色情行業是需要被保護的。不過當時每個幫派有各自的地盤，一個地區劃分爲好幾個地盤，這些幫派只在自己的地盤活動，不會侵犯其他幫派地盤，很少有爭奪地盤的衝突。一清專案破壞黑社會原有的隱形秩序。即使一清後崛起的大佬們介入重整秩序，但不久他們也被捕，然後就沒有人敢當老大。從一九八八年開始出現許多地盤爭奪事件，最後還發生竹聯幫的兩個堂口企圖保護同一個夜總會而爆發衝突的事件。」

一個在台北市活動的外省掛黃埔幫的大哥也說：

「過去，無論什麼時候幫派間發生衝突，即使我個人並不認識對方幫派老大，但只要我的建議對於解決問題是合理且有意義的，我就能約對方出來坐下來談判。如今這種情況不再，當利益衝突發生時，暴力是唯一的解決途徑，誰有更多的火力誰就贏。一清專案徹底摧毀了黑社會的秩序，黑社會不再有遊戲規則可循。」

一個調查局官員表達了他對鎭壓行動的看法：「一清專案執行的掃蕩是失敗的，因爲我們必需有更多的專案圍捕罪犯；如果它是成功的，爲什麼需要建立更多大規模抗制犯罪的專案？愈是掃蕩，愈產生更多黑道人物，我們有必要重新思考自己的政策。」

一九九〇年，台灣當局意識到一九八八年一清專案被逮的大哥出獄後使幫派暴力急遽惡化，導致主管當局被迫再度實施幫派抗制行動。

迅雷專案

一九八八年四月五日，一千六百位一清專案中被拘留的黑道人物從技能訓練所釋放。當這些受苦的大哥回到他們的地盤，他們起出被關之前藏起來的武器，企圖從他們被關之後接管幫派的小弟手中奪回領導權，然而那些小弟卻不願意讓位。由於原來的大哥與新的大哥之間經常暴力相向，促使一九八〇年代末台灣的暴力犯罪率達到最高點。此外，出獄的大哥爲了增加現金，以幫助他們安頓或發展事業，造成許多非法的賭場快速成長。傳奇性的黑社會人物蔡金塗死於一九八八年，他的喪禮被大肆報導，上百個有影響力的幫派、政治、商業人士都參加他的喪禮，這件事讓警方明白，一清專案後沒幾年，台灣黑社會已完全回復原來的勢力（陳季芳 1988a;1988b）。

根據我曾訪談的一些人士的說法，迅雷專案重點在打擊兩個幫派：松聯幫和天道盟。松聯幫會成爲第一目標，是因爲它在一清專案後期戲劇性崛起；天道盟則是因爲涉及一連串的暴力事件而成爲目標。然而，執法機關焦點都在與天道盟有密切關連的三個人身上：羅福助、吳桐潭與楊登魁，只有楊被逮捕，羅和吳逃離台灣。依據一位資深新聞記者說，迅雷專案被認爲是失敗的，因此導致許多警總的高階官員被處分。

治平專案

一九九六年八月三十日，在法務部長廖正豪的授命下，另一個主要抗制幫派專案開始執行。廖正豪於一九九五年二月擔任調查局局長，一年後調升法務部部長。廖正豪在擔任部長幾個月後，民進黨立委彭紹瑾被竹聯幫份子刺傷；無黨籍立委廖學廣被天道盟成員綁架；另一個竹聯幫大哥因涉及一起工程圍標案被捕。而且，還有多位黑道人物涉及職棒簽賭而被抓，以及兩個重要的四海幫元老在餐館內被槍殺。所有的事件促使當時的李登輝總統做出公開要求，要行政院必須在六個月內恢復台灣的治安。

依據在治平專案中扮演重要角色的一位檢察官說：「在治平專案之前的幾年，幫派在政圈和商場上變得非常活躍，一方面，許多黑道人物出來競選民意代表，另一方面，有些黑道人物則活躍於建築業、股票市場和有線電視業。這就是爲什麼治平專案在總統和行政院長的壓力下執行的原因。」

做秀專案

在法務部密切的監督下，一九九六年九月台灣警察機關開始逮捕黑道份子，四海幫幫主蔡冠倫第一個被捕，隨後高雄一個幫派大哥李約伯也被捕。許多有影響力的大哥，包括陳啓禮、楊登魁和吳桐潭在這個專案開始執行後逃離台灣，在蔡跟李被拘留後，主管當局繼續逮捕黑道份子，包含許多有黑底的民代，其中著名的有時任國大代表的蔡永常（綽號北港黑松）。

治平專案令人印象深刻的過程是用直昇機將剛被逮捕者快速運送到綠島。被捕的大哥們，在諸多電視錄影機前，由重武裝警察用直昇機載到綠島，縱使有技能訓練所，但治平專案中被捕者卻不是技能訓練所管轄，而是被關到綠島監獄。當治平專案持續進行時，幾個出名的大哥帶領他們的小弟到警察派出所投案和繳出槍械，並宣布解散幫派。

在一九九六年九月到一九九七年七月間，有四百七十七個黑道份子被逮捕。當中有許多是有黑道背景的政治人物，包括一位國大代表，一位縣議會副議長、四位市議員或縣議員、十一位鄉鎮市民代表會主席或副主席及五個鄉鎮市民代表（蘇南恒 1997; 司法院 1998）。

治平對象

在掃黑期間，很多人害怕被逮捕而離開台灣，大部份跑到中國或柬埔寨。爲了要了解治平對象在國外的生活以及他們對治平專案的看法，我在國外訪問了幾位治平對象。

陳啓禮

陳啓禮，前竹聯幫幫主，宣稱他實在不瞭解台灣當局爲什麼把他當成治平專案的對象。他強調不是怕被捕才逃離台灣，在治平專案之前曾在柬埔寨治療腫瘤，醫生在檢查他的背痛時發現他罹患腫瘤，並勸他離開台灣、放下工作，找一個安靜的地方療養。他選擇了柬埔寨，因爲當地有新鮮的空氣和令人放鬆的氣氛。

當我問及爲何陳啓禮會被列爲治平專案對象時，另一個竹聯幫大哥告訴我，是因陳啓禮計劃在一場喪禮上展現竹聯幫的實力而造成的：「治平專案開始執行，竹聯幫再度成爲首要目標，因爲在四海幫『大寶』陳永和的喪禮上，竹聯幫派了一支人數衆多的致祭團，一些竹聯幫成員騎著馬出現，還有許多加長型的賓士禮車，引起主管當局的震驚。起初那些主管當局並不知道竹聯幫勢力有多大，在那場葬禮上終於見識到我們幫派的聲勢。除此之外，許多竹聯幫與祭者都是年輕人，那也是陳啓禮的點子。在那時，他意識到自己可能是即將展開的掃黑行動中的目標，所以他故意展現竹聯幫的勢力。」

然而，一位治平專案特別檢察官的看法是：「陳啓禮主要是以在建築業的非法活動而成爲掃黑對象，因爲他和同夥經常欺壓許多建築公司。他們強制並且恐嚇許多小型、合法的建商，時常偷他們的契約或拒絕付錢給爲他們工作的轉包商。」

陳宣稱他成爲治平專案的主要對象，是因爲政府當局說他是竹聯幫犯罪企業中的「精神領袖」，陳說「精神領袖」是假的，只是爲了逮捕他及認定爲流氓的藉口。主管當局宣稱他是勒索者，但陳自認爲是合法經商。根據他的說法，將他視爲罪犯，乃是因爲他沒有阻止張安樂（白狼）在美華報導的幾篇批評李登輝及國民黨官員的文章。同時，國民黨內一個支持他的人生病了，接著陳就喪失了在國民黨政治圈內的靠山。

直到現在（2004年），陳啓禮對爲什麼會成爲治平對象仍舊搞不清楚。總之，他被迫在柬埔寨過著流放生活。他在柬埔寨的生活將會在下一個章節揭露。

張大偉

張大偉是另一個被檢察官鎖定爲治平對象的竹聯大哥，依照張大偉的說法，他被通緝不是因爲他從事非法活動，而是因爲他與台灣的政治牽連：「爲什麼是我？因爲我支持當時競選台北市長的趙少康。當趙成爲有希望的侯選人之後，他接到許多『要他小心』的恐嚇電話。趙感到害怕，於是和我接觸，我派了兩個保鏢日以繼夜地保護他。當市長選舉結束，有人警告我要小心，那就是爲什麼我在一九九六年一月潛逃到中國的原因。」

張的說法的可信度如何仍舊不清楚，然而這席話顯示，有影響力的兄弟常被政治侯選人吸收以支持他們的競選活動，且某些大哥被鎖定爲掃黑目標是因爲政治理由而不是犯罪證據。

林文雄（化名）

林文雄是嘉義縣縣議員，在得知治平專案期間將被逮捕後離開台灣，躲到東南亞的一個城市。根據林的說法，他的出事與當局所控訴他涉嫌圍標沒有重大關係，而是與他有意競選鄉長，以及他所支持者在治平專案執行前參與縣長選舉失利有關：「爲什麼是我被鎖定？因爲我要競選鄉長。我的對手想要除掉我，那也就是爲什麼他告訴政府我是流氓的原因。另外，嘉義縣選縣長時，我支持了陳適庸，結果陳輸給了李雅景……如果我是一個中央級的民意代表，我就不會被列爲目標。幫派掃蕩不會觸及中央級的政治人物；這也就是爲什麼政府把焦點放在地方的民意代表的原因。事實上，如果一個派系與中央政府維持良好關係，當局就不會不斷騷擾。但是如果關係不好，不但喪失權力，還會被刑事司法系統壓制。我沒有前科紀錄，卻被列爲治平對象。」

林文雄對被列治平對象通緝明顯感到悲傷和心力交瘁，聲稱他是無辜的並且渴望返回嘉義的老家。一些熟識他的人私下告訴我，他出狀況事實上是他兒子所造成的，他的兒子因暴力犯罪而被當局通緝。

愈治愈不平

治平專案，就像先前的掃黑專案，受到各界許多的批評。某些批評說專案只是時任法務部長廖正豪的個人旨意；其他攻擊則說這個專案「只拍『蒼蠅』，不打『老虎』」、「政治意味很濃」、及「缺乏正當法律程序」。

個人秀

台灣某些人認為，治平專案是一位有野心政治人物的計畫，利用這計畫來增強其政治生涯。司法院某位基層人員告訴我說：「廖正豪只知道如何作秀，他擅於操控媒體。當他擔任法務部長時，每天都有記者守在法務部前面。廖說他致力於掃蕩組織犯罪，並告訴記者有多少幫派老大或有影響力的立委被逮捕。事實上，沒有一個主要的黑社會份子被捉，他只將幾個幫派的嘍囉關進監獄。此外，移送治平對象到台東的整個構想是違憲的。」

一位建築公司老闆認為，廖誇大了他對組織犯罪的打擊力道，是為了使他的地位更重要。法務部的探員亦提到，廖發動這個專案，是要把自己推向行政院長：「治平專案是廖的個人秀，他亟欲證明他在擔任法務部部長時做了一件大事。他非常努力去爭取機會，想獲得提拔當行政院長。」

一位新黨立委亦認爲治平專案爲廖的政治秀：「抗制幫派是廖正豪的個人活動。他只關心他的聲望和政治前途。他的幫派抗制基本上是以非法的手段來打擊所謂的罪犯。如果當局有意藉用非法手段，如何使被逮捕的人心服？」

顯然許多人並不認同廖執行治平專案的方式。他和調查局局長的權力鬥爭備受矚目，落居下風的他被迫辭去法務部長，之後打擊幫派的計畫便完全失去力量。

拍蒼蠅

專案的其他批評指出，它只針對蒼蠅或小嘍囉，而放掉老虎或大哥。甚至專案期間那些被逮捕的重要幫派老大，都是早已過氣的人物。一位資深記者說道：「當治平專案期間蔡冠倫被逮捕時，許多四海幫成員大笑，因爲蔡當時已不再是四海幫眞正的老大。對他們來說，蔡已成爲歷史。」

其他人，包括控訴蔡冠倫的檢察官，則認爲這控訴是有理的，因爲他的確是傷害大衆的大哥。然而，竹聯幫張安樂則認爲眞正對社會造成威脅的是政府、企業大亨及幫派份子間交互行賄的共生關係。他相信如果認眞去掃蕩這三類人，國民黨這個政黨就要垮掉。

只拍蒼蠅不打老虎的控訴不是沒有根據的。即使專案意在除去幫派對政治的影響力，但大部分的黑道政治人物都沒被動到半根寒毛。

政治迫害

有些治平對象相信，當局特別嚴格打壓外省籍的黑道份子，是國民黨外省籍和本省籍領導人權力鬥爭的結果。他們認爲，因爲他們傾向支持宋楚瑜，所以國民黨企圖藉這些掃蕩行動斬除外省籍黑社會份子。

其他的治平對象，如前文所提到的嘉義縣議員，僅因爲他的政治企圖就被列爲治平對象。嘉義縣一位有影響力的政治人物斷言，他被拘禁主要是因爲他打算競選立委，「逮捕」是國民黨阻止他競選的方式。根據他的說法：「在我被捕後，因爲承諾未來不參選立委而被釋放。」

一位四海幫大哥如此指出專案的政治層面：「過去，幫派掃蕩是公平的。有一定地位的幫派老大都會被逮捕。治平專案是第一個不公平的鎮壓，因爲逮捕動機純粹出於選舉考量。」董念台（一位推動受刑人權益的出獄人）斬釘截鐵地說：

「治平專案基本上是政治意味很濃的幫派掃蕩，主要的目的是除去宋楚瑜的樁腳。當然，四海幫成員成為主要對象因為他們在一九九六年總統大選期間支持陳履安，在一九九四年台北市長選舉投票給趙少康。在治平專案展開前，總統決定挑選一個主要的幫派來支持他和他的黨，於是他選擇天道盟和羅福助。為了替羅鋪路，李○○意圖除去所有其他的幫派。」

簡言之，許多我所訪問的外省籍人士相信，治平專案是泛政治化的掃黑計畫，由台灣籍的國民黨領導人爲掃除有影響力的外省幫派所精心策畫的。從外省人的觀點來看，台灣的黑社會逐漸「台灣化」，就像是企業和政治界一樣。

打擊異己

某些我所訪問的對象批評，打擊幫派的行動是靠秘密證人的作證。嘉義縣的一位大哥這麼認爲：「整個計畫建構在秘密證人的制度上，但這個制度卻是完全沒有道理的。許多秘密證人利用這個制度來打擊商場對手或政敵。你應該了解，這對一個被認定爲治平對象的人是多大的傷害，它影響了所有在他身邊的人，尤其是他的太太和孩子。許多治平的目標家庭破裂，而且他們的名譽完全掃地。」

對此，一位治平專案主任檢察官的回應是：「治平專案實施期間，我不認爲有人受到不當指控。除了抱怨，這些人很清楚的知道爲什麼他們被鎖定。而且我不認爲有任何挾怨報復而控訴他人的秘密證人。要知道，治平對象全是惡名昭彰的黑道人物。一般人並不會爲了私下報復而敢指控他們。這些黑道人物，不是你毫無理由想玩弄就玩弄得起的人。」

治平專案最受批評的是處理被捕者史無前例的方法。例如被捕者立即以直昇機送到綠島，而他們的案件被移轉到該地轄區管轄。根據英文台北時報記者的說法（I. Lin 1999a: 3）：「專案受抨擊的主要原因是它違反對嫌犯應有的程序，強制將案件的管轄權移到台東地方法院，處理所有綠島監獄囚犯的案件。批評者抨擊，轄區的移轉延長了法庭的程序，因爲證人需長途跋涉來作證。他們說移轉亦使嫌犯的家人不便探監。」

縱使台灣當局在一九九〇年代末宣稱，他們會更注重正當法律程序，以改進對黑道人物的處理方式，但治平專案的執行卻突顯了台灣的刑事司法體系仍與理想相距甚遠。台東地方法院法官對將這麼多黑道份子丟到他們的轄區，顯然感到不悅，而且有所反彈。這裡的法官在治平對象到達後很短的時間內，不是宣判他們無罪就是釋放他們。

治了以後比較平

當治平專案進行的如火如荼時，超過一百五十名的可疑的黑道份子和有黑道背景的政治人物被逮捕。儘管專案的缺失不少，但當局依然相信鎮壓行動有助於改善台灣的治安，特別是政治。在專案中扮演吃重角色的一位檢察官有以下的結論：「治平專案是成功的。我們能夠逮捕許多知名的黑道人物或迫使他們潛逃國外。在鎮壓後的一段期間，暴力案件大大降低，我們感覺到黑道人物開始更注意他們的所作所爲。我們抓到許多中階的幫派份子，在實施暴力行爲中他們才是主要的角色。事實上，若沒有中階的幫派成員，所謂的主要領袖只不過是象徵性的人物。主要的領袖要依靠中階的幫衆來實現他們的計畫。治平專案鎖定中階的幫衆，且幾乎是四個主要幫派的主要成員，竹聯幫、四海幫、松聯幫和北聯幫都被起訴。問題是媒體和大衆只知道高階的成員，不知道較沒名氣成員的重要功能。最後，我們的確逮捕並指控了許多地方政治人物。」

這裡值得把治平專案和其他國家的掃黑計畫作比較。我把焦點放在四個主要幫派的中階管理者，比較他們與美國義大利裔黑手黨犯罪家族的主要成員之間的類似性。美國聯邦調查局在一九八○和一九九○年的反黑活動中，成功地掃蕩了橫跨全美國的義大利黑手黨犯罪家族的主要成員。所有主要的教父和小組長在專案法庭不是被指控就是被判刑。最後，透過美國反黑法（RICO）掃蕩了許多犯罪企業的各層級管理者和領導、首要人物，也成功地掃蕩在哥倫比亞和拉丁美洲從事毒品交易的企業，以及蘇聯黑手黨和美國黑人販賣快克（crack）毒品的幫派。

一九九八年七月，反黑英雄廖正豪在與調查局局長發生衝突後宣佈辭職，受到媒體廣泛的報導（陳志賢 1998）。在廖下台後，治平專案頓時失去支持的力量。被問到他辭職後治平專案該怎麼辦？廖說：「我能說什麼？我真的不知道，你必需去問現任的法務部部長。我是認爲已經停止了，我沒有看到當局對組織犯罪成員有新的動作。」

治平專案的主要結果之一是台灣組織犯罪的國際化。當許多治平對象逃離台灣潛逃到大陸和東南亞，台灣遭通緝的黑道人物在這些國家中，成爲執法機關主要的關注焦點。這個議題將在下一章討論。

治平專案後，槍擊案件大大減少（簡錫堦 1999）。另外，角頭和幫派成員變得更有警覺性，並選擇保持低調。根據一位資深記者說：「如果你比較四海幫大哥陳永和和白狼（張安樂）兒子的葬禮，就會發現不同之處。一九九六年二月陳永和的葬禮是很有組織的，並且有許多重要人物參與，但一九九八年白狼兒子的葬禮則大部分是由高中生出席。」

許多治平對象被台東地方法院法官裁定保外就醫或無罪釋放。他們當中某些人回到家鄉，在一九九七年縣市長選舉中成爲主要的樁腳（馬之駿 1997）。在一九九八年縣市議員選舉中，有些人競選公職並贏得選舉。有些人雖然不從政，但他們的家屬則被選爲各級民意代表。

組織犯罪防制條例

在一九九〇年之前，雖然有超過一千個角頭和幫派在台灣活動，涉入企業和政治圈，

但打擊組織犯罪的執法工具卻不存在，直到一九九六年十二月「組織犯罪防制條例」通過，才有具體的執法工具。註7

根據該條例，「犯罪組織」係指三人以上，有內部管理結構，以犯罪爲宗旨或以其成員從事犯罪活動，具有集團性、常習性及脅迫性或暴力性之組織（第二條）。註8 發起、主持、操縱或指揮犯罪組織者，處三年以上十年以下有期徒刑，得併科新台幣一億元以下罰金；參與者，處六月以上五年以下有期徒刑，得併科新台幣一千萬元以下罰金（第三條第一項）。犯前項之罪，受刑之執行完畢或赦免後，再犯該項之罪，其發起、主持、操縱或指揮者，處五年以上有期徒刑，得併科新台幣二億元以下罰金；參與者，處一年以上七年以下有期徒刑，得併科新台幣二千萬元以下罰金（第三條第二項）。犯第一項之罪者，應於刑之執行完畢或赦免後，令入勞動場所，強制工作，其期間爲三年；犯前項之罪者，其期間爲五年（第三條第三項）。犯本條例之罪，經判處有期徒刑以上之刑確定者，不得登記爲公職人員候選人（第十三條）。本條例施行後辦理之各類公職人員選舉，政黨所推薦之候選人，於登記爲候選人之日起五年內，經法院判決犯本條例之罪確定者，每有一名，處該政黨新臺幣一千萬元以上五千萬元以下之罰鍰（第十四條第一項）（蘇南恒 1998）。

組織犯罪的法律條文是立法委員在公衆的壓力下倉促擬定和通過的，因此，在行政院與立法院修正多次後，最後的版本刪掉了大部分的權力。在最後通過的版本的規定下，警察機關不被授權進行臥底偵查；不能設立打擊組織犯罪的臨時或永久的單位；執法機關破獲組織犯罪案件不能領取獎金。另外，只有依本條例被判刑的黑道人物不得從政，在一清專案和迅雷專案期間被逮捕者不在內。結果，法律公布後五年內，只有少數沒有名氣的犯罪組織依本條例起訴，大部分不是因缺乏證據被無罪釋放，就是判刑較輕。

英文台北時報（2000b:3）指出：「四年前，制定組織犯罪防制條例被期望能夠阻止黑道對政治的影響，產生健全的民主制度。當時立法委員立法通過本條例，對被判刑的政治人物不能夠參選公職抱以很高的期望。本條例法亦賦予登記為候選人之日起五年內，經法院判決犯本條例之罪確定者，所提政黨之責任。批評者指出，法律本身看似有力，但需要有效的執行。黑金政治的議題一直是台灣政治環境所討論的主軸。可悲的是，政府經常性的宣示已被認為是選舉口號。」

沒有常設和專屬單位及幹練的員警、檢察官來偵查和起訴組織犯罪成員，組織犯罪防制條例的通過，在抗制組織犯罪的戰爭中並沒有太大的影響。缺乏法律依據來進行臥底偵查、跟監和監聽，警察很少能對不直接涉入犯罪的重量級人物蒐集犯罪證據。

查組黑金行動中心

民進黨於二〇〇〇年執政後，為了杜絕黑金，由法務部在高檢署成立了查組黑金行動中心，在台北、台中、台南、高雄設立四個特別偵查組，並預計於二〇〇〇年八月九日邀請陳水扁總統、行政院各部會首長以及特偵組七十四位檢察官舉行「掃除黑金宣示大會」。根據媒體報導（郭子弘 2000:8）：「此計劃一提出，即引起不少基層檢察官反感，並認爲掃除黑金不是作秀喊口號，目前掃除黑金流於口頭作業，看不到實際績效，與其每天喊掃黑金，倒不如好好蒐證，以偵辦一起重大黑金案來宣示掃蕩決心，更能使民衆相信。」無論如何，陳水扁接著宣示要在立法院休會期間辦幾個黑金立委。

果然，緊接著查緝黑金行動中心就搜索大甲鎮瀾宮（針對該宮董事長兼台中縣議會議長顏清標）、廖福本（已經六連任之國民黨藉立委）大安會館辦公室，並起訴王令麟（國民黨不分區立委）、林瑞圖（無黨藉立委）、游淮銀（國民黨不分區立委）、郭廷才（國民黨不分區立委）以及劉松藩（親民黨立委）等認爲具有爭議性之立法委員。

民進黨執政後的幾個月內，三番兩次地進行金融掃黑與上市上櫃公司掃黑後，台灣幾個主要政商集團也頻頻面臨危機，中國時報報導顯示：「二〇〇〇年三月政權更替後，原來靠國民黨政府與黨營事業輸血苟延殘喘者，再度陷入危機。如東帝士終於向財政部求救，集團董事長陳由豪的集團公司董事長位置紛紛易人；宏國『不計經營權』地大幅賣出資產，安鋒更已被債權銀行宣告不治，準備拍賣；中霸天楊天生的長億也難以支撐，決定協商債權銀行降息。而新政府強力掃蕩黑金與不法，使南霸天王玉雲家族因中興銀行案陷入困境，北部最大政商集團、國民黨中常委王又曾的力霸集團亦因台開案而直直落。由北到南，舊時代的重要政商集團全部陷入暴風圈，紛紛賣產瘦身，向財政部與債權銀行求救，無一倖免」（呂紹煒 2000:5）。

雖然舊的政商集團相繼衰落，與民進黨高層關係良好的新政商集團不久後也紛紛崛起。由於民進黨與這些新興的政商集團之間很快就形成密不可分的利益輸送網絡，也就引起許多人批評民進黨爲「白金政治」的始作俑者。

不表態就關

許多人相信，在台灣，掃黑與選舉息息相關。如果他們不支持執政黨的話，選前某些有影響力的黑社會份子就會被逮捕。某些人在選後被監禁，因爲他們支持不對的候選人——就是沒選上的候選人。根據受訪的兄弟的說法，一九九六年總統選舉及一九九四年台北市長選舉期間，三個主要幫派都支持特定的候選人，詳如表7.2。他說：「竹聯幫和天道盟在總統大選期間支持李登輝，在台北市

表7.2　1996年總統大選及1994年台北市長選舉幫派支持對象

幫派	總統候選人	市長候選人
四海幫	陳履安（新黨）	趙少康（新黨）
竹聯幫	李登輝（國民黨）	黃大洲（國民黨）及趙少康（新黨）
天道盟	李登輝（國民黨）	黃大洲（國民黨）及趙少康（新黨）

資料來源：與兄弟之面談

長選舉時則分散票源支持兩位候選人，其中一位是國民黨的候選人。而四海幫不僅在市長的選舉支持新黨的趙少康，也在總統選舉支持陳履安。四海幫大哥大寶陳永和與陳履安關係密切，這就是四海幫支持陳履安而沒有支持李登輝的原因。李當選後知道此事，對反對他的或國民黨的外省幫派非常憤怒。這或許是治平專案全面掃蕩外省幫派的原因。」

這位大哥的說法後來也得到法務部長陳定南的印證。在一項於二〇〇〇年十一月舉行的「黑金政治與組織犯罪」爲題的演講中，陳定南驚爆內幕：「第九屆總統大選期間，國民黨曾派人找上竹聯、四海幫等外省掛幫派助選遭拒後，一九九七年就開始秋後算帳，掃黑對象就鎖定不肯幫忙的竹聯、四海幫。」（世界日報 2000:A4）

二〇〇〇年總統大選期間，黑金政治是五位候選人的主要爭論議題。在民進黨不斷指控執政黨要爲黑金政治負責時，執政的國民黨倉促宣示有意解決該項問題。然而，私下國民黨卻是忙於吸收有影響力的黑道大哥來爲連戰競選。當我在大陸訪談到一位竹聯幫大哥時，他說：「國民黨的黨工和我接觸，要我回台協助總統大選。我說除非他們以禮貌和尊重的方式讓我回台。我不想讓他們利用我，不想沒有計畫就回台灣。」[9]

接近二〇〇〇年總統大選時，印證了一般人認爲黑道人物爲了選舉而加強動員的說法。曾是治平專案目標的黑道人物，紛紛從國外回來並熱心參與，其中尤以楊登魁爲最。在逃亡三年之後回到台灣，根據在上海的一位竹聯幫大哥所說：「楊登魁返台顯然與總統大選有關。連戰知道他本身在高雄沒有足夠的影響力，而楊登魁在地方卻很有影響力，楊曾在高雄經營夜總會，並且出身自高雄，因爲能幫助連戰拿到選票，所以他違法的事就被忽略了！」

楊登魁回到台灣並被當局以禮相待後不久，其他治平對象亦跟進。其中包括竹聯幫黃少岑（綽號么么）、天道盟陳仁治（綽號圓仔花）以及天道盟陶小順（綽號小順）。其他在台灣的黑社會人物也積極投入選戰，希望他們支持的候選人能勝選，並在未來能對他們有所幫助以作爲回報。宋楚瑜不僅受到多數外省掛的支持，也受到當時台中縣議長顏清標的支持。除了顏之外，另一個有影響力的人物張榮味在選前的動向也被各方所關注。他後來表態支持連戰。

處理組織犯罪的難題

在過去十五年間雖然台灣的主管當局已經進行三個主要的掃黑專案，數以千計的嫌犯被捕並送往技能訓練所感訓，但滲入商業及政治的幫派成員勢力仍舊強大。而這讓台灣人民體認到：鎮壓愈多，結果更糟。爲什麼會這樣？以下將檢視有關打擊組織犯罪的問題。

江湖不歸路

貼標籤、羞辱及污名化

在組織犯罪中有個問題是，一旦被認定爲流氓或角頭，就很難去掉官方所貼的標籤，即使這些人在自己的社區已經很少被排斥。很多在一清專案期間被逮捕的人，在執行迅雷專案及治平專案中再度被捕。上萬人在反覆被視爲流氓後，幾乎無法再從官方的流氓名冊中除名，結果大部分的人就只好繼續扮演流氓或大哥的角色。根據一個竹聯幫份子的自述：「在這麼多年之後，我仍不確定我是不是一個兄弟。我不太清楚兄弟是什麼，而且也不確定我是否是兄弟。但我知道，被貼上兄弟的標籤後，就很難去掉它了！」楊雙伍曾經告訴記者：「年輕時不懂事，喜歡打架，結果被報管訓矯正，管訓後我就越混越深了。」（吳國棟等 1987:15）

竹聯的馮在政也說：「我只是涉入一場鬥毆，就在一九八四年的一清專案中被捕入獄。在獄中我與一群大哥相處，出獄後就很難再回到過去的生活。我告訴自己，我已成爲一個流氓，爲什麼不再繼續成爲眞正的大尾流氓？一清毀了我的家，從此我再也沒有見過我兒子，因爲我不想對他生活造成負面影響。」

在研究的過程中，幾乎我所訪談的大哥都強調，指責黑道人物從商或從政，就是拒絕他們回歸正常社會。一個市民代表主席憂心地說：「爲什麼這個社會不讓我們改變？爲什麼不斷要把我們貼上黑道的標籤？這只會造成更多的混亂。大哥們不斷成爲地方民意代表，大部分的人變好了，只有少數份子仍舊不改過向善。」

在治平專案期間，當蔡永常問警察他爲什麼被逮捕，警察說：「至少你是北港老大，沒有錯吧！」蔡永常沈默了一會兒，然後告訴警方：「我不做老大很久了。」（游峰1997:24）

一位竹聯幫大哥也評論：

「我不了解黑道漂白的意思。漂白意味著一個人原來是黑的，但透過參與政治與商業而隱藏其犯罪背景。為什麼我們不說他已經改過向善了？控訴一個人的漂白，你要他永遠停留在黑社會中而不讓他參與政治或經商嗎？」

高雄縣副議長吳鶴松在他被伏擊死亡之前，曾建議「教化」應該是一個嚴肅的、政府支持的方案，而不應該只是一種噱頭。另一位竹聯幫大哥認爲，他個人行爲不應和竹聯幫幫派行爲自動劃上等號：「假使是你涉入打架事件，那完全是你個人行爲，但假使是我涉入打架事件，就自動被認定是竹聯幫的事了。」

嚴厲的處罰

雖然與高層關係良好的罪犯在台灣很少受到處罰，但一般人犯法卻遭受刑事司法系統的嚴懲。陳啓禮說：

「不管是掃蕩幫派或是處罰犯人這兩件事，都存在著極大的問題。舉偷竊的例子來說，每個社會都存在這類問題，因此，我們應用處罰小偷的方式來處罰小偷，也絕不寬貸。可是我們政府卻固執地堅持用嚴懲的方式來對待偷竊。他們不但要入監服刑，也必須去技能訓練所，兩者相加的時間可長達五年。最近政府又擬延長技能訓練所上限為五年，這表示竊盜罪最高會有長達七年的刑期。這種處罰跟某些殺人犯所受的處罰沒什麼不同，結果，當被定罪的竊賊出獄後，通常會隨身攜帶小刀，因為他們害怕再度因偷竊而被抓。當他們從技能訓練所出來，除了犯罪之外別無一技之長。」

另外一個竹聯幫大哥說：「在台灣，單一犯罪可導致三種處罰方式。舉例來說，假使你非法持有槍械，你可能會被判違反槍砲彈藥刀械管制條例而入獄服刑，第二種是你會被認為是幫派份子而送技能訓練所，第三是你可能被列為治平專案掃黑的對象。」

缺乏教化

雖然有上千個所謂的「幫派份子」被捕後被送到技能訓練所接受「職業訓練」，事實上他們是接受懲罰而不是接受職訓。眾所周知的流氓勞改營是座落在遙遠的離島，環境較一般監獄來得糟糕。幫派份子在技能訓練所不但要服從無意義的操練，也不會被告知哪天會出獄。暴動在技能訓練所（職訓隊）是很平常的事，而監獄警察通常用更暴力的方式來鎮壓。舉例來說，被一清專案拘留的人與岩灣職訓隊內部管理人員爆發激烈衝突，官方卻只是將這些抗議的人送往綠島。後來綠島監獄也發生暴動，在八個人犯死亡後，超過一千名的武裝士兵用武力奪回監獄。根據官方說法，這八個人犯的死亡是因為他們在監獄內設置障礙物使他們在大火中無法逃出。在這兩起暴力事件裡，沒有外人被允許進入，檢察官在外待了幾個小時之後才准進入相驗屍體（杜振文、陳益安 1987）。

在這些暴動後沒多久，監獄管轄權由軍隊轉移至法務部。無論如何，這項改變對於技能訓練所的運作方式沒有什麼影響（鄭盈湧 1996）。一九九六年治平專案將掃黑對象送到綠島時，警察亦是隨著警總時代做法，要求罪犯做些基本軍事操練（趙慕嵩 1996）。

當罪犯從職訓隊出來後，他們只是單純地被釋放，官方並沒有任何想幫助他們重新融入社會的意圖。事實上，官方只有興趣監視他們，假如有正當理由再逮捕他們。學者布列懷特（Braithwaite 1989）認爲，一個人被認定有罪且接受處罰後，社會必須接納這些違法者重新融入社會。否則，永無止盡的污名化將迫使這些人進一步消耗社會資源。過去五十年來，台灣當局爲許多人貼上流氓的標籤，卻沒有施以教化，讓這些罪犯重新回到社會成爲守法的人。

刑事司法大崩壞

警察腐敗無士氣

台灣警方理應是防制組織犯罪的先鋒，但事實上他們常飽受士氣低落與貪污問題的困擾。

外界認爲與警察有關的問題中，貪污或許是最嚴重的。很多地方員警被認定跟幫派或犯罪組織掛勾，或向幫派、政治人物或是商家收取賄賂。舉周人蔘電玩弊案爲例，周人蔘在一九九六年被捕，橫跨全台灣有多達五百人以上的警察收受賄賂，來保護其每年淨賺二十億台幣的賭博王國，一些高階警官及檢察官也因收受周人蔘的賄賂而被判刑（胡駿、楊荊蓀 1996）。

根據朱高正（1997）的說法，超過七〇%的男警和女警來自彰化、雲林、嘉義及屏東，這些地區同樣是黑道的發源地。警察與兄弟來自同一地方，而且相處良好，是引起一些爭議的原因。一位中階政府官員批評說：「在台灣，政府當局並沒有能力規範人們的行爲。警察代表著政府，但是警察有好有壞，有些人無法拒絕收受賄賂，而有些人則是因爲環境的關係而願與黑道和政客結合。許多政府政策施行前沒有考慮到可行性，導致警察發現這些政策沒有作用時，只有選擇放棄一途。」

一位高雄報社發行人說，警察既腐敗又善於運用公共事務來掩飾其罪行，以保護其公共形象。一個彰化中階警官坦誠警界有許多問題：「在這兒當警察是不容易的，有許多警官跟黑道掛勾並且影響我們的犯罪調查工作。這些黑道政客經常送貴重禮物給新上任的政府官員或執法人員。當你接受某人送你的貴重禮物，就不能做出對那個人不利的事。在這兒當警官似乎註定要失敗。在過去幾年內，六個分局主管中，有四個被降調到其他單位，五個刑事組長，五個都被降調。」

台中的一個中階警官告訴我們他對調查黑金的看法：

「說實話，當一個一清專案中被我們認定為流氓的人，現在變成一個有影響力的政治人物，並且看到他被副總統、縣長接見時，我們的士氣低到無以復加的程度。」

另一個警官說（李傑 1994:46）：「放眼地方議會，一般不清楚的社會大眾倒也罷，因爲大家也搞不清處誰是『大哥』？誰是『大哥大』？但是，身爲警察的我們卻一目了然。誰曾是軍火走私集團的成員？誰以前是十大槍擊要犯的心腹？誰現在根本是雄霸一方的『大哥』？都很清楚。然而，知道歸知道，兄弟們一旦『漂白』成功，在地方一躍成爲爲民喉舌的民意代表，我們又能怎樣呢？」

總體而言，通常警察平時並不會去調查有力人士的犯罪情事。只有在接獲上級指示執行鎮壓幫派、組織犯罪專案的時候，才會去調查他們，因爲在這些特殊情形下，他們不必擔心任何的不良後果。專案執行期間，大部分的控訴多涉及多年前所犯的罪行，而警察當時也清楚這些事情的發生。

官僚與爛體制

台灣的刑事司法系統太過繁瑣，以致於無法有效地處理組織犯罪。警察、調查局、檢察官和法官很少在一起好好工作。每一個政府組織都有自己的看法。首先，警方和法官沒有太多的合作，根據高雄的刑事偵查員說：「組織犯罪防制條例不能清楚地定義組織犯罪，每當我們將許多案例整合來打擊一個犯罪組織時，法官很容易質疑我們的調查結果。他們太年輕又沒有經驗，我想這就是他們爲何對組織犯罪這麼天眞的原因。」

其次是法官與檢察官間的權力鬥爭，許多檢察官抱怨法官們在抗制犯罪組織時，愈來愈趨向寬厚和顧及人權。一位檢察官以治平專案的執行爲例：「治平專案在一九九六年剛開始時是成功的，許多黑道人物被送到綠島監禁。對綠島的恐懼、對孤立和潮濕的環境的害怕，讓黑道不敢輕易去犯罪。但在一九九八年，通過了一條只准許法官自由心證裁定是否將治平對象監禁的法律，在一九九八年以前，檢察官就可獨立做此裁定。這使得治平專案對象得以逃脫，更進一步削弱了打擊幫派專案的效果。」

法官們認爲，許多治平專案的罪犯在逮捕時並無充分的證據證明其罪行。許多受訪的兄弟也相信，在掃黑期間有許多是無辜被捕的，這是爲什麼當中大部分的人經過短暫留置就從綠島被釋放。

第三，是法務部與調查局間的長期鬥爭。雖然理論上來說，調查局隸屬於法務部，但法務部卻不是唯一的老闆，調查局九大工作職掌中的五項是隸屬國家安全局的。近來法務部長陳定南質疑調查局對罪犯調查的拖延，或有些案件因政治因素而遭半路封殺（I. Lin 2000c）。某位記者（2000:8）說：「前兩任部長蕭天讚與廖正豪都是在與調查局的衝突中敗陣下台。當部長與局長所關心焦點都在權力鬥爭時，怎麼可能把『黑金』搞定呢？」

無力感

台中市的一位資深警官對我表示，當他處理案件卻碰到民意代表時的無力感：

「事實上，我們只能調查一般人的犯罪。如果那些嫌疑犯是有黑道色彩的民意代表，那麼事情是由上面告訴們該怎麼做。一旦事件牽扯上政治人物，我們警察分局對該事件就沒有什麼掌控。」

在刑事警察局的一個資深警官也說：「在高雄，當蔡松雄當上高雄市副議長後，警察基本上對蔡是無可奈何的，除非他犯了罪當場被捕。」如前所述，警方執法人員在調查黑道人物時是綁手綁腳的，因爲臥底偵查在台灣是不被允許的。一位刑事偵查單位的主管在回答他的單位何以在調查犯罪時如此無助時說：「爲什麼我們拿這些人沒有辦法（有黑道背景的民意代表）？因爲他們自己不做任何違法的事，而是躲在幕後操作。他們愈來愈老奸巨猾，我們知道是他們幹的，卻抓不到任何證據。」

一個參與治平專案的檢察官表示，逮捕大哥有多麼困難：「『治平專案』內容細節屬於『極機密』等級，就連我也是在行動前幾天才被告知部分細節，但是這些名列專案名單上的大哥，卻能早一步以經商等不同名義離境，檢方對於這些人士消息之靈通，訝異不已」（陳志賢 1997:46）。

一位前警政署署長也承認：「黑道人物一旦當上民意代表後，警察能做的就不多了，因爲他們不會直接參與犯罪活動。此外，一旦他們與大批隨從現身時，看起來似乎所向無敵。這使得警察連碰都不敢碰他們一下。」

司法制度殘缺

選擇性掃黑

另一個問題與這場打擊組織犯罪有關的是，誰是目標是有選擇性的，意即，司法審判的政治考量勝於刑事證據。當官方想向大衆展現他們打擊犯罪的決心時，幫派成員和角頭就常常被逮捕，但這些人被拘留後卻又被釋放，因爲官員們認爲這些黑道人物能幫他們贏得選舉。陳啓禮在二〇〇〇年總統大選前夕說：「楊登魁最近返台，連戰是最有可能促成楊返台的人；連戰之所以會這樣做是因爲他需要楊成爲他總統大選的台柱，這是非常明顯的。在選舉前夕，國民黨從監獄中釋放出超過三十個角頭人物，這些人將爲國民黨候選人增加當選的希望。」

更糟的是，一些清除幫派的手法據信是用來削弱政治對手支持度的手段。張安樂說：「治平專案的執行基本上是爲了企圖減弱政治對手的力量，主要目的是攻擊新黨及宋楚瑜的支持者。」一位新黨市議員也響應張安樂的說法：

「有時候，鎮壓幫派份子主要是鎮壓李登輝的對手。仔細看看那些在治平專案被貼上標籤的政治人物，你會發現多數是支持宋楚瑜的，於是鎮壓便成為李登輝壓制宋楚瑜的另一個手段。」

一位前民進黨立委也持同樣的看法：「國民黨是一個精明的政黨。國民黨的策略是這樣子的：假使你不支持我們，我們會視你爲黑道；假使你支持我們，我們會說你是個正當的政治人物。」

伍澤元解釋爲什麼他會成爲黑金人物：「我之所以陷入法律官司，只因爲有一次選舉我沒有支持一位國民黨秘書長，所以他決定除掉我。他要我名列貪污官員。假使他們想說我是一名污吏，那他們首先該起訴台灣所有的政府官員，然後再來處理我。」

國民黨利用刑事司法系統以確保黑道對他們支持的手段也不是新鮮事。他們用同樣的手段來確定地方派系會支持國民黨。根據台大教授陳東升（1995:140）的分析：如果派系或派系人物的勢力擴張得太快，不服從黨的協調指揮，黨團機制可以透過司法或情治系統的力量來壓制地方派系人物，這種選擇性的使用合法武力對於背景複雜、涉及鑽營不法利益的地方派系人士有很大的控制功能。

同樣的道理也適用於警方對於地方派系的操作手法上。我們經常可以看到，一個嫌犯或罪犯可能會向地方議員求助，或最後進行關說。總而言之，司法在台灣具有高度的選擇性，因爲法律以外的因素，特別是「政治」因素，在司法處理過程中扮演了相當重要的角色。

免責權，為所欲為

在台灣，立法委員在憲法保護傘下享有免責權。意即院會期間，未經立法院同意，不得逮捕或監禁立法委員。根據中華民國憲法增修條文第四條規定：「立法委員除現行犯外，在會期中，非經立法院許可，不得逮捕或拘禁。」在地方上被推選出來的市議員或縣議員，曾經也被賦予同樣權利。過去曾經發生過，地方議會利用休庭時召開特別議會，以免自己的議員遭到傳喚或逮捕。如今，所有地方民代在議會進行期間都可以被捕，這稱爲「蕭登標條款」，原因是蕭曾爲嘉義縣議會議長，在被警方通緝期間，仍舊能返回嘉義並召開議會。警方因其在議會期間無法逮捕他。在飽受蕭的嘲弄、羞辱及公衆嚴厲的批評下，台灣當局修訂法律，允許警方在議會期間，除了立法委員外，可以逮捕其他民意代表。

在一九九九年十月二十九日，司法院發布統計，各級民意代表有前科紀錄者共計兩百零五人，包括十五位國大代表、三十五位立法委員、一百零九位縣市議員，和四十六位市民代表。司法院院長告訴媒體說：「當中有些人會找各種藉口來避免出庭。他們常用出席議會爲理由，而且常到海外避風頭。這些都增加了法院處理案子的難度。」

過度依賴掃蕩幫派專案

在台灣，當那些有錢有勢的人成爲暴力的受害者時，執法單位就感受到來自層峰的巨大壓力。此時警方傾向執行大型的、全面性的掃黑行動，逮捕幫派及角頭，以爲暴力事件負責，或製造犯罪減少的印象。然而中央警察大學犯罪學教授李湧清認爲（1996）：暴力犯罪率和敲詐勒索犯罪率，是完全不受各種掃黑專案影響的。

平時警方不會特別干涉調查那些有權勢的罪犯，僅在大規模的幫派和犯罪組織的搜捕行動中才會加以調查。根據一位檢察官說：

「我們只能在大規模掃黑時針對特定黑道份子展開行動。通常，大多數的檢察官都被為數過多的案子所淹沒，所以我們沒有時間去調查特定的黑道份子。我們只能透過像治平專案來專心處理特定目標，並得到法務部與警政署的全力支持。在那些情形之下，我們檢察官才能要求警察配合。假使沒有特別的專案，我們無法請警方去調查誰。他們只會敷衍我們。此外，你們必須了解，假使我們調查的個案是像羅福助這種有影響力的人物，可能會導致一場政治風波。我們如果要辦一位立法委員或國大代表，這件事就不僅是一件司法案件而已。」

我曾訪問過的許多兄弟與執法人員都認爲，大規模的逮捕只是暫時性的效果。掃黑行動後，大哥都入監服刑，而沒有任何經驗的小弟就變成大哥。一旦他們成爲大哥，便要承擔許多壓力，如賺錢來養小弟，這就是爲什麼他們會去做一些非法的勾當。掃蕩幫派致使黑社會分裂，但對社會大衆來講其實沒有很大的影響，因爲黑道組織常是使有錢有勢的人受害，而不是一般社會大衆。就某種意義來說，大規模的逮捕只對某些有地位的人有益處（王丰 1997）。

南方朔（2000:8）評論說：「長久以來，台灣的執法界非常善於在他們所謂的「調查」案件中『選擇對象』。哪怕是執法界收到數不清的密告與投訴書，他們也不會調查有權有勢的人及其家屬。對每個案子做過全盤性的『檢查』後，執法人員經常都懶得去做他們的基本工作，也就是蒐集有力的證據。相反地，執法人員會來個旋風似的掃黑。在掃黑過程中，收集到任何證據就用來證明被掃對象的無法無天及粗暴；如果蒐集不到任何證據，那麼警方就到處放話說他們的掃黑對象多麼狡猾、多麼會湮滅他們的犯罪證據……無論嫌犯是誰，執法人員應先用合法的手段去蒐集犯罪證據，然後才去搜索與逮捕嫌犯。」

結論：黑金依舊在

在過去二十年內，爲處理日漸增多的犯罪組織，台灣當局執行了多次的掃黑行動，修訂檢肅流氓條例，和通過組織犯罪防制條例。結果，每一年都有成千的流氓被捕入獄，數以百計的人逃離台灣，在海外建立據點。然而，在這些政策與法律實施後，仍有犯罪組織持續成長，他們滲透進台灣的企業與政治圈，使得台灣民衆愈來愈認爲台灣已成爲一個黑道國家。

在台灣，有許多人認爲國民黨要爲組織犯罪的成長負責任。因爲該黨執政時，不僅讓黑道到處犯罪，且還讓他們當上民意代表。一般大衆相信，政府如下定決心，要掃除黑道是輕而易舉的，因爲台灣的大哥們都已經成了公衆人物，而且政府有龐大的司法體系與資源。然而，國民黨想執政，和黑道的牽扯依舊是一件左右爲難的事。

國民黨現在處在一個雙輸的局面。沒有對犯罪黨派加以起訴，使國民黨得到了貪污政治機器的形象。然而如果起訴這些黑道背景的人物，這些人是鄉鎮的代表，都是國民黨贏得勝選的關係，將撼動國民黨的選舉功能。如果沒有這些地方派系和他們備受爭議的得票手段，國民黨的基本票源可能就要大大地減少。

一九八〇年代的國民黨，外有民進黨的挑戰，內有非主流的內鬥，是因爲有地方派系的支持、財團的資源及黑道人物的實力等，才能穩住政權。到了一九九〇年代，威脅仍持續著，國民黨就得更加依靠地方派系、財團及黑道，而且進一步促成他們進入地方與中央的政治體系。結果，爲使這些新科政治人物依照黨的指示命令，犯罪控制策略與決策就變成泛政治化與選擇性辦案。

上述三者如果不配合國民黨的意志，就被貼上流氓標籤，如果乖乖配合，就給予政治地位和生意機會。國民黨也知道地方派系人物、金牛以及黑道人物如不聽話時比較好對付，所以，也就寧可靠這些人來維持政權而不願去跟正當的政治人物結合。

在這種環境下，不難理解爲什麼有些人在掃黑被抓時會喊冤。他們相信，也在某一程度上是有理的，他們被冠上「流氓」頭銜不外乎是因爲他們不聽國民黨的話而被懲罰。

事實上，國民黨跟黑道掛鉤也不是現在才有的。蔣介石在抗共時，就依賴上海的秘密社會來打壓共產黨控制的工人組織（Martin 1996）。台灣近期的黑金現象，在某種角度來看，只不過是社會長期以來存在的黑白掛鉤的一種延續而已，只是這種現象在台灣由威權體制轉型到民主體制的過程中，變得更加激烈與顯眼。

第八章　台灣幫派輸出海外

在一九八四年一清專案、一九九〇年迅雷專案及一九九六年治平專案執行之前，數以百計的罪犯逃離台灣到海外避難。即使他們最初沒有想要長期離開台灣，但最後卻住在海外數月、甚至數年之久。當許多罪犯在海外開始新生活時，他們不僅會捲入海外華人社區事務，也可能會與當地社會的犯罪幫派建立關係。

依據台灣的媒體及執法當局指出，由於這些逃犯與留在台灣同夥的緊密關係，以及他們經常進出許多國家，很快地便建立遍及全世界的網絡。因此，依據西方觀察家分析，從事人口走私與毒品買賣的跨國性華人犯罪組織中，台灣人將是最有實力且最重要的團體（Hood 1993; Myers 1996）。

儘管這個問題很重大，有關於台灣犯罪團體國際化的探索卻很少。本章我將討論台灣幫派份子在不同國家的擴散，以及幫派大哥在海外的活動與經驗。此外，台灣幫派份子對當地社會的影響，以及介入跨國犯罪的程度，也將加以評估。最後，我將評論關於台灣幫派份子的一個假設，亦即台灣幫派份子向外輸出，已經使他們逐漸在新的千禧年跨國性組織犯罪中嶄露頭角。

日本：先黃再黑

在一九七〇年代，當日本經濟達到顛峰，而台灣經濟還沒蓬勃發展前，大量台灣人前往日本淘金，特別是色情工作者。對許多酒吧女郎或賣淫女子而言，去日本是一個很好的出路，因爲台灣婦女在日本非常受歡迎，她們的錢很好賺。依據台灣當局指出，台灣與日本的犯罪團體有很密切的關係，特別是在色情與毒品的生意上。在一九七〇與一九八〇年代，有些台灣犯罪團體，特別是角頭型的犯罪團體，積極參與仲介台灣婦女到日本賣淫。大多數賣淫女子使用觀光簽證抵達日本，落入日本犯罪團體掌握。在這二十年間，台灣犯罪團體也與日本犯罪團體密切合作，從事日本人來台灣買春的行程。

大多數的台灣婦女最後是在新宿上班，這是東京最繁華的區域。辦公大樓、購物廣場以及夜晚的娛樂場所充斥在商業區當中，而新宿的紅燈區歌舞伎町，據報導有數以千計的按摩院、俱樂部、色情電影院、茶室、情趣商品店，以及成人娛樂場所。

新宿有超過三千家的酒吧，其中大約三分之一是台灣人開的。每一間酒吧大約有十位小姐，因此，估計在當時有超過一萬名台灣女子在此地區工作。許多在東京的台灣色情工作者覺得孤單無聊，賭博就成了她們主要的娛樂。因此，黑道份子便成爲經營賭場的關鍵人物，以滿足在日本的台灣性工作者需要（陳年 1987）。

一九八〇年代中期，愈來愈多的台灣幫派成員來到日本，日本當局瞭解到與台灣對口單位密切合作的需要。劉煥榮與齊惠生這兩個極端暴力的黑社會份子，就是在這種情況下，在一九八六年遭日本驅逐出境遣返台灣。他們倆先從台灣逃到菲律賓（劉煥榮是在一九八五年潛逃，齊惠生則是在一九八三年），並在馬尼拉參與兇殘犯罪後於一九八六年逃到日本。

在東京的台灣黑道之間亦時常火拚。一個從台灣來的罪犯齊瑞生，他是齊惠生的弟弟，在一九八七年二月遭楊雙伍涉嫌槍擊致死（陳年 1987）。一九八三年，以兇狠著名的楊雙伍，在台灣遭警方發布爲首要通緝要犯後逃往日本。楊雙伍出生高雄，父親是中國人，母親則是日本人，當他只有十六歲時，就因殺人案遭逮捕，並接受感化教育三年後，再於一九七〇年因被認定爲流氓而遭逮捕，送到綠島管訓。一九八二年並在警方圍捕過程中，射傷一名員警。算起來，楊雙伍已涉及十六件殺人或重大傷害案件（高山 1983）。

十個月後，四海幫幫主劉偉民與其同夥，於東京一家賭場內遭楊雙伍以及另一名屬於日本暴力團分支的共犯殺害。這個案件起因於楊雙伍想要從劉偉民幫派所操縱的賭場分一杯羹（獨家報導 1987）。劉偉民自從涉及在台北刺傷知名香港影星王羽後，就已經是著名的黑道份子，他在一清專案期間逃往菲律賓，不久被同樣在菲律賓避風頭的竹聯幫領導人威脅，只好轉往香港和澳門，後來再前往日本。

在劉偉民遭殺害一段期間之後，日本當局在新宿地區規劃重要的掃蕩台灣幫派專案，在當地的台灣性工作者也是目標之一（張得仁、張國立 1987）。

一九八〇年代後期，接近一萬名來自台灣的移民住在新宿，這些華人只是試圖在海外求生存的貧窮漂泊人。他們是生活在不熟悉的世界中，也是一群沒有組織的人，因而沒有辦法建立自己的地盤，更不可能去奪取日本山口組的地盤，以發展勢力範圍（陳澤禎 1987）。

一九九〇年代初期，大量的中國大陸人開始向海外移民，合法和非法的都有，非法移民的目的地是附近富裕的國家，例如台灣、日本和澳洲。中國大陸的移民潮改變了新宿地區勢力的平衡。隨著台灣經濟繁榮，而日本經濟開始衰落，台灣婦女前往日本從事色情工作的愈來愈少；而隨著中國與台灣的經貿關係日趨密切，則有愈來愈多台灣兄弟前往中國。因此，現在只有少數的台灣兄弟會去日本，而他們在日本的唯一生存方法就是經營賭場。然而，隨著從台灣來的賭徒日益減少，他們在日本的生存也變得更加困難（葛樹人 1993）。

沒有證據顯示，從台灣來的兄弟被日本山口組吸收，或參與有厚利可圖的非法活動。他們在日本黑社會的角色至多是邊緣的，他們在日本的主要收入來源仰賴經營賭場。然而，近來隨著台灣酒吧女與賣淫女子的人數逐漸變少，在日本的台灣兄弟人數也逐漸變少。

東南亞

菲律賓：天堂

由於外人相當容易搭船偷渡進入，所以菲律賓長久以來一直是最受台灣黑道份子歡迎的天堂之一。例如，在台灣至少殺害三個人的竹聯幫成員劉煥榮，就是搭漁船逃至菲律賓。在他抵達馬尼拉之後，涉及一起滅門血案，隨後前往泰國、香港、新加坡、馬來西亞、韓國和日本。另一名竹聯幫成員董桂森，即槍殺劉宜良的兇手，在遭台灣警方追捕後，也是逃往菲律賓，之後才轉往泰國和巴西等地。而當台灣警方試圖逮捕軍火販子許金德時，許金德也是夥同其他四名共犯逃往菲律賓。跑路的黑道份子只需付新台幣十五萬元給漁民，漁民就會用漁船協助他們偷渡出去（時報周刊 1987）。

其他的罪犯則是持用僞造的簽證和護照，從台灣機場前往菲律賓。許多著名的道上人物在逃離台灣之後，都在菲律賓停留一段時間，包括粘仲仁、李約伯、劉偉民、黃少岑、詹龍欄，以及馮在政。

依據有關當局指出，在一九九〇年約有兩萬名台灣罪犯住在菲律賓，大多數（超過八成）並非黑道份子，而是其他違法者，主要是在台灣觸犯詐欺罪（聯合報 1990）。

即使偷渡菲律賓仍然相當容易，但後來因爲台菲兩地之間已經建立密切關係，所以黑道份子變得不願意前往那裡。過去十五年間，許多藏匿在菲律賓的台灣罪犯遭到逮捕並遣返台灣。台灣警方甚至還可前往菲律賓，與當地執法機關共同合作逮人。

泰國：警察才是大哥

泰國是另一個遭大量台灣罪犯湧入的東南亞國家，許多幫派與角頭份子主要落腳在曼谷。楊雙伍在離開台灣前往日本後，因殺人案遭日本當局通緝，於一九九〇年在泰國被捕，並隨後引渡回台灣。

曼谷是中國非法移民進入美國與歐洲的一個主要轉運點，西方執法界據此認爲，許多台灣幫派份子在曼谷涉入人口走私，這是足以媲美東南亞海洛因產業的數十億美元大生意（Myers 1997）。然而，依據一位負責打擊走私的刑事警察局警官指出，大多數在曼谷的台灣罪犯是台灣的旅行業者，他們才是眞正參與中國人口走私的人，而非幫派及角頭成員。

他說：「我們認識在泰國從事這項生意的人。基本上，這群人在台灣就從事這項生意。他們並非竹聯幫和四海幫等犯罪團體成員。在泰國的台灣黑道可能認識這些人口販子，但是台灣黑道是爲了自身目的而與人口販子維持密切關係，例如，透過這些人的幫忙偷偷地進出台灣。」

一位在泰國從事人口走私與非法賭博的台灣人告訴我：「在泰國的兄弟能做的事非常少。首先，在泰國沒有組織性的幫派，非法活動都被與政府當局有密切關係的有力團體所操縱。賭場與夜總會不須付保護費給幫派份子，但是必須付錢給政府機關，例如警察。假如哪個台灣兄弟膽敢向夜總會勒索，夜總會一定會向警察報案，而警察將絕對會採取行動。此外，台灣和泰國當局之間存在相當好的關係，所以，台灣兄弟會再三考慮要不要到泰國，他們比較喜歡去其他地方，像柬埔寨。而且，在這裡的台灣生意人很難接近，他們不與當地不做生意的華人或台灣人來往。因此，台灣的兄弟很難去剝削來自台灣的生意人。」

越南：好地方

越南在一九九〇年代初期採取開放政策，鼓勵海外資本家前往當地投資，加上李登輝在一九九五年建議國內企業家「南向」（前往東南亞國家投資，而非西方國家或中國），使得許多有事業心的台灣人前往越南。隨著他們的南向，台灣兄弟也跟著過去。依據聯合報的報導，截至一九九七年，約有八、九百名台灣兄弟在越南。

一位我在胡志明市（舊稱西貢）訪談的兄弟說：「我三年前來到越南，發現這裡是一個好地方，就決定大部分時間留在這裡。對我而言，這裡沒有什麼事情可做，因爲沒有太多賺錢的機會。我有一些聽命於我的兄弟，在這裡幫忙台灣生意人處理糾紛。這裡也有越南的幫派，但是我們從不與他們發生衝突，畢竟這是他們的地盤。在這裡我們不可能成爲發號施令的勢力。」

另一位來自台灣的兄弟（他是竹聯幫創始人之一）告訴我關於將陳啓禮從柬埔寨重新安排到越南的看法：「最初，我曾經考慮安排陳啓禮來越南，主要因爲越南有更多的生意機會，而他的木材事業在柬埔寨並沒有什麼前途。然而，台灣與越南當局關係非常好，包括非官方形式。我不能保證陳啓禮在這裡的安全，所以放棄了這個想法。」

柬埔寨：和陳啓禮畫等號

台灣幫派份子大量湧到柬埔寨是近年來的現象。當這個國家從二十年的內戰逐漸恢復時，第一群百位左右的台灣企業家在一九九二年前去柬埔寨。這第一批企業家是土地買主和混凝土、營造業與原木公司的老闆。一九九五年，在台灣採取南向政策之後，在柬埔寨的台灣企業家人數達到近四千人。這些第二批的企業家主要投資服裝與製鞋業。

台灣是柬埔寨第二大投資國，資本投資額大約一億四千萬美金。一九九五年台灣在金邊有一個由外交部和經濟部派駐五位官員的代表處，但一九九七年由於當時第二副總理韓森發動政變推翻他的對手，亦即台灣當局所支持的總理雷納里德，該代表處因而關閉。當時有許多在柬埔寨的台灣人離開，使得在柬埔寨的台灣企業家從一九九七年尖峰時期的四千多人，下降到二〇〇〇年不到四百人，大約一百五十家企業。自此之後，台灣來的多數是小生意人或投機者，他們幾乎沒有得到台灣政府的支持（S.H.Liu 2000b）。

大多數的台灣生意人定居在金邊，這裡有許多妓院與夜總會，吸引了大量越南婦女越過邊界來金邊賺錢（Giboa 2001）。依據衛生署在一九九八年公布的報告指出，金邊估計至少有四%的人口感染愛滋病。

一位在金邊的台灣生意人指出，有三種台灣人在金邊：合法生意人、通緝犯和治平對象。台灣媒體報導，柬埔寨已變成台灣兄弟第二受歡迎的目的地（中國最受歡迎）。然而，當陳啓禮被問到有多少來自台灣的兄弟在柬埔寨時，他說：「並沒有很多的兄弟在柬埔寨，都是媒體編出來的。在這裡不容易生存，這裡的生活消費與洛杉磯一樣高，兄弟在這裡怎麼生存呢？楊登魁來到這裡停留兩個星期，便很快地離開了。就想想這個吧！台灣生意人的人數從三千人掉到一千人，然後變成五百人，現在柬埔寨這裡只有兩、三百人。

連台灣生意人都沒能在這裡生活，更別提兄弟。」

在柬埔寨最有名的兄弟，無疑就是陳啓禮。他在柬埔寨的生活，特別是他與柬埔寨最高領導人韓森的密切關係，經常受到台灣媒體的報導。依據英文台北時報（2000c: 1）的報導：「陳啓禮在柬埔寨叫做『陳勳爵』。在那裡，他以擁有可以去任何地方的特別通行證而自豪。他每年大約捐贈一萬美金給柬埔寨的紅十字會，其會長正是韓森總理的夫人。陳啓禮在柬埔寨關係的深度與廣度，使得他對許多台灣生意人而言極具吸引力。特別是那些較小的或私人的投資者遭遇問題——尤其是財務上的困難——時，大家認爲他能以各種不同方法提供協助，特別是協調與財務上的資助。」

當我於一九九九年在金邊訪談陳啓禮時，他說他的確花了很多時間爲台灣來的生意人解決問題：「在過去兩年多來，我大多數的時間都花在幫忙台灣生意人解決問題。許多台灣生意人來這裡買土地，因爲他們不瞭解柬埔寨的法律，當地華人和台灣政府官員經常佔他們便宜，導致有許多糾紛，然後這些土地買主來找我幫忙。一個接著一個，我幾乎處理了所有在柬埔寨的台灣生意人案子。」

雖然在柬埔寨的日子忙碌充實，而且生活過的相當舒服，但他並未眞正滿足於那裡的狀況。他說：「對我而言，最重要的就是快樂。在柬埔寨，人非常容易生病，這裡的水質很差，並有許多病菌。這裡還有許多疾病，而且被感染之後，也不容易獲得治療。」那爲什麼陳啓禮願意留在柬埔寨呢？爲什麼不回台灣或到其他國家呢？一位在中國的竹聯幫大哥解釋陳啓禮的尷尬處境：「並不是陳啓禮不能夠回台灣，假如他回台灣，來自政府當局方面將不會有太多問題，治平專案檢察官能對他做什麼呢？然而，假如他回去的話，就必須面對許多債主。他離開台灣之後，他大多數的公司基本上都倒閉了，他要如何應付這許多債主呢？此外，他在中國大陸的計畫（在湄州島的建設計畫）也已經停止了，而他已經向好幾百名會員募集了總額約新台幣三億元的入會費，沒有辦法歸還這些資金。他不能回台灣是因爲他沒有錢，這是眞正的理由。」

二〇〇〇年七月，柬埔寨台商協會會長李志鑫遭兩名受雇的槍手槍擊致死。他是因爲捲入一件生意糾紛而遭殺害。殺人案發生後，台灣媒體群往金邊採訪此則新聞，大多數記者試圖採訪陳啓禮以找出更多關於殺人案的新聞。當一群來自台灣某個主要電視台的記者在金邊陳啓禮家中訪問時，陳啓禮批評柬埔寨缺乏法治，並展示一批武器，以證明在金邊槍械是多麼容易取得。在台北的電視台轉播陳啓禮的訪問後，柬埔寨當局突然搜索陳啓禮的住家並加以逮捕，警方在陳啓禮的家中搜出十二支自動步槍（AK-47和M-16）、八支手槍、一個手榴彈發射器、刀械，與超過兩千發的子彈。

陳啓禮遭拘留一年多以後，於二〇〇一年八月釋放。他因非法持有武器被判有罪，並處以三年徒刑，法庭引用他從二〇〇〇年七月家中遭搜索後，已經在金邊的國家軍事警察總部監禁超過一年，而加以釋放，並暫緩執行其他的兩年徒刑，以及駁回關於他參與組織犯罪及使用北韓外交車牌的指控。陳啓禮釋放後的幾天內，民進黨立法院總召集人林豐喜前往柬埔寨與其會面，據稱說服陳啓禮返回台灣而不要去中國，以免令台灣當局感到難堪。然而，陳啓禮還是決定留在柬埔寨。

陳啓禮被捕以及其後釋放的故事雖然結束，但是在柬埔寨的台灣幫派份子的問題還未解決。依據柬埔寨的軍事情報指出，至少有三十個台灣的主要幫派份子目前還在金邊，包括天道盟舊太陽會會長吳桐潭。吳桐潭已經進出中國超過十年，並在福州有大額投資。一九九九年，吳桐潭因事被迫離開福州。其後，吳桐潭於二〇〇三年三月間在大陸廣東珠海市被捕，中國政府隨即以持有僞造護照入境罪名驅逐到澳門，再遣返回台灣。由於台灣護照持有人可到柬埔寨辦落地簽證，加上因爲台灣與柬埔寨之間沒有正式的外交關係或執法機關的接觸，台灣的幫派份子仍將繼續視柬埔寨爲安全的避風港。

香港與澳門：跳板

因爲地緣與文化上的類似，香港的三合會與台灣幫派一直保持密切的關係（Dubro 1992）。香港的罪犯經常逃往台灣，台灣的罪犯也經常前往香港避風頭。從事毒品買賣的香港毒販經常從泰國經由香港，走私海洛因到台灣。在一九八〇年代早期，竹聯幫亦曾在香港建立僑堂。然而，因爲香港的犯罪市場被三合會與來自中國大陸的大圈仔所緊密控制，台灣的黑道從未能夠在香港黑社會擁有太多影響力。

在一九九七年香港回歸中國後，台灣與香港的犯罪團體，不約而同更有興趣和中國犯罪組織合作，也更想打通中國執法機關，希望能延伸其犯罪活動至大陸。因此，香港的三合會和台灣的犯罪團體之間的關係就減弱了（林新 1996b）。

當一九九六年展開治平專案時，許多大哥逃往澳門。雖然澳門已於一九九九年回歸中國，但是當他們急於逃離台灣時，許多兄弟仍然視該地爲理想的落腳地點。澳門離台灣僅有一個小時航程，而且台灣民衆可以辦落地簽證。此外，一些幫派份子在迅雷專案之後已經將其賭博事業移往澳門。然而，澳門只是他們第一個停留地，在當地停留一段短暫時間後，這些兄弟會去廣州、廈門與上海，或去東南亞國家。某些兄弟會繼續前往美國與加拿大（林朝鑫 1996c）。

雖然他們有時利用澳門作爲前往其他安全天堂的跳板，但是台灣的兄弟通常對澳門敬而遠之，不僅因爲那裡很難賺錢，而且兄弟在那裡很難存得住錢，因爲有很多賭場。此外，澳門是一個被賭場或色情行業所佔據的小地方；台灣幫派份子經過一段時間就會覺得厭煩。一位曾經計畫定居在澳門，但後來決定移往中國的兄弟，告訴名記者劉益宏（1998b:13）說：「澳門賭、色一開始有趣，但玩久了不但破財傷身，感覺也膩了。每天睡醒，就想到該到那裡吃飯，吃來吃去也是那些，日子愈過愈無趣。」

中國：不惹事就沒事

中國是目前存在最多台灣兄弟的國家（時報周刊 1999a）。中國在一九八〇年代初期採取開放政策後，允許台灣人民前往大陸觀光。因此，大量的台灣民衆前往中國旅遊或探視幾乎四十年沒見面的家人與親戚。隨著中國轉型成爲市場導向經濟，許多台灣生意人將製造工廠移往中國，以利用當地便宜的工資與土地，同時中國也對台灣企業家提供誘人的獎勵措施。迄今，全中國有四十多萬家台灣企業在運作。

當兄弟遭台灣當局通緝時，兩岸逐漸回溫的關係也引導著大哥逃往大陸。第一個到達中國的大哥是張貞，他是台北螢橋幫的老大。張貞是外省人，於一九八七年抵達福州，之後，他前往北京，並取得北京居民的身分證。雖然他有古董交易的生意，在中國卻參與軍火買賣。他於一九九二年在北京被捕，並遭驅逐出境回台灣（李作平 1992a）。

台灣罪犯大規模地移往中國，始於一九九〇年迅雷專案期間，在台灣開放赴大陸觀光之後三年。雖然大多數一清專案目標逃往日本、菲律賓與泰國，多數的迅雷專案嫌疑犯卻是逃往中國，包括著名的幫派份子如天道盟的吳桐潭。

依據中國當局指出，台灣犯罪份子在一九九二年抵達中國後，意味著一個新趨勢：兄弟開始自願前往中國，而不是在警方的掃蕩下被迫逃往（劉建志 1992）。李作平指出，迅雷專案開始之後，有三百名黑道份子離開台灣前往中國。據估計，截至一九九九年，有超過一千名兄弟在中國生活（世界日報 1999a）。李作平與張企群的調查指出，角頭和本省掛幫派較喜歡留在福州和廈門，然而外省掛幫派則較可能在上海、北京、深圳與海南省的海口市落。

中國當局通常不管台灣黑道份子，只要他們不犯罪。事實上，自從海峽兩岸互動增加以來，中國當局已經從純經濟的角度看待台灣幫派份子的存在。無論他們這些幫派份子曾經在台灣犯下如何嚴重的罪行，只要他們帶錢前來大陸投資，就會被中國當局視爲「台商」。一位在北京的角頭說：「其實我們也是迫不得已才會離鄉背井，你以爲這種日子好過嗎？……如果我（在大陸）犯了法，早就被通緝了，中共也不可能坐視不管，任由我在北京自由活動吧？因爲台灣的提報流氓辦法，在國際法律上是不存在也不被認同的。」（鄧志傑 1995: 56）

一九九六年，治平專案執行期間，中國變成大多數台灣逃犯選擇的目標。一九九九年，台灣最大的三個犯罪團體均已分別在中國建立基礎：竹聯幫在廣東與珠江三角洲，天道盟在福州與廈門，四海幫則在上海與海口（時報周刊 1999a）。

福建省

已故的中國領導人鄧小平在一九七〇年代後期採取「門戶開放政策」，福建省與廣東省被選爲中國市場導向經濟的實驗地點。雖然福建被認爲在經濟改革上落後廣東，但在很多方面，福建省較中國其他地方更有所發展（Duffy 1993; Lyons 1994）。

福建省長久以來以其居民外向，在海上貿易與走私方面主動積極爲其特色（Sun 1992; Seagrave 1995）。該省有兩個主要城市，廈門與福州，都有繁榮的港口。廈門已被中國當局選爲吸引台灣投資者的城市，因爲廈門說閩南話，與台灣所說的方言相似。至於大福州區則是位於福建省的東北部，由三個城市與六個縣所構成。

廈門：天道盟、機聯幫

廈門，與廣東省的珠海、深圳、汕頭，都是中國政府爲吸引外國投資者所建立的第一批四個經濟特區。雖然香港的投資者較喜歡在深圳做生意，但大多數早期的台灣投資者都前往福建省的廈門。最初前往中國的台灣兄弟也是選擇廈門作爲他們的新家。

中國當局第一次拘捕大哥發生在廈門，松聯幫幫主覃世維因爲持有僞造的旅遊文件，而於一九九一年二月爲中國當局所逮捕。雖然台灣警方請求將覃世維引渡回台灣，中國官方拒絕了這項請求。四年後，覃世維也是第一個在中國被殺的大哥。依據媒體報導，覃世維是因爲他在台北的一件重要財務糾紛的角色，而在一個餐廳內遭受雇的殺手槍擊致死（林朝鑫 1995b）。

除了松聯幫之外，天道盟在廈門也很活躍。某些天道盟最具影響力的領導人都定居在這裡，並從事各種不同的生意。其他黑道份子當逃避台灣當局追捕時，也曾去過廈門，例如從台灣脫逃很多次的詹龍欄，他於一九九八年在廈門被捕，並遭驅逐出境遣返台灣。另一位是前彰化縣議會副議長粘仲仁，他在高速逃離警方追捕時，汽車撞上柱子而於廈門車禍死亡。

福州：天道盟

福州是福建省另一個有許多台灣幫派份子的城市，特別是天道盟成員聚集。舊太陽會會長吳桐潭在一九九〇年迅雷專案期間逃至福州。雖然他在一九九一年三月在福州被捕，並引渡回台灣，但多年後還是偷偷地逃回福州。吳桐潭與他的同夥在福州擁有一間豪華的旅館，這事廣爲人知。只要黑道份子舉止像是企業董事長而不是大哥，他們就可留在中國而不須害怕中國政府會抓他們。福州一位官員指出：「台灣黑道份子來到福州，眞的不會對當地的法律或秩序有任何影響，台灣幫派與本地混混（我們沒有組織性幫派）之間沒有任何勾結，因爲本地混混不喜歡爲了錢而去依賴台灣幫派。只要台灣幫派份子在這裡不犯罪，我們也不會打擾他們。雖然台灣當局取消他們的護照，他們仍然可以利用台灣同胞證停留一年，並在台胞證到期後，請求延長期限。此外，他們之中許多人來這裡並非持台灣護照，而是使用其他國家的護照，例如新加坡和美國。他們之中也有許多人改名字，更難以追蹤他們的動向。總之，我們等待來自北京的命令，看要如何處理這些兄弟。因爲北京方面已有明示，我們的政策就是不會主動地去做任何事。」

雖然福州一帶有相當多的兄弟，但沒有證據顯示他們在該地區的人口走私扮演重要的角色。在福州地區從事人口走私的台灣人，與兄弟並沒有什麼關係。

廣東省

第一批中國四個經濟特區之中，有三個位於廣東省，並且鄰近亞洲金融與轉口中心的香港。因此，該省被認爲是國內最有政治自由與經濟發展的區域，也是香港與台灣黑社會份子人數最多的省份。

深圳：白狼

深圳被認爲是「中國的香港」，政府當局希望發展其成爲連接中國大陸與香港及世界其他工業國家的商業中心。對許多年輕中國婦女而言，假如她們想從事色情工作，深圳是一個主要的目的地，因爲那裡有數以百計的成人娛樂中心，大量來自香港與台灣的生意人在這裡也相當活躍。

深圳被認爲是竹聯幫在中國的主要基地，主要是因爲張安樂住在這裡。張安樂在深圳，經常成爲台灣媒體報導的話題，報導的焦點通常是張安樂在深圳的影響力、他與高階政府官員的密切關係，以及所從事的稻米事業。（趙慕嵩 1999; Pomfret 2000; 鄧志傑 1998）

在我兩次前往深圳，曾經與張安樂在深圳進行四次訪談，他說：「基本上，我在這裡很好，畢竟這是一個中國人的社會。中國像是十年、十五年前的台灣。我在深圳每天見證這裡生活的改進，感到非常滿足。」

長安：竹聯幫

第二次去深圳時，張安樂帶我去長安，一個離深圳不遠的工業城，那裡有許多兄弟。在我第一次與張安樂會面時，他說：「你眞的該去長安和厚街，因爲有許多兄弟在那裡，過著一種典型台灣黑道的生活方式，他們的錢多半花在兩種人身上：小姐與當地領導。」

我在長安訪談的角頭說：「在這一帶，因爲白狼的領導才能出衆，所以我們都聽他的，他是這個區域的負責人，這表示竹聯幫是這裡最有影響力的幫派。」

一個在長安有影響力的林先生（化名）是竹聯幫的同夥，也是長安台商協會的「顧問」。他說：「在長安這裡，以及在東莞與深圳，我們都因為他的領導才能而尊敬白狼，他的聲望很好，在任何時候無論他說什麼，大家都會聽從。」他繼續說：「在台灣，因為我經常結交竹聯幫成員，結果大家就認為我是竹聯幫成員，但其實我從未正式地加入竹聯。我是長安台商協會的顧問，在此之前，我曾擔任過厚街台商協會會長。做為一位顧問，表示我要負責解決這裡台灣生意人的問題。我並不是眞的想坐這個位置，因為這工作吃力不討好。」

在林先生的幫忙之下，我訪談到幾位在長安的兄弟，他們有的遭台灣當局通緝。林先生的一位手下說：「我現正在逃亡，因為我在台灣捲入是非。我本來打算在屏東開一家店，但是我收到警方的通知，認定我是習慣性的流氓，於是只好來中國。事實上，我早就想離開台灣，因為在屏東的兄弟眞的有點失控，他們處理糾紛的方式變得愈來愈暴力。」

另一位林先生的手下說：「我一個月回台灣一次，我並未遭台灣當局通緝，我來這裡是因為家人鼓勵，他們不要我留在台灣，因為他們擔心我的安全。在這裡比在台灣安全。」

一位來自彰化的年輕兄弟告訴我：「我不是通緝犯，我的老大也不是。我們隨時能回台灣。我的老大照顧我的生活開銷，我需要錢就向他要。有時候，我與另外其他兄弟合作賺些錢。」

在長安，兄弟最重要的活動之一就是「橋」事，這是台灣話，意思是處理糾紛與解決紛爭。在這地區，幾乎所有具影響力的兄弟都聲稱他們幫台灣生意人處理糾紛，就像在美國，黑手黨成員在解決糾紛時「坐下來談」一樣。一位竹聯幫兄弟說：「當我們處理紛爭時，我們也會瞭解誰對誰錯。我們多半會和平地處理糾紛的，因爲兩方的兄弟都彼此認識。台灣生意人間大多數的糾紛，要不是甲欠乙錢並拒絕還錢，就是甲向乙買了東西卻遲遲不付錢。台灣生意人之間有很多糾紛，只要一有紛爭，他們就喜歡找我們幫忙，因爲他們對於中國的法律制度沒什麼信心。」

除了處理糾紛之外，在長安的兄弟第二大活動就是經營賭場。一位來自屏東的兄弟說：「我曾經在長安開過賭場，在屏東我也是從事非法賭博。在這裡比在台灣容易開賭場，因爲大多數來我們這裡賭的人都是生意人；我們不太需要擔心提供賭資給賭徒之後，卻收不回錢的風險。但在台灣，來賭場的賭徒有相當高的比例是兄弟，而且兄弟來賭博大多不會帶很多現金。」

依據我在長安的訪談，在中國很容易開設麻將場，因爲這裡不需要經常變換場地。中國當局不太注意小規模的賭場，但在台灣，爲了避免警方的突檢，這些地點需要經常地換。

在長安的某些兄弟也從事夜總會生意，一位在長安訪談的角頭成員告訴我，他正計劃在那裡開設一家台灣式的夜總會：

「我除了來這裡別無選擇，假如我留在台灣，可能到頭來要服五、六年的徒刑。我最近沒有回去的打算，我現正在評估在這裡開一家夜總會的可能性；我想把台灣的制度移植到這裡，規定員工要穿制服，而且如果她們不想，也不必陪顧客出場。這些小姐只要靠薪水和小費就可以過舒服的生活。我會親自招募和訓練這些女孩，這表示我的夜總會不需要任何媽媽桑。你知道的，媽媽桑只對賺錢有興趣，通常會鼓勵小姐陪客人出場。我要我的顧客來這裡玩得高興，不要有帶小姐出場從事色情服務的壓力。換言之，我的小姐只要專心在夜總會內把氣氛炒熱就好。這方法不只會使顧客感到快樂，也會降低他們開銷。」

有些黑道份子經營餐廳。一位擁有一家餐廳的兄弟描述他如何進入餐飲業：

「我現在在東莞經營一家賣蛇肉的餐廳，兩個星期前開幕。一位來自台灣的生意人謝先生（化名），免費把餐廳借給我，因為我幫他擺平一件他欠另一位生意人上千萬元人民幣賭債。一群台南來的兄弟到長安處理這件事，可能要接管謝先生的工廠。謝先生請求我幫忙，而我居中調停，最後謝先生只要付給那位生意人七十萬台幣後，整件事情就解決了。謝先生最初說他只能準備五十萬元台幣，但是那位生意人和他請來的人不同意，所以我請謝先生準備多一點錢，最後以七十萬台幣擺平。這對他而言很划算。」

在長安，兄弟彼此之間的相處狀況並不是很清楚，有些受訪者說他們相處得很好，但有些兄弟說的卻恰恰相反。例如有一位長安的訪談對象說：「在台灣是敵人的兄弟，來到中國之後卻變成朋友，這是因爲我們都瞭解，我們必須共同在新的環境中生存，所以在這裡都相處得相當好。」另一位兄弟告訴我：「長安非常和平，沒什麼幫派衝突。這一切都是因爲林先生的關係，他確保幫派間不會發生重大衝突，也不允許兄弟的魯莽行爲。」另一方面，一位竹聯幫成員卻說：「在長安的兄弟並不團結；我們經常有紛爭，主要的原因是兄弟經常使用他們公司（幫派）的名號，其實完全是兄弟個人行爲；這很容易引起誤會。」

中國當局曾指出，來自香港和台灣的幫派到了大陸之後，地方的混混變得更有組織性、更像黑手黨（Booth 1999）。一位在長安的兄弟這麼形容：「當地的中國兄弟也來依賴我們，因爲竹聯的林先生與中國政府官員關係良好。有時候，本地兄弟還會要求我們協助他們解決與當局的問題。此外，我們在金錢上比當地的兄弟更有實力。」

來自彰化的一位兄弟告訴我有關他與香港、澳門和中國幫派份子的關係：「我剛從海口回來，我們在那裡與十四K幫（一個以香港為根據地的三合會）合開一家賭場。他們非常精明。現在澳門也即將回歸中國，許多澳門來的兄弟也到長安拓展生意。我們與澳門的兄弟相處非常好，而我們與本地的兄弟也有幾分熟悉。本地的兄弟還沒有什麼看頭；有時候我眞搞不懂，這樣的人怎麼也可以當兄弟。」

除了深圳、長安與厚街之外，東莞也是一個受台灣黑道份子喜愛的地方，因爲在那裡有大量的台灣製鞋工廠。大約有三萬名台灣人民在那裡工作與居住。東莞又被稱做「二奶村」，因爲有很多來自香港與台灣的已婚生意人在那裡養小老婆。在二〇〇一年六月，隨著對抗犯罪的「嚴打」行動，中國當局在東莞逮捕十七名天道盟成員，以謀殺、非法持有武器、綁架，與勒索爲由加以起訴。儘管媒體報導形容，這裡是竹聯幫的地盤，但這次嚴打事件顯示，在此區域積極活動的台灣幫派不只一個。

珠海：竹聯幫

珠海位於珠江三角洲，也是經濟特區，像深圳一樣，是一個有大量來自香港和台灣企業的快速發展都市。它在地理上鄰近香港與澳門，加上當地政府採取放任政策，使其成爲對於外國投資者極具吸引力的地方。珠海據報導也是竹聯幫的地盤，我在珠海訪談許多位竹聯幫大哥，其中一位說：「無論我們在珠海做得多好，我們都想念我們的家鄉；我們都想回家。不過我們與珠海當地的兄弟也相處得很好，所有從台灣來的兄弟在這裡都和睦相處。」

海南省：沒有兄弟啦

海南省是一個小島，位於廣西與廣東省的外海。海南省的省會海口市，以其日益繁榮的性產業而出名。台灣的媒體報導，有相當多的台灣兄弟在此定居。

我在海口找到一位四海幫的領導人，他說：「海口過去有將近兩千家的台灣企業，但現在只剩下四百家。相較於在東莞有七、八千家台灣企業，在海口，台灣企業的存在已是相當無足輕重。海口從未出現許多台灣兄弟；我們幾乎能數得出來還在這裡的有幾位。海口的經濟自從一九九三年就明顯下滑，它在一九九一與一九九二年經濟表現非常好。我在這裡並沒有參與處理糾紛。首先，你從這種形式的活動賺不到什麼錢。其次，人們會認爲你聯合一批混混幹這種事。」

上海市：四海、竹聯、天道盟

中國最有魅力的都市，也是台灣人在中國的商業活動中心，上海毫無疑問是最能吸引台灣黑道份子的地方。一九九〇年代初期，大量的本省掛與外省掛兄弟，就都已經定居在上海（蘇智良、陳麗菲 1996）。雖然上海被台灣媒體認爲是四海幫的地盤，竹聯幫與天道盟的成員在這裡也相當活躍。

楊光南是上海最有名的台灣幫派份子之一，他曾是四海幫的最高領導人。楊光南因涉及高利貸與討債，在被列爲治平專案目標之後，於一九九六年十一月逃離台灣。當他因涉及鬥毆於一九九九年三月被捕時，中國當局讓楊光南坐上前往澳門的班機，希望他會被等在澳門的台灣警方逮捕，但不知怎地，他躲過了在澳門機場守候的台灣警方。二〇〇〇年十一月，就在他偷偷逃回上海的一個月之後，再次遭到拘捕。這一次，他被引渡回台灣，台灣的法院認定楊光南因操控組織犯罪團體被判有罪，並處以監禁二十二個月。

竹聯幫在上海維持了相當的實力，某些該幫的創始領導人住在上海，並且從事各種不同生意。我在上海訪談的一位竹聯幫大哥，穿著與談吐都像是企業家，他說他如何在上海生存：「我是北京人，但我已經非常適應上海，並在這裡做得非常好。我們公司招募許多當地的人才，結合我們生意上的眼光與他們實務的經驗，我們的公司做得相當好。我已經把小孩遷來這裡，因爲這裡的學校比台北更好。在台北能買到的東西，這裡也都裡買到。而且，這裡有許多台北沒有的東西。台灣現在很混亂，沒有理由要留在那裡。事實是，世界很大，離開台灣之後總是能在其他地方發現另一個天堂。

我的公司基本上是一家顧問公司，我們在商業世界中，扮演糾紛調解人與仲裁人角色。假如一家公司有現金周轉的問題來找我們幫忙，我們會決定是否要投資該公司。當然，主要的決定因素之一在於是否我們能接管這家公司，因爲我們知道如何經營一家公司。國有企業不會找我們幫忙，因爲他們能從商業銀行借到錢。我們的顧客大多是中小企業。

當然，並不是每個在中國的兄弟都做得很好。許多兄弟在台北習慣被人招待吃吃喝喝，但在中國他們必須自己買單。這就是爲什麼在中國的兄弟會很快地花光大部分的錢，最後陷入財務危機。」

在上海也有一些天道盟新太陽會的成員，但他們與福州的舊太陽會是合不來的。在上海的兩名太陽會大哥徐文賢與凌志成於二〇〇一年八月在一家餐廳因服務員態度不好而肆意砸毀杯盤，被大陸公安逮捕。兩個多月後，這兩名天道盟大哥自大陸押解返台。

美國：話說江南案

台灣罪犯來到美國開始於一九七〇年代後期，在那時主要是白領犯罪者，他們犯了金融詐欺或侵佔公款之後逃離台灣。因爲台灣與美國沒有引渡協定，因此台灣當局對於躲在美國的白領罪犯顯得無計可施。

一九七〇年代後期與一九八〇年代初期，台灣的執法當局對黑社會份子展開大規模拘捕，所以當時數以百計來自台灣的兄弟跑路去美國。他們之中大多數是四海幫與竹聯幫的成員，多半前往加州蒙特瑞公園市，因爲那裡的台灣移民是華人主流。在初期，來自台灣的幫派成員試圖經營高賭注的賭場，但蒙特瑞公園市的華人想豪賭的很少，因此，幫派份子改變經營方式，從高賭注的撲克牌轉型爲金額適中的麻將場。其他幫派份子則活躍於討債、經營夜總會，以及投資像餐廳與貿易公司等合法企業。

一九八四年，三位四海幫成員與一位竹聯幫領導人共謀在蒙特瑞公園市綁架一名中國婦女，要求一百萬美元的贖金，並在東京交付贖款。當時蒙特瑞公園市警察局長約翰・艾德（John Elder），在美國總統召集的組織犯罪委員會所舉行的「關於亞洲組織犯罪」聽證會中指出：「有些竹聯團體的人從台北來到蒙特瑞公園市，也就是一般所提到的竹聯幫。他們邀集一些年輕的街頭幫派成員加入，並加以組織，建立了竹聯幫分支。那時開始，他們在本地社會中安排運作架構，分配負責區域與策劃犯罪，而實際上在我們城裡與附近的城市中，他們控制了某些類型的敲詐勒索活動。」（President's Commission on Organized Crime 1984: 188）

艾德作證兩個月之後，三位竹聯幫領導人到達美國，並且殺害撰寫傳記、破壞當時台灣總統蔣經國名譽的作者劉宜良。

依據各種不同的說法指出，陳啓禮、帥嶽峰（另一位竹聯幫領導人）與國防部情報局局長海軍中將汪希苓三人，於一九八四年七月在台北會面。汪希苓批評某些海外華人背叛台灣，特別是劉宜良，陳啓禮建議有必要給劉宜良這種叛國者一點顏色瞧瞧，並宣稱自己控制美國竹聯幫成員。汪希苓催促陳啓禮當機會出現時，給劉宜良一點教訓。（Committee to Obtain Justice for Henry Liu 1985; 羅檳彬 1988; Kaplan 1992; 鍾連城 1998; 汪士淳 1999）

陳啓禮最初命令在洛杉磯的竹聯幫成員執行這項任務，但沒有效果。陳啓禮與帥嶽峰隨後在情報局接受短暫的訓練，並交付有關劉宜良相片、地址與其他資訊。陳啓禮與帥嶽峰在一九八四年九月抵達美國。

外界並不清楚汪希苓所謂給劉宜良一點教訓指的是什麼，但是陳啓禮已下定決心要殺他。陳啓禮抵達美國之後，帥嶽峰因爲家庭因素必須返回台灣，改由竹聯幫的執法吳敦加入。陳啓禮與吳敦到劉宜良位於舊金山漁人碼頭的禮品店，想在那裡攻擊劉宜良，但是他們發現該區域巡邏周密，於是改變心意。他們請台北的另一位竹聯幫成員董桂森加入他們。當董桂森抵達後，他們計畫在劉宜良的住所殺害他。在跟蹤劉宜良幾次後，吳敦與董桂森侵入他家，開槍打死劉宜良。幾天後，陳啓禮、吳敦與董桂森逃回台灣。

暗殺事件幾個星期之後，台灣的警方與軍事單位執行一清專案，這是全國性的搜捕罪犯行動。陳啓禮是第一個被捕的人，包括吳敦在內數以百計的黑社會份子也遭逮捕，在菲律賓竹聯幫成員的幫忙之下，董桂森逃往馬尼拉。

雖然台灣政府否認涉及劉宜良命案，但是台北一家雜誌透露這則新聞，指出三位竹聯幫領導人需負責任。官方立即反應，他們宣稱當陳啓禮遭訊問時，承認犯下劉宜良命案。此外，他們透露一些情報局官員也受牽連。陳啓禮與吳敦在台北的公開審理下被判有罪，均被處以終身監禁。汪希苓在後來的審判下被判有罪，也是處以終身監禁。

董桂森逃至馬尼拉之後涉及一件命案，隨後前往泰國再去巴西，最後在巴西被捕。隨後他被引渡回美國爲劉宜良命案接受審判，他被判有罪並處以十五年的監禁。他被送往位於賓州路易斯堡的聯邦監獄服刑，而於一九九一年三月被一群受刑人攻擊後死亡。

劉宜良命案與其後的審判和聽證，受到全世界媒體大量報導。有相當多竹聯幫成員居留的國家，特別是美國，變得開始關心竹聯問題，不久七位竹聯幫領導人與成員分別因爲謀殺、毒品買賣、槍枝走私與賭博等罪名，於加州、德州與紐約等地遭到逮捕（Lubasch 1985）。

雖然目前沒有以台灣爲根據地的幫派活躍於美國，但是小部分黑道份子仍然認爲，假如他們必須離開台灣，美國還是安全的天堂。例如治平專案期間，前嘉義市農會理事長蕭登獅即逃往美國。然而，因爲他的護照遭台灣政府撤銷，蕭登獅遭美國海關逮捕並送交台灣警方，立即將蕭登獅帶回台灣。

另一位治平專案對象饒台生，又叫做「仔仔」，也是逃離台灣後，從香港抵達美國。身爲北聯幫幫主，饒台生以豪賭及暴力犯罪而聞名。爲了能在美國變成合法居民，饒台生計劃與一位美國女子假結婚。但在台灣當局告知美國官方有關饒台生的下落，與計劃以假結婚取得合法地位的陰謀後，美國執法機關在洛杉磯一家賭場內逮捕饒台生，並且將之送交台灣當局（石頁 1998a）。

除了上述所提到的治平目標外，據報導某些台灣黑道份子也歸化爲美國籍並擁有美國護照（時報周刊 1997c）。有了美國護照，他們能去世界上大多數的國家而毋須申請簽證，因此也變得更難以掌控。

美國並未免於台灣組織犯罪國際化的影響，然而，與中國和某些東南亞國家相較之下，美國受到台灣幫派的影響還是比較小。當台灣掃蕩組織犯罪時，台灣的黑道份子可能會在美國出現，但是罪犯的人數相對較少，而且他們通常會在美國短暫停留之後，便前往其他地方。

結論：四海都有兄弟

依據台灣外交部指出，目前只有六個國家有與台灣簽訂引渡協定，這些國家都是位於南美或非洲，是台灣罪犯很少逃往的地方。因此，爲了逮捕這些逃往與台灣沒有簽訂引渡協定國家的罪犯，台灣當局必須依賴以下方法：一、台灣警方必須獲得該犯罪人所在地國家警方的支持；二、犯罪人落腳之後，台灣政府必須撤銷其旅行文件，並且當地國家必須視其爲非法居留加以處理，並驅逐出境。假如犯罪人僞造旅行文件，那麼當地警方只要驅逐該非法居留者，並使其搭上飛往台灣飛機，便可送交台灣警方。

無論台灣當局拘捕海外的台灣罪犯有多麼困難，台灣組織犯罪國際化的影響，已被媒體與台灣當局誇大。確實有許多兄弟逃離台灣以避免被捕，而他們在中國與東南亞國家的存在，不僅增加當地社會中賭博與色情行業的數量，而且偶爾會引起彼此之間的暴力衝突。此外，在這些國家做生意的台灣人也可能受到這些台灣罪犯的侵害。然而沒有證據顯示，因大量的台灣兄弟出國，導致台灣有組織的幫派轉型成爲可怕的跨國性犯罪聯合集團。因爲當他們在海外時，他們大多數被孤立隔離，彼此之間或與當地犯罪組織之間很少往來，或根本沒有聯絡。此外，因爲他們與當地高階政府官員的關係不緊密，隨時處於被逮捕的危險狀態，因此他們在外國極度小心。

台灣人在中國、東南亞，以及世界其他地區均有從事人口走私與海洛因買賣，但是他們大多不是角頭或幫派成員。因此全世界的執法機關在處理台灣人所違犯的跨國性犯罪時，必須瞭解來自台灣的黑道與非黑道犯罪者之間的差異。

第九章　誰在統治台灣

現在台灣的黑金政治發展已變成黑道、商人及政客利益共生的狀態。更糟的是，許多具影響力的人物同時兼具這三種角色，並隨意轉換成其中某一種角色，端視哪種角色在當時的情況下是最適當，最能發揮作用。那些不可能同時兼具三種角色的人會以某一種角色爲主，並盡可能與其他兩種角色的朋友交往。

在某種程度上，這些人可說是「完美」的，既有錢、又有權力與實力。這種三合一的實力，在台灣這種極端競爭的社會中是不可或缺的。這就是爲何許多有錢的商人會插手政界，因爲透過地方或中央民意代表，可以確保有利於他們的國家政策會被制定，而許多黑道人物插手政治，則是爲了避免被警察逮捕及處罰。

流氓、商人及政客共生

這種黑道、商人及政客利益共生的狀態，可以透過他們彼此之間的不同關係來更詳密地檢驗：政商網絡、黑白網絡及黑金網絡。

政商網絡

由於欠缺選舉獻金法，而競選公職亟需大量金錢，使台灣許多商人透過選舉時的金錢援助，輕易地與政治人物建立緊密關係。這些政治人物也很願意在財經政策上爲支持他們的商人出力，以互蒙其利。這種政商網絡是起源於一九九〇年初期，當時國民黨正極缺競選資金。根據台灣大學社會學家陳東升（1995:44）的說法：「在解嚴與強人政治瓦解後，經濟團體透過不同的機制來維護與擴張利益，台灣的政經關係，主要的改變是經濟集團與地方政治勢力滲透進入中央政治核心，原本是中央政治威權全盤掌控的體制，變成中央政權、地方派系、利益團體妥協與共生的體制。就地方派系與利益團體而言，中央政治領域成爲她們取得全面性、大規模利益的場域，所造成的影響是擴大經濟與政治的不公平，並使得中央政權、利益集團與地方派系形成利益共生的複合體。」

從一九九二年開始，台灣許多無從政經驗但擅長商業交易的有錢人，紛紛投入立委選舉（譚淑珍 1992b; 新新聞周刊 1992a, 1992b）。一位市議員助理說他確信極大部分的工商團體支持國民黨籍立委，也曾有位建築商人告訴我：「許多國民黨籍立法委員與大財團極端親密；他所關心的是財團的利益，而不是全民的福祉。」

陳啓禮也曾評論「在台灣的政府官員與商人是利益共生的關係，特別是這兩種團體共同爭取工程建設以牟取利益時。任何一個曾任縣、市長者，都曾經圖利過自己。」

李登輝被認定爲促使政商關係緊密的主要推手。他曾公開宣稱，政府的責任就是幫助資本家賺錢（王振寰 1996）。根據紀延陵等人（1990:20）的說法：「四十多年來，台灣商人從來沒有這麼風光過。過去他們和政客打交道必須偷偷摸摸進行，就好像男女在後花園裡幽會偷情一樣，深怕被人撞見，一切都要小心謹慎。但現在他們卻可以在光天化日之下公然擁抱，不必再擔心別人的流言蜚語。」

一九八七年廢止戒嚴法後，國民黨政府不能以施壓來贏得選舉，但能運用關係，特別是在地方選舉上。這些人際關係的結合，就是選舉時建立樁腳網絡的根基，以金錢爲基礎，經由樁腳引介他人收取金錢而把票投給賄選者。這就是李登輝爲何會以金錢關係去控制人際關係的原因，也是他獲得權力的方法。他非常熱切地與不同的工商團體建立良好的關係（他每到任何一處，總是會與工商人士聚餐），也因此，他的政府官員上行下效，也與商人保持緊密關係。

黑白網絡

如前所述，許多黑道人物如果錢夠的話，自己會跳出來參與公職選舉，如果資金不足，則會試圖與政治人物建立緊密關係以得到保護，足以和執法界對抗。大部分的政治人物也很願意與黑道人士交往，因爲這些黑道人士可以幫助他贏得選舉。一位竹聯幫大哥說：

「為什麼台灣的白道與黑道的關係會發展成這個樣子？主要是黑道人士同時也身兼選舉時的樁腳。台灣的政治人物必須獲得黑道的支持，因為黑道代表民意，並且有能力去表達公眾的感覺與態度，以及擁有動員民眾的力量。如果沒有黑道的支持，政治人物會很容易變得高高在上，與民眾脫節，在政治生涯上是沒有未來的。」

因此，大部分的幫派要角在選舉期間都會被國民黨、民進黨與新黨拉攏。曾任立法委員的朱高正，當被問到政治人物與黑道關係到底是多緊密時，他很坦率地指出：「出身基層民意代表，怎麼可能不認識黑道？」（李肇南 1996b:51）同樣的，前無黨籍立法委員林瑞圖指出：「台灣由於區域狹小，大部分的候選人不得不與黑道人物有所接觸。你不能失去那些黑道人物所控制的選票。」然而，如同金石（1989:39）所說的，政客與黑道人物間的關係網絡不能被視爲正常，因爲它有它的壞處：「結交朋友是個人自由，但友情延伸成爲議員職權與黑道勢力的結合，進而相互爲用、相得益彰，以經營地下舞廳、酒吧、酒店、賭場等行業共同牟利，或是插股，或是掛名顧問，無論色情與賭，獲利可觀，對社會絕對是害處多多。」

黑金網絡

一個高雄市商人告訴我，那些無法與政府官員結交的中小企業老闆，若有黑道人士要支持他們，也會很願意與他們交往，因爲這樣才可以和那些與政府官員有交往的同業相競爭。黑道人士會爲了商業機會與財力支持的因素而與商人交往，例如，四海幫蔡冠倫就與蔣啓弼有密切關係。蔣啓弼因投資黑道人士的企業而被認爲是黑道的「金主」，他們倆同時因涉及在商業交易中，以暴力、威脅爲手段，因而「治平專案」時遭逮捕。此外，黑道人士若有意進行工程綁標，則需合法營建商的幫助。最起碼，黑道成員需要這些大商人經常出入他們所經營的色情與賭博場所消費。

想知道台灣黑道、商人與政治人物利益共生的情況有多嚴重，方法就是當有黑道大哥或其家人出殯的時候，小弟們會邀請富商或有權力的高官顯貴參與喪禮，以展現實力，而這些高官顯貴居然也很高興來參加喪禮及支付奠儀，顯示他們與有勢力幫派的關係深厚。其他幫派的大哥也大多會參加，因爲這不僅是表示他們尊敬其他幫派的社交場合，同時也是調動數十輛進口高級轎車及耀眼的馬隊來展現自己幫派實力的時刻。

一九八八年某位黑道教父、一九九二年牛埔幫老大的母親以及一九九六年四海幫老大的喪禮，台灣商界、政界及黑社會中最有權力的人士都親自出席，有的還擔任治喪委員。二〇〇三年，松聯幫前幫主「豹哥」王知強的父親告別式上，以及號稱臺灣黑道教父，綽號「排骨」的大哥級人物林順治父喪公祭場中，除立委、政界人士及其他幫派大老前往弔唁外，更赫見陳水扁總統、副總統呂秀蓮、行政院長游錫堃致贈的輓額。

黑道、白道和灰道

台灣黑道滲入商界、政界的問題經常被媒體所報導，民進黨總是以此批評國民黨，成爲一個被民衆廣泛討論的社會話題。大部分人相信，黑道應爲台灣大多數不良現象負起主要責任，包括選舉買票、街頭暴力、工程綁標及低劣的公共工程品質。他們假定，一旦黑道在合法生意及政治領域中被除去，以上所提的問題就都會消失無蹤。

然而也有相當多的人認爲，貪污的政府官員和某些爭議性人物對社會造成的傷害，遠超過那些具有黑道背景的商人和政客。許多觀察家認爲，黑金政治的發展，並滲入社會重要部門，白道和灰道遠比黑道佔有更重要的角色。一個與立法院黑金人物很親近的前新黨籍女性立法委員說：「台灣的黑金政治並不如民衆所想的那樣嚴重。毫無疑問的，某些幫派份子在地方政治上很活躍，但沒人眞正知道有多少地方議會議員是幫派人物。另外，我不知道他們如何定義『黑道』。民衆常說有黑道立委，但他們並不是立法院內最糟糕的人；其實，其他立委，以○○○爲例（國民黨籍立委，不被外界認爲是黑社會份子），他才是大家公認最卑鄙的人。你可說他是個流氓立委，或是比流氓更惡劣的人。事實上，那些正在毀滅台灣的人並不是黑道份子，而是貪污的官員、貪婪的商人和像李登輝那樣的人。這些參與非法活動的人，才値得我們給予更多的關切。」

曾被羅福助攻擊的前民進黨籍立法委員簡錫堦，同意這位新黨立委的說法：「我很難眞切說出立法院內到底有多少黑道立委，但我要強調的重點是，黑道立委的存在只是黑金政治問題的一小部分。有許多並非是黑道人物，但是由地方派系支持，並和幫派份子有往來關係的立委們，他們出席院會只關心自己和那些利益團體的議案。我個人認爲，他們才是眞正問題所在。這個問題是在凍省後，大批的省議會議員成爲立法委員才變得嚴重起來。這些新科立委繼續扮演他們以前在省議會那種粗魯、無恥的行爲。自從他們來了以後，立法院就變的跟以前不一樣了。」

台灣最具影響力人物之一的中研院院長李遠哲也曾提起，「組織犯罪是可怖的，但貪官污吏更糟糕。」根據李院長的說法，要想深入研究黑金政治，必須對白道及灰道投入遠比黑道更多的關注。換句話說，貪污和無能的中央政府官員、縣市長、鄉鎮市長、地方官員和貪婪及不道德的商人對台灣發展的影響，遠比黑道民代更具有決定性。

某些人認爲黑道會滲入商界和政界，是受到商人和政客的誘請，沒有他們的支持和鼓勵，黑道根本沒有機會去影響商界和政界。然而，一旦有黑道人物被指控涉及選舉暴力和工程綁標，那些誘請他們的商政界人士，就會立刻檢舉指責他們，並說他們是所有問題的主因。根據董念台的說法：「最令我感到憎惡的人，是那些曾經利用黑道份子，到最後又反過來指責他們的白道人物。這些白道人物靠黑道份子解決財物紛爭、競選和做一些骯髒的事，但當白道人物要爲犯罪問題尋找替罪羔羊的時候，第一個指責的就是黑道份子。我認爲對黑道嚴厲指責，對白道寬容以待，這樣是不公平的。」

一個社會當中，許多白道和黑道經常往來，並積極參與一些通常是黑道份子才會參加的活動；而許多黑道和白道有關係，並且在生意和政治領域扮演關鍵角色；在這種環境下，想區分黑道和白道，是不太容易的。久而久之，由於白道犯罪和黑道漂白，造成大量灰道人物的產生，這些灰道人物既不是黑道，也不是白道，但有足夠的金錢和權力躲在背後操縱，並獲得最大的利益。

我個人認爲，黑金政治基本上是金錢、暴力和權力的結合。想要獲得政治權力，就要用錢買票，並使用暴力確保買票有效，幫派成員供應暴力，財團提供金援。當政治人物選上後想要維持政治影響力，就必須經常回饋那些幫助過他的黑道和財團。之後，幫派和商人瞭解到他們並不一定只可擔任支持者的角色，有些幫派成員有足夠的錢或某些商人和幫派結交關係後，就親自出馬競選公職。到最後，台灣的黑社會、商界和政界領域變成糾纏在一起，幾乎不可能再把它們區隔出來。

從台灣幫派犯罪和官員貪污的案例，可看出黑白兩道之間的緊密關係。然而，這種聯結關係不能予以實際構成政客（被害者）及幫派（加害者）的不平等遊戲。這種黑白兩道的共生關係，用「夥伴」這個名詞可能更恰當。我探究得知的是：台灣貪污的情形是如何被誘發的？而貪污機會是如何產生的？一個不正當的特權體制是如何去預估權利和契約，並將正當生意人和一般大眾排除在經濟與政治的參與機會之外。

透過非法財富，特別是暴力及賄賂，搞政治的企業家能利用政治環境而自肥，並干涉重要的社會功能，導致政府施政程序受到危害。

促進黑白勾結關係發展的因素，存在於那些經濟蕭條及政治意識薄弱的地區，唯有這種地方才會讓政府官員肆無忌憚地運用權力，以進行公眾利益與資源的分配。台灣這個社會，共同政治意識缺乏、社會團體和政府機構之間缺乏緊密聯結，社群因無法對政府部門施壓而被孤立，政治程序是扭曲和被壓抑的。可預料的是，這些地方的選民無力掌控政客及政府官員，只有那些受委託型的政客才有辦法讓權力無限增加，將政治資源不當分配到他喜愛的團體和個人。在美國的少數族裔社區，就是這類犯罪和貪污的最佳範例。

工商業活動也是組織犯罪者以貪污爲主要手段來滲入的環境之一。更糟的是，幫派份子已發展出利用法規、法令與規範上的混亂，甚至有些法規已經過時的弱點，造成政府施政上的無能、消滅了競爭與投資意願、明顯的增加施工成本，還降低了公共建設及私人工程的品質。

如上所述，在那些透過法律規範外的手段來推動工程完工的環境中，幫派的功能儼如「合理化的經紀人」，這些手段包含掌握勞工來源、建設過程的轉包轉介、以及建築原料得以穩定租用或大量取得的特權。這種狀況，不僅顯示法律上的侷限以及商業體制的不完整，亦是建築界被黑道「卡爾特」（cartel，內部勾結的壟斷組織）操縱之下所顯現出來的現象。

這種解析可以讓我們推論出控制與約束黑金政治的抗制策略，將政客、幫派和商人間的聯結關係打破，解開犯罪者對商業的控制。在一個犯罪影響力眞正猖獗的商業環境中：

第一種改良對策，即是在公共工程招標時就讓更多的建設公司參與投標。

第二個重要的選擇，即是在法規上做改變，設計出更透明的投標過程規範。在過去，商業交易不夠公開，是導致建築業界廣泛存有聯合壟斷情形的主因。

第三種機制，是設計一個機制，以篩選參與工程者的資格，要求政府當局加強檢驗投標人的背景及過去的執行經歷。若能如此，想必那些以犯罪手法滲透的公司及個人，就能被隔離在公共工程建設合約之外了。

或許最為大衆所評論與知曉的貪污，是競選經費的籌募形式。合法的競選經費，在一個選民不關心政治且經濟落後的社會中，似乎很難募集實質的金額，迫使參政者轉而尋求私人部門的支持與資源協助，這也促使犯罪者與政治人物結成盟友與形成網絡。

另一個在此黑白關係網絡已行之有年的當代環境中，值得去探討的現象是：過去二十年來，政府增加社會控制範圍時，反而促進黑白關係的增長。一旦政府規範的活動增加，貪污情事也可能跟著增長，因為在新的環境中，可能會貪污的官員也增加了。

政策建議

這項調查研究已讓我確信，台灣的黑金政治與組織犯罪，不能單靠執行流氓掃蕩行動及囚禁而予以消除。根據美國犯罪學家費根諾與瓦寧（1998:22）的說法：「有三種狀況會助長黑手黨的發展：一個虛弱或貪污，以致不願意（或無能）去保護日常交易的政府；有可以獲得暴利的犯罪機會；政府當局決策時有過度的官僚權力及太大的裁量空間，以致決策過程不透明，令外界難以監督。」因此，要處理組織犯罪的問題，一個全面性的方法就是除去前述台灣社會中的三種狀況。我個人認爲，這些對策包含廢止檢肅流氓條例，終止流氓掃蕩行動，廢除鄉鎮市級選舉，改革司法體系，建構犯罪預防機制與促進地方發展。

廢止檢肅流氓條例

在台灣，檢肅流氓條例已經施行四十幾年。雖然它曾因無正當合法程序，遭到學者與法官們的批評而修正了數次，但它仍屬過時的法律工具，不僅因爲它漠視當事人的基本權利，更糟糕的是因掃黑而製造出更大量的流氓。在檢肅流氓條例的執行下，成千上萬個被關在偏遠地區的行爲偏差青年，被貼上流氓的標籤，加以審判及處罰。許多在經歷叛逆年代後可能回歸主流社會的年輕人，因而一輩子被污名化，被迫成爲職業犯罪者。研究組織犯罪的學者肯尼與費根諾（Kenney 和 Finckenaue 1995:15）曾經提醒：「不論是組織型或其他類型的犯罪人，不能只因他們本身具有某種人格特質或屬於某些團體，就輕易起訴與處罰他們，除非是他們已犯了非法罪行。俗諺說：『假使牠看起來像隻鴨，走起來像鴨，加上牠身處鴨群中，那牠就是隻鴨。』這句話或許適用在組織犯罪的成員上，但沒有人可以因爲他看起像黑幫人物、走起來像黑幫人物和身處黑幫團體中，就活該因此被起訴。」

同樣的論法可應用在台灣所謂的流氓身上。許多我訪談過的兄弟一再嚴詞批評檢肅流氓條例，而且回想到這個條例帶給他們的經驗時，心中就會感到極端憤怒。他們認爲那不僅是錯誤的控訴，而且是個嚴酷的處罰。我相信現在該是台灣當局廢除這項法律，回歸刑法及組織犯罪防制條例來起訴與處罰違法者的時候了。

終止掃黑

在台灣，過去三十多年來已執行過無數次的掃黑行動，但沒有證據能證明執法單位用這種措施來抗制組織犯罪是有效的。每次實施掃黑行動，警察機關就會逮捕數以千計的幫派和角頭老大，並且處以三年的監禁。這時，許多年輕的幫派或角頭成員就會被同伴推舉爲老大。因爲這些成員都很年輕又經驗不足，且沒有經驗豐富的元老來約束他們，所以他們常會因爲魯莽行事而犯罪，或遇到挑戰時就訴諸暴力來解決問題。此外，被囚禁的老大哥最後都會回來，這些位處偏僻的監獄，不僅把他們徹底改造成無法回頭的浪子，還促成他們組織了全國性的黑社會網絡，來幫助他們發現外地新的犯罪機會。

這種只因他們是黑道名人就隨意逮捕的策略，不僅產生不良後果，並且是違憲的。如稍早所提，只要中央政府施壓，地方警察單位就會大規模的執行逮捕，不會注意到證據的蒐集與罪犯人權的保障，檢察官和法官也熱心地幫忙中央政府達成目標。這些沒有進入辯護律師和陪審審判程序的嫌犯，一旦受到逮捕，極不可能獲得釋放。此外，許多沒資格被認定爲大哥的小弟，可能被檢警當作大哥來辦。費根諾與瓦寧(1998:19)認爲：「當上頭壓力非常大，逼著執法單位要去捕獲黑手黨成員時，特別是教父級的人物，這些壓力會導致執法機關逮捕一些可能是、也可能不是老大級的惡漢，然後幫他加冕爲教父，自我創造出個黑手黨老大來。因爲逮獲黑手黨要員是個令人興奮、曝光率高且引人注意的行動，也因而造成執法單位提供錯誤信息給新聞媒體，或錯誤解釋資訊或選擇性的解釋。一旦發生這種事情，大衆就只能聽信了錯誤資訊，政策方向也被誤導了。」

此外，如同第八章所提及的，許多大哥們能夠輕易地以飛離台灣、定居海外的方式來躲避掃黑行動。台灣的檢肅流氓策略可以說是將流氓「輸出」海外及使台灣黑社會國際化的推手。現在，台灣當局該廢止這些權宜措施，改以平常時期的持續調查結果來起訴黑道人物。

廢止鄉鎮市級選舉

選舉暴力、買票和黑道已經深入地方選舉，特別是鄉鎮級的選舉，即使這種具草根性領導人所參與的廣泛性選舉，是一個眞實民主社會發展的重要成分，但我認爲地方性選舉所引發的問題已超過它的優點。事到如今，廢止鄉鎮市長的選舉，倒也不算是個壞主意。

二〇〇〇年總統大選過後，民進黨掌控下的內政部已經制定一個法案，如果通過的話，鄉鎮市長將以任命方式來取代既有的選舉方式。在法案內容中，現任的鄉鎮市長將在二〇〇二年八月一日任期結束後改由縣市長任命，鄉鎮市民代表也同時被廢除。

國民黨極度反對廢止地方選局，因爲現有的鄉鎮市長九〇%以上是國民黨籍，他們大部分是地方派系領導人，能夠幫助、支持國民黨參與的任何層級選舉。

此外，最近通過的競選獻金法也應嚴格執行，以剷除政客與商人間的不當關係。

改革司法

根據中央研究院的一位社會學家的說法：「黑金政治」這個名詞並沒有實質的意義，不論它如何被使用，問題關鍵在於，如何處理那些爲本身利益而無所不用其極的各式團體。對這一位社會學家而言，黑金政治完全與撈錢有關，在大部分的社會中，利益團體爭取稀有資源的事並非不常發生，但台灣的司法體系必須確保利益團體是以公平且公開的方式競爭，假若沒有公平競爭，就必須按照規定受到處罰。否則，只要有一般社會大眾無法公平競爭的情事發生，就會引發民眾去尋找法律之外的解決方法。

正因爲台灣司法體系無法解決爭論，黑社會成員就變成了終極仲裁人。根據學者安得森（Annelise Anderson 1995）的觀點，政府功能由非政府人員執行的地方，就會有犯罪組織，特別是那些合法體系拒絕或無法執行公權力的地方，組織犯罪成員就會代替政府單位，由黑道來確保各種合約的約束力。

如同稍早所提，台灣民眾若遇到個人因素、經濟或政治等問題與人爭執時，時常尋求黑道的協助，這顯示他們並不信任司法體系能解決紛爭、能處於中立的角色。許多受訪的道上人物強調，他們的主要功能之一就是調解紛爭，假如台灣的司法體系能扮演公平而有權威的角色，去規範人際互動，去保護社會契約，並依規定處罰違法者，那麼金錢、暴力和政治影響力將不會如現在那麼具有重要性。

根據我的觀察，無論是建築商、影視人員或政治人物，多數被黑道勒索或暴力相向後卻得不到官方應有的保護。久而久之，這些受害者對司法界失去信心後只好跟黑道妥協，跟黑道走在一起尋找保護，或請黑道參與他們的政治活動以獲得競爭優勢。然而，不消幾年，這些當初受邀請的大哥就由於本身的實力而由配角變成主角，亦即由保護者變成經營者。這種發展，問題的癥結不在於誰先跟誰打交道，應該怪誰，而是在司法的不彰，沒有威信。

預防重於掃蕩

警政機關多半是被動，而不是主動擬定打擊幫派犯罪的對策。他們例行性的打擊犯罪目標，是那些不具幫派身份，且無權無勢的罪犯。大哥們和有黑道背景的政治人物，原則上是排除在例行性打擊行動之外的，除非他們牽涉到暴力火拼或他們的非法活動「出了狀況」而被媒體報導出來。許多我訪談過的警官們承認，他們通常不會探究大哥們或具黑道背景的政治人物的事務，以免自己和上級惹上麻煩。除了限時的大規模掃蕩行動，才會進行大規模逮捕，而這些大哥的罪名可能是數年前就已經犯下的罪行。這麼一來，不但在掃黑時難免會抓錯一些人，也失去了平時預防犯罪的機制。

此外，政府必須提升執法人員的專業素養。在台灣，仍有警察貪污的問題發生。台灣政府經常發動掃蕩幫派行動，絕大部分的重要黑道人物被執法機關處以嚴厲的起訴與處罰，這顯示台灣仍存在著一群不屑於貪污的政府官員與執法人員。未來，如何去強化這些團體或個人的力量，是很重要的。

照顧鄉村青年

即使台灣被認為是個擁有外匯存底世界排名第二或第三的開發中國家，但農村縣市的發展仍遠落後於台北市和高雄市。在鄉村長大，僅受到些許教育，與專業技能訓練不足、社會關係不佳的年輕人，大部分不是加入軍隊、擔任警察，就是成為兄弟。現在，政府該對地方發展投入更多關心，提供更好的教育、專業技能的訓練與工作機會給那些受到忽視的南台灣年輕人，否則許多鄉村地區的年輕人，就會成為黑社會的儲備人選。

註釋

1. 這本書中，如果資料來源是英文，我就會用英文指出作者的姓氏，如果是中文，我就會用中文寫出作者的姓氏與名稱。
2. 整本書中，我常引用我訪談的一百一十七名對象的話語。爲了避免重複，當我引用一名受訪者的說話內容時，我不再重複說明他或她是我的受訪人。如果引用的不是受訪者的說話內容，才會註明出處。
3. 當受訪者被問到「讓你覺得身爲台灣人最丟臉的是什麼事？」時，二二・九%的人回答「黑金政治」，一五・六%回答「缺乏守法精神」，一五・五%回答「社會秩序敗壞」，一一・三%回答「低落的外交地位」（Taipei Times 1999b）。
4. 媒體大肆報導，伍澤元在一九九〇年代早期代表國民黨參選屏東縣縣長時，在選舉期間靠一群以屏東縣議會議長爲首的流氓組成「白布鞋部隊」與「棒球俱樂部」，騷擾民進黨的在位縣長。
5. 廖學廣說：並不是只有我一個人被綁架關在狗籠中，在我之前已經有許多人有類似經驗，但是我是唯一報警的。
6. 周伯倫現今已無立委身份，並於二〇〇三年二月因榮星案入監（花蓮監獄）服刑。
7. 在組織犯罪防制條例通過前，刑法中僅有一條有關幫派成員的條文。根據刑法第一百五十四條，如果一個人係幫派成員，所犯之罪至少判處三年以上有期徒刑，如果爲幫派領導者，則判處一至七年有期徒刑（蘇南恒 1997）。
8. 根據法律規定，任何團體反覆從事非法活動時，若未使用強暴或脅迫，則不被認定爲「犯罪組織」。
9. 也就是說，確定抵達台北中正機場時不會被戴上手銬及不會被當作治平對象送往綠島

附錄：研究方法

研究地點

這個研究的主要據點是台北。我於一九九八年十二月一日回到台灣，並且停留到二〇〇〇年一月十五日才回美。在台灣期間，我在中央研究院社會學研究所以富爾布萊特訪問學者的身份進行研究。我利用前兩個月的時間大量收集以及閱讀相關的文獻，包括報紙、雜誌以及學術論文。之後，我大部份的時間都花在安排、進行以及記錄一百多個訪問。

由於中央研究院離台北市中心有一段距離，我必須到城裡去找我的訪問對象。從南港搭公共汽車到市中心需要一個小時左右，所以我通常都得花上一整天的時間來完成一個訪談。

我在台灣期間跑了中南部三趟，每次大約需要十天的時間。我去中南部的目的是要訪問當地的警察、政治人物以及角頭兄弟，跟一般老百姓聊天，以及親眼看看台北市以外的台灣是怎樣的一個地方。

我還去了大陸跟東南亞四趟。一趟去柬埔寨與越南，一趟去泰國，兩趟去中國。每趟大約需要十天的時間，主要目的是訪問那些離開台灣的大哥。我覺得這幾次行程收穫都很大。主要因爲：一、多數我在國外訪問的大哥都是重量級人物，他們可以提供給我很多台灣江湖的訊息；二、在國外的大哥多數都是遭台灣當局通緝的公眾人物，所以他們沒有什麼好隱瞞的，且願意配合本研究的需要；三、流亡海外的大哥似乎沒有像在國內時那麼忙，所以也有較多的時間回答我的問題；以及四、除了訪問大哥之外，我有機會到大哥家做客，有時逗留幾個小時，有時好幾天，這使我更加了解大哥們在國外的生活情形。

二〇〇〇年的暑假，我再次回到中央研究院訪問三個月。這次的目的主要是收集更多的文獻以及訪問多位立法委員與國大代表。

資料來源

第一手資料

我總共訪問了五種背景的人士。

第一，我訪問了中央及地方的執法人員與政府官員，以便了解他們對現階段台灣黑道生態的評估。跟第一種受訪者的訪談主要鎖定在他們對台灣黑道的發展與轉型的認知、對黑道侵害合法企業的判斷以及黑道跟政治人物之間的勾結的評估上。我也問他們有關黑道經商或參政所造成的後果，以及他們對打擊黑幫所遭遇到的問題有何看法與解決之道。

第二，我訪問了幫派與角頭人物。訪談內容主要包括：對他們自己參與合法與非法活動的看法與解釋、對他們在政治界的角色的看法，以及對他們在合法企業界的角色與功能的看法。

第三，我訪問了立法委員與國大代表。這些受訪的中央民代包括被認爲有黑底者、曾經受到黑道侵害者，以及被認爲同情黑道者。訪談這些中央民代時重點放在黑道與政治之間的錯綜複雜的關係上，以及他們對這種黑白掛鉤所帶來的衝擊有何評估。

第四，我訪談了鄉鎮長、縣市議員以及鄉鎮市民代表。正如上述的那一群中央民代受訪者一樣，受訪的地方首長與民代中包括有黑底者、受害者、批評黑道者、同情黑道者。跟這群受訪者的訪問主要鎖定在地方利益團體與地方派系之間的衝突是否促進了黑道參政。

第五，我訪問了一批熟悉台灣黑道生態的人士。這群受訪者的背景是多樣化的，包括醫生、建築商、小生意老板、學者、新聞工作人員、工人以及在東南亞和大陸的台商。他們從非執法界的角度來看黑金政治的另一層面貌。

在台灣、東南亞以及中國，我總共訪問了一百一十七位對象。其中，十六位受訪者被訪談兩次或兩次以上。下表列出五種受訪者中各訪問了多少位。

受訪者	人數
政府官員與執法人員	29
地方首長與民代	19
中央民代	12
大哥	32
其他受訪者	25
總計	117

研究樣本

所有的訪談都是我本人面對面與受訪者進行。受訪者接受訪談後並沒有得到任何酬佣。對每一種受訪者，我設計好一份訪談議題，列出所有的問題。每一個訪談大約一到兩小時，但有的受訪者，特別是在海外訪問的大哥，卻訪談了四到五小時。有幾位重量級大哥則在幾天內反覆地訪談好幾次。

由於訪談的內容較爲敏感，我爲了讓受訪者較無顧忌而沒有錄音，也沒有在進行訪談時做筆記。爲了盡可能地把大部份的對話很準確地記載下來，我通常在訪談完畢後立即回到中央研究院的辦公室或旅館（如在中南部或海外訪問）記載訪談內容。

我採取兩種方式選擇受訪者。第一，根據我對台灣的認知以及我在台灣的人脈去尋找訪問對象。由於許多台灣的政治人物不否認他們的兄弟背景，加上許多大哥級人物在台灣是知名的公眾人物，因此，要決定該訪問誰以及找到他們並不是很難的事。第二，我採取滾雪球的方式去找訪問對象，也就是請那些已經訪問過的對象介紹其他的對象給我訪問。我知道用這兩種方式找受訪者並不是最佳的方式，但由於我們對受訪者的總人口的認知有限，所以也就不可能採取隨機抽樣的方式來設計樣本。當然，由於本研究的受訪者並非以隨機的方式挑選出來的，所以他們的代表性有多大就很難說。

第二手資料

除了訪問一百一十七位人士外，我也收集了兩種第二手資料。第一，我收集了有關黑道的官方統計資料與書面報告，有關於歷年來的選舉暴力事件與選舉結果的資料也收集了不少。第二，我很有系統地去收集跟本研究有關的新聞報導、雜誌文章、學術論文、碩士論文以及博士論文。新聞記者、黑道大哥以及學者所寫的有關書籍也盡量收集。大部份的第二手資料都詳列於本書末尾的參考文獻。

研究過程中遇到的困難

研究像黑金政治這種在台灣既敏感又非常政治化的課題對本地以及外國的學者來說都是極端困難的。當我在台灣進行本研究時，執政的國民黨官員正忙著準備二〇〇〇年的總統大選，因此他們也就很自然地不是那麼願意幫一個國外來的學者去探討一個被公衆以及民進黨認爲象徵國民黨無能與腐敗的黑金政治。不但很難找到願意受訪的國民黨官員，也很難從那些少數願意受訪者口中得知什麼。他們通常淡化問題的嚴重性或假裝對黑白掛鉤這件事全然不知。

許多執法人員對於向一位國外教授講述黑道參政的事情也不是很自在。好在我跟多位高階警官認識，他們也就非常願意幫我說服他們的部屬放心地接受訪問。跟多數警官的訪問是在中央警察大學進行的，那時剛好這些警官在該大學接受在職訓練。由於我在他們的課堂演講過一次，加上我是該大學謝瑞智校長與教育推廣中心主任葉毓蘭教授的客人，所以那些受訪警官都非常合作，對我可以說有問必答。

訪問中央及地方民意代表也可以說是困難重重。他們多數每日行程滿滿，也不認爲跟一位國外學者談台灣政治的黑暗面有什麼好處。當我跟一位高階國民黨官員說我想訪問不少政治人物來了解黑金這個問題時，她說：「這裡的政府官員、立法委員與縣市議員很多都跟黑道走得很近，他們幹嘛要跟你實話實說？」

一位新黨立法委員跟我見了面第一句話就是：「我必須要聲明我不是那麼樂意告訴你我所知道的事，因爲你是國外來的，特別是美國來的一位想要寫一本對台灣很有負面性的書的學者。很多美國學者經常跑到台灣來研究台灣，而他們的研究並沒有給台灣帶來什麼好處。如果你說你這本書要用中文寫，要在台灣出版，那麼我可能會較樂意於幫你。」

總的來說，民進黨的人比國民黨的人更願意與我合作，而地方政治人物也比中央政治人物更能接受我的這項研究。然而，許多民進黨人士還是不認爲這個研究會帶來什麼改造，正如一位前民進黨市議員所說：「我不認爲你的研究會有什麼影響。台灣人有一句話，一隻狗對著一排經過的火車叫，那隻狗怎麼叫也不會對那一排火車產生什麼作用。」

由於台灣當局過去二十年來經常掃黑，特別是在一九九六年治平掃黑後，多數知名度高的大哥都在一九九九年我在進行訪談時遠離台灣。因此，我在台灣只能訪問到少數中下階層兄弟。然而，由於我跑了幾趟東南亞以及中國大陸，所以也就在海外與幾位大哥進行了好多次很不錯的訪問。

除了上述四種受訪者外，我也訪問了不少其他背景的人士，他們都對黑金的發展感到憤怒與挫折。儘管他們非常願意跟我談，但有些人還是認爲我的研究不會有什麼作用。因爲他們認爲黑金問題是根深蒂固的，且國民黨會不擇手段地保衛它的執政權與特權。根據一位資深記者的看法：「你做這項研究有何意義？它會帶來什麼好處？國民黨非常清楚黑金政治的本質以及它的嚴重性。其實，國民黨在支持黑道參政來鞏固它的政權。國民黨爲什麼要消滅黑道？如果國民黨哪天把黑道消除了，那麼國民黨也就完蛋了。所以，國民黨不會因爲你的研究而做任何事。」

本研究的主要難題之一是很少有人眞正對問題的本質與來龍去脈有深入的理解。多數人對黑金政治的認知主要受謠言或媒體報導的影響，而且他們對這個問題的看法深受他們的政治傾向左右。正如一位民進黨立法委員所說：「黑金政治是一個很嚴重的問題，但除了那些少數直接涉入或受侵害者外，沒有人能對這個問題說出一個所以然。當你訪問完一大批人之後，你會發現他們說來說去都是同樣的話。這意味著他們並不十分了解問題。」

儘管本研究遭遇到上述的挑戰與障礙，我還是對我收集到的資料的品質、廣度以及深度感到滿意。我也深信大多數的受訪者已盡了他們最大的努力來告訴我他們對台灣黑金政治的認知。

英文參考文獻

Alexander, Herbert. 1985. Organized crime and politics. In Herbert Alexander and Gerald Caiden (eds.) *The Politics and Economics of Organized Crime*. Lexington, MA: Lexington Books: 89-98.

Anderson, Annelise. 1995. Organized crime, mafias and governments. In Gianluca Fiorentini and Sam Peltzman (eds.) The *Economics of Organized Crime*. Cambridge: Cambridge University Press: 33-47.

Arlacchi, Pino. 1987. *Mafia Business: The Mafia Ethic and the Spirit of Capitalism*. London: Verso.

Baum, Julian. 1995. Mob rule: Organized crime pushes into politics. *Far Eastern Economic Review* February 2: 22-25.

_____ 1996. Hard guys get hit: Public outrage spurs crackdown on gangs. *Far Eastern Economic Review* February 19: 18-20.

Braithwaite, John. 1989. *Crime, Shame and Reintegration*. Cambridge: Cambridge University Press.

Butterfield, Fox. 1985. Chinese organized crime said to rise in U.S. *New York Times* January 13: A1.

Chen, Lauren. 1999. Taipei district court judge refuses KMT offer to run in Yunlin County. *Taipei Times* September 13: 3.

Chen, Lauren, Oliver Lin, and Lin Chieh-yu. 1999. Independent wins in Yunlin. *Taipei Times* November 7: 1.

Chen, Ming-tong. 1996. Local factions and elections in Taiwan's democratization. In Hung-mao Tien (ed.) *Taiwan's Electoral Politics and Democratic Transition: Riding the Third Wave*. Armonk, NY: M.E. Sharpe: 174-192.

Cheng, Chung-hsin. 1992. On the problem of hoodlums underworld gangs and the organized crimes in the Republic of China: A current survey and counter measures. Taipei: Investigation Bureau, Ministry of Justice.

Chu, Monique. 2000a. Yen Ching-piao: Pious leader or crafty politicians? *Taipei Times* June 15: 3.

_____ 2000b. Legislative aides - uncontrolled, unsupervised, and on the make. *Taipei Times* August 21: 3.

Chu, Yiu-kong. 2000. *Triads as Business*. London: Routledge.

Committee to Obtain Justice for Henry Liu. 1985. *In Memorial of Henry Liu*. San Francisco: Athens Printing Co.

Della Porta, Donatella and Alberto Vannucci. 1999. *Corrupt Exchanges: Actors, Resources, and Mechanisms of Political Corruption*. New York: Aldine De Gruyer.

Dorman, Michael. 1972. *Payoff: The Role of Organized Crime in American Politics*. New York: David McKay.

Dubro, James. 1992. *Dragons of Crime: Inside the Asian Underworld*. Markham, Ontario: Octopus Publishing Group.

Duffy, Brian. 1993. Coming to America. *U.S. News & World Report* June 21: 26-31.

Finckenauer, James and Elin Waring. 1998. *Russian Mafia in America*. Boston: Northeastern University Press.

Gambetta, Diego. 1993. *The Sicilian Mafia: The Business of Private Protection*. Cambridge: Harvard University Press.

Giboa, Amit. 2001. *Off the Rails in Phnom Penh: Into the Dark Heart of Guns, Girls, and Ganja*. Bangkok: Asia Books.

Godson, Roy. 2001. The political-criminal nexus and global security. Paper presented at the Joint Meeting of the US and Chinese Working Groups, December 10-11, Beijing, China.

Gold, Thomas. 1986. *State and Society in the Taiwan Miracle*. Armonk, NY: M.E. Sharpe.

Handelman, Stephen. 1995. *Comrade Criminal*. New Haven, CT: Yale University Press.

Hess, Henner. 1998. *Mafia and Mafiosi*. New York: New York University Press.

Hood, Marlowe. 1993. The Taiwan connection. *South China Morning Post* December 27: 11.

Huang, Joyce. 2000. Suspected gangster elected to judicial committee. *Taipei Times* September 22: 3.

Jacobs, James. 1999. *Gotham Unbound: How New York City was Liberated from the Grip of Organized Crime*. New York: New York University Press.

Jou Ying-cheng. 2000. Taiwan seeks extradition of ex-Bamboo Union boss. *Taipei Times* July 17: 3.

Kaplan, David and Alec Dubro. 2003. *Yakuza*. Berkeley, CA: University of California Press.

Kaplan, David. 1992. *Fires of the Dragon: Politics, Murder, and the Kuomintang*.

New York: Atheneum.

Kemenade, Willem van. 1997. *China, Hong Kong, Taiwan, Inc*. New York: Alfred A. Knopf.

Kelly, Robert. 1999. *The Upperworld and the Underworld: Case Studies of Racketeering and Business Infiltrations in the United States*. New York: Kluwer Academic/Plenum Publishers.

Kennedy, Brian. 2000. Corruption, not China, is the main challenge. *Taipei Times* March 15: 4.

Kenney, Dennis and James Finckenauer. 1995. *Organized Crime in America*. Belmont, CA: Wadsworth Publishing Co.

Landesco, John. 1968[1929]. *Organized Crime in Chicago*. Chicago: University of Chicago Press.

Lee, Ching-hsiung. 2000. Legislative immunity is no excuse for abuse. *Taipei Times* May 13: 8.

Leng, Tse-kang. 1996. *The Taiwan-China Connection*. Boulder, CO: Westview Press.

Lin, Chieh-yu. 1999a. Gangsters weigh in to Yunlin race. *Taipei Times* October 29: 3.

_____ 1999b. Former justice minister decries "black gold" ways. *Taipei Times* December 22: 3.

Lin, Chieh-yu and Lauren Chen. 1999. Candidates go all out for Yunlin. *Taipei Times* November 5: 3.

Lin, Irene. 1999a. Hsiao will not go to Green Island. *Taipei Times* September 19: 3.

_____ 1999b. Judicial Yuan sheds light on the darker side of politicians. *Taipei Times* October 30: 1.

_____ 2000a. Top cops draw big guns against "black gold." *Taipei Times* January 20: 3.

_____ 2000b. Anti-corruption drive renewed. *Taipei Times* January 24: 3.

_____ 2000c. MJIB, Chen locks horns over role. *Taipei Times* June 8: 1.

_____ 2000d. Court upholds death ruling. *Taipei Times* July 15: 3.

_____ 2000e. Lo Fu-chu makes court appearance. *Taipei Times* August 12: 3.

_____ 2001. Four Seas gang leader sentenced to 22 months. *Taipei Times* July 18: 3.

Lin, Oliver. 1999a. Legislators demand end to rigged public tenders. *Taipei*

Times October 27: 1.

_____ 1999b. Vote-buying remains business as usual. *Taipei Times* November 6: 3.

Lin, Vincent. 2000. A war on "black gold" takes unity. *Taipei Times* June 13: 8.

Lippman, Walter. 1931. The underworld as servant. *Forum* January/February: 162-72.

Liu, Shao-hua. 2000a. Taiwan business leader in Cambodia killed by hitmen. *Taipei Times* July 1: 1.

_____ 2000b. Murder threatens investment. *Taipei Times* July 2: 3.

_____ 2000c. Cambodian police chief eyes fugitive Taiwan gangster in murder probe. *Taipei Times* July 6: 1.

_____ 2000d. Cambodia's broken promise. *Taipei Times* July 9: 2.

Liu, Shih-chung. 1999. Just give Yunlin County a chance. *Taipei Times* November 5.

_____ 2000. Dissecting the 'black gold' phenomenon. *Taipei Times* January 13: 5.

Low, Stephanie. 2000. Debate over bill to abolish local elections begins. *Taipei Times* August 30: 3.

Lubasch, Arnold. 1985. Asian crime group hit by U.S. arrests. *New York Times* September 17: A1.

Lyons, Thomas. 1994. Economic reform in Fujian: Another view from the villages. In Thomas Lyons and Victor Nee (Eds.) *The Economic Transformation of South China*. Ithaca: Cornell University East Asia Program.

Martin, Brian. 1996. *The Shanghai Green Gang*. Berkeley: University of California Press.

Ministry of Justice Investigation Bureau. 1996. Organized crime in the Republic of China: Current status and counter measures. Taipei: Ministry of Justice.

Myers, Willard. 1996. The emerging threat of transnational organized crime from the East. *Crime, Law & Social Change* 24: 181-222.

_____ 1997. "Of qinging, qinshu, guanxi, and shetou: The dynamic elements of Chinese irregular population movement." In Paul Smith (ed.) *Human Smuggling*. Washington, D.C. Center for Strategic and International Studies: 93-133.

Nan Fang-shou. 2000. Prosecutors fail to heed due process. *Taipei Times* August 24: 8.

New York State Organized Crime Task Force. 1988. *Corruption and Racketeering in the New York City Construction Industry*. Ithaca, NY: ILR Press.

Pan, Philip. 2000. Alleged godfather holds Taiwan swing vote. *Washington Post* November 7: A20.

Pileggi, Nicholas. 1985. *Wiseguy: Life in a Mafia Family*. New York: Pocket Books.

Pomfret, John. 2000. The China connection: Once again, crime and politics intersect. *Washington Post* December 31: A1.

President's Commission on Organized Crime. 1984. *Organized Crime of Asian Origins*. Record of Hearing III, October 23-25, 1984, New York, New York. Washington, D.C.: U.S. Government Printing Office.

Reuter, Peter. 1985. Racketeers as cartel organizers. In Herbert Alexander and Gerald Caiden (eds.) *The Politics and Economics of Organized Crime*. Lexington, MA: Lexington Books: 49-66.

Rigger, Shelley. 1999. *Politics in Taiwan: Voting for Democracy*. London: Routledge.

Scalapino, Robert. 1996. Foreword. In Hung-mao Tien (ed.) *Taiwan's Electoral Politics and Democratic Transition*. Armonk, NY: M.E. Sharpe.

Seagrave, Sterling. 1995. *Lords of the Rim: The Invisible Empire of the Overseas Chinese*. New York: G.P. Putnam's Sons.

Shelley, Louise. 1997. *Policing Soviet Society*. London: Routledge.

Small, Geoff. 1995. *Ruthless: The Global Rise of the Yardies*. London: Warner Books.

Stille, Alexander. 1995. *Excellent Cadavers*. New York: Vintage Books.

Sun, Lena. 1992. Smuggling of people, goods is big business in China. *Washington* Post March 14: A1.

Taipei Times. 1999a. Lessons from Yunlin. November 5: 4.

_____ 1999b. ‘Black gold’ tops list of Taiwan's worst social ills. December 29: 4.

_____ 2000a. Mining for ‘black gold.’ April 23: 9.

_____ 2000b. Turning ‘black gold’ into fool's gold. August 4: 9.

_____ 2000c. Legislature not beyond the law. August 28: 4.

_____ 2002. Former legislator sentenced to four years. September 26: 3.

Thoumi, Franceso. 1995. *Political Economy and Illegal Drugs in Colombia*. Boulder, CO: Lynne Riener.

Tien, Hung-mao. 1996. Elections and Taiwan's democratic development. In Hung-mao Tien (ed.) *Taiwan's Electoral Politics and Democratic Transition: Riding the Third Wave*. Armonk, NY: M.E. Sharpe: 3-26.

Tien, Hung-mao and Yun-han Chu. 1994. Taiwan's domestic political reforms, institutional change and power realignment. In Gary Klintworth (ed.) *Taiwan in the Asia-Pacific in the 1990s*. St. Leonards, Australia: Allen & Unwin: 1-20.

Wachman, Alan. 1994. *Taiwan: National Identity and Democratization*. Armonk, NY: M.E. Sharpe.

Weng, Junyi. 1994. "Economic growth in Fujian province: A growth center analysis." In Thomas Lyons and Victor Nee (Eds.) *The Economic Transformation of South China*. Ithaca: Cornell University East Asia Program.

Wu, Nai-teh. 1987. The Politics of a Regime Patronage System: Mobilization and Control within an Authoritarian Regime. Ph.D. Dissertation, Department of Political Science, University of Chicago.

中文參考文獻

大頭成（1986），《我在黑社會的日子》。台北：五千年出版社。

于飛（1983），〈鐵人幫折斷標槍：揭發暴徒集團勒索工程公司投標案〉。《時報周刊》。第283期，頁88-89。

《中國時報》（1983），〈公力保護，沒有指望；影歌明星，自求多福〉。2月21日，頁3。

《中國時報》（1984），〈黑道大亨揮金如土，羅福助靠賭起家〉。11月17日，頁5。

《中國時報》（1985），〈黑道風雲殺手輓歌〉。4月12日，頁5。

《中國時報》（1990），〈建築業黑道最愛，食品業早已痲痺〉，2月4日，頁6。

《中國時報》（2001a），〈這次再姑息，國會將全面沉淪了〉。社論，3月29日，頁2。

《中國時報》（2001b），〈羅福助咆哮：貓不在老鼠就作怪〉。10月4日，頁3。

《中國時報》（2001c），〈羅福助退選，否認交換說〉。10月12日，頁3。

《中國時報》（2002），〈大哥被搜，兄弟走避〉。1月8日，頁7。

《中報》（1985），〈陳氏兄弟菲律賓滅門血案，董桂森等十名嫌犯被起訴〉。8月2日，頁3。

王己由（2001），〈國會議堂圍毆同僚，羅福助等判拘役〉。《中國時報》。3月3日，頁4。

王立民（1994），〈連戰太溫和，壓不住包工程黑幫？〉。《商業周刊》。第349期，頁20-23。

王永慶（2000），〈網路招標有好處，除弊興利見成效》。《台灣日報》。5月26日，頁6。

王昆義（1997），《雲林縣發展史》。第四篇，〈行政與自治〉。雲林縣政府編印。

王金壽（1997），〈國民黨候選人買票機器的建立與運作：一九九三年風芒縣長選舉的個案研究〉。《台灣政治學刊》。第2期，頁3-62。

王振寰（1996），《誰統治台灣？》。台北：巨流。

王新良（2001），〈蕭家班完成整合〉。《中國時報》。10月21日，頁

6。

王丰（1995a），〈白狼開節目，大哥來開講〉。《時報周刊》。第916期，頁62-65。

王丰（1995b），〈張安樂的故事〉。《時報周刊》。第917期，頁38-47。

王丰（1996），〈天道盟新任盟主圓仔花談天說道〉。《時報周刊》。第966期，頁14-17。

王丰（1997），〈掃黑，掃黑，可別越掃越黑〉。《時報周刊》。第988期，頁137。

王丰、李憲洲（1987），〈君子之爭動手腳：立法院會期演出火爆場面〉。《時報周刊》。第470期，頁10-15。

王豐、白雲山、趙慕嵩（1984），〈旅客靠邊站：三大城市車站黃牛內情探秘〉。《時報周刊》。第340期，頁104-107。

白仔（1983），〈台灣地下幫派大觀〉。《聯合月刊》。第21期，4月號，頁17-29。

石頁（1998a），〈饒台生雙槍不離手，美國賭場裡栽跟頭〉。《時報周刊》。第1074期，頁50-53。

石頁（1998b），〈大陸妹妹平行輸出，台灣妞只好靠邊站〉。《時報周刊》。第1083期，頁32-39。

《世界日報》（1984），〈台﹁幫﹂來美重入江湖，討債索命包﹁秀﹂販毒〉。12月1日，頁24。

《世界日報》（1985a），〈擺脫幕後操縱的黑勢力；影藝圈延入黑道，尾大不掉〉。1月12日，頁5。

《世界日報》（1985b），〈台灣商人在菲遭橫禍，據判斷似財務仇殺〉。2月15日，頁1。

《世界日報》（1999a），〈大陸全面驅離台灣幫派份子〉。5月24日，頁A6。

《世界日報》（1999b），〈選流氓〉。6月27日，頁A6。

《世界日報》（2000 a），〈屏縣議長任內殺人，鄭太吉槍決〉。8月3日，頁A6。

《世界日報》（2000b），〈陳定南開講，掀幫派與政治黑幕〉。11月7日，頁A4。

《世界日報》（2000c），〈涉嫌向油罐車業者收賄，利用立委職權向中油施壓；貪污罪，施台生被判刑十年〉。12月30日，頁A6。

《世界日報》（2001a），〈羅福助毆打李慶安，台立院再傳暴力〉。3月28日，頁A1。

《世界日報》（2001b），〈東莞公安破獲台灣天道盟黑幫，逮十七人〉。6月8日，頁A9。

《世界日報》（2001c），〈餐廳滋事撂下狠話，惹禍上身；天道盟兩成員，上海落網〉。8月18日，頁A7。

《世界日報》（2001d），〈立委羅福助聲明放棄競選連任，退出政壇〉。10月12日，頁A6。

《世界日報》（2001e），〈北市警局複審認定羅福助為情節重大流氓〉。10月24日，頁A5。

《世界日報》（2001f），〈顏清標總部律師團發表公開信：總統干涉司法，違憲違法〉。11月8日，頁A5。

《世界日報》（2001g），〈顏清標牢中當選，法務部長贈賀屏〉。12月3日，頁A6。

《世界日報》（2002a），〈羅福助住所，服務處遭搜索，被限制出境〉。1月8日，頁A5。

《世界日報》（2002b），〈卸任立委頭一天，羅福助被緊急拘提到案〉。2月2日，頁A5。

《世界日報》（2002c），〈羅福助控告檢察官妨害自由〉。2月5日，頁A5。

司馬文武（1994），〈黑道在黨政大員中有很多的「兄弟」〉。《新新聞》。第386期，頁9。

司法院（1992），《司法研究年報》。第12輯，下冊。台北：司法周刊社。

司法院（1998），《刑事法律專題研究（12）》。台北：司法周刊雜誌社。

任之中（1994），〈打開縣議會，黑壓壓一片〉。《時報周刊》。第838期，頁44-45。

向明（1989），〈從黑社會來的市議員？〉。《時報周刊》。第608期，頁37-39。

汪士淳（1995），〈暴與政的結合〉。《遠見雜誌》。第110期，頁122-139。

汪士淳（1999），《忠與過：情治首長汪希苓的起落》。台北：天下文化。

池宗憲（1984），〈洪門在臺，不絕如縷〉。《聯合月刊》。第38期，頁56-67。

池宗憲（1985），《夜壺：幫會，選舉，暴力》。台北：焦點出版社。

池宗憲（1987），《透視台灣地下色情社會》。台北：群倫出版社。

朱高正（1997），〈論黑道：歷史與現實的考察〉。《歷史月刊》 。1月號，頁92-102。

杜振文、陳益安（1987），〈火燒島燒火〉。《新新聞》。第39期，頁26-44。

杜遠（1996），〈陳明文，顏清標，政商二霸底事捲入掃黑暴風圈〉。《獨家報導》。第428期，頁144-146。

沈國屏（1993），〈派系，反對勢力與地方政權的轉型——高雄縣的個案研究〉。東海大學社會學研究所碩士論文。

呂紹煒（2000），〈舊政商集團的輓歌〉。《中國時報》。9月2日，頁8。

呂素麗（2001），〈蕭登獅決參選立委〉。《中國時報》。7月24日，頁4。

呂素麗、林春元（2001），〈嘉義市議長蕭登旺猝逝〉。《中國時報》。5月9日，頁4。

呂金榮（1985），〈如何有效偵防不良幫派之探討〉。《警學叢刊》。15卷4期，頁25-31。

吳凡（1984），〈「珍珠呆」叛幫〉。《時報周刊》。第307期，頁6-8。

吳芳銘（1996），〈地方派系的結盟與分化變遷之研究——以嘉義縣與高雄縣爲例〉。中正大學政治學研究所碩士論文。

吳國棟、趙慕嵩、楊人凱（1987），〈楊雙伍首度公開辯白〉。《時報周刊》，第475期，頁10-21。

吳敦璨（1996），〈他們帶人又開槍，難道不是黑道？〉。《商業周刊》。第465期，頁70-75。

何翔（1996），〈俠哥藺磊洽如何嘯聚眷村子弟縱橫黑白兩道〉。《獨家報導》。第389期，頁28-34。

何鋯（1993），《台灣綠林傳》。台北：萬象圖書。

李文邦（1993），〈大哥不點頭，政客也祇得乖乖讓路〉。《新新聞》。

第340期，頁70-74。

李冰（1996），〈三千萬買項上人頭？彰化縣議員柯志栓慘遭槍殺黑幕〉。《美華報導》。第343期，頁110-113。

李作平（1992a），〈「螢橋幫」老大張眞證實在大陸被捕〉。《中國時報》。2月23日，頁15。

李作平（1992b），〈中國大陸不再是罪犯避風港〉。《中國時報》。2月29日，頁6。

李作平（1999），〈黑吃工程款，地方政壇沈〉。《中國時報》。9月21日，頁3。

李作平、張企群（2000），〈亡命東南亞，末代江湖情〉。《中國時報》。6月13日，頁8。

李晉（1999），〈末代教父蚊哥重視艋舺角頭風雲〉。《時報周刊》。第1135期，頁48-51。

李根青（1990），〈羅福助保鏢落網，天道盟軍火庫曝光〉。《中國時報》。8月6日，頁7。

李敬華（1998），〈洪金富聯勤彈藥庫弊案；眞有其事？是誣陷？還是狗咬狗？〉。《獨家報導》。第498期，頁152-154。

李湧清（1996），〈檢肅流氓條例的初步實證評估〉。《警叢學刊》。27卷1期，頁83-99。

李偉（2002），〈跑路兄弟上海偷生〉。《壹週刊》。7月28日，頁52-55。

李筱峰（1993），《台灣戰後初期的民意代表》。台北：自立晚報。

李傑（1994），〈只要黑白來，黑的也變白〉。《時報周刊》。第838期，頁46。

李肇南（1996a），〈多位議員遭放「冷槍」屏東是「黑道的故鄉」！〉。《獨家報導》。第388期，頁108-112。

李肇南（1996b），〈施台生、周伯倫、朱高正三黨兄弟關係眞相探秘〉。《獨家報導》。第423期，頁50-53。

國家安全局（1997），〈台灣地區犯罪幫派影響政，經體系運作之實證調查研究〉。

《國際日報》（1985），〈帥嶽峰頗富傳奇性，在黑社會頗有頭臉〉。頁11。

金士（1984），〈細說台灣八大幫派〉。《世界日報周刊》。第38期，頁30-35。

金石（1989），〈兄弟，你爲哪一黨拉票？〉。《時報周刊》。第608期，頁30-39。

周冠印（1996a），〈楊登魁有一套「全民上癮」計劃〉。《商業周刊》。第463期，頁40-43。

周冠印（1996b），〈楊登魁與王令麟、辜啓允的分合始末〉。《商業周刊》。第472期，頁48-58。

周愫嫻（1997），《變遷中的犯罪問題與社會控制：台灣經驗》。台北：五南。

林正典（1981），〈武打天廚廳；王羽被殺事件始末〉。《時報周刊》。第152期，頁18-20。

林正典（1982），〈帶刀跑堂；餐廳裡的暴力事件〉。《時報周刊》。第245期，頁94-95。

林欽隆（1998），〈台灣地區近年來黑道幫派介入工程圍標研究〉。中央警察大學警監班4期研究報告。

林朝鑫（1994a），〈炎熱六月天，子弟不長眼；黑道連起槍擊命案，北中南追訪〉。《時報周刊》。第853期，頁41-45。

林朝鑫（1994b），〈天道橫跨黑道白道，人脈包羅政界商界〉。《時報周刊》。第877期，頁39-52。

林朝鑫（1994c），〈華燈初上；大哥魂斷〉。《時報周刊》。第878期，頁55-56。

林朝鑫（1995a），〈南北角頭紛紛橫屍街頭〉。《時報周刊》。第881期，頁55-56。

林朝鑫（1995b），〈松聯老大去散心，卻在大陸喪了命〉。《時報周刊》。第898期，頁52-54。

林朝鑫（1996a），〈第四台背後有第三隻手〉。《時報周刊》。第938期，頁35-38。

林朝鑫（1996b），〈掃黑即將鳴槍，大哥早已落跑〉。《時報周刊》。第966期，頁44-45。

林朝鑫（1996c），〈把黑掃進澳門，大哥苦不堪言〉。《時報周刊》。第968期，頁44-48。

林朝鑫（1998），〈東莞：台商二奶村〉。《時報周刊》。第1055期，頁11-22。

林端（1983），〈台西風雲變〉。《時報周刊》。第271期，頁42-45。

林新（1996a），〈掃！不分本省外省；抓！不論大魚小蝦〉。《時報周刊》。第967期，頁46-56。

林新（1996b），〈踩錯一條街就是一條命；港澳黑幫驚險深入〉。《時報周刊》。第973期，頁46-56。

林新（1997），〈隔海放出追殺令，背後有一股勢力；顏清金追殺楊天生內幕〉。《時報周刊》。第996期，頁128-130。

林新、鄧至傑（1992），〈走了一個大哥，換上一個大哥，要抓那一個大哥？〉。《時報周刊》。第748期，頁47-54。

英照台（1992），〈省議員的特權「省不完」？〉。《時報周刊》。第754期，頁40-42。

馬之駿（1997），〈治平專案的大哥大，保外就醫，還是保外「輔選」？〉《新新聞》。第557期，頁34-35。

馬瑞君（2001a），〈顏清標還押，求刑二十年〉。《中國時報》。4月21日，頁1。

馬瑞君（2001b），〈省農會賄選案，收押古俊源，拘提蕭登獅〉。《中國時報》。4月27日，頁4。

馬瑞君（2001c），〈四條罪狀，顏清標判刑二十年還押〉。《中國時報》。9月1日，頁8。

馬瑞君（2002），〈二審改判十一年六月，顏清標五百萬元交保〉。《中國時報》。1月3日，頁1。

馬瑞君、曾秀英（2001），〈貪瀆到背信，顏清標涉案滾雪球〉。《中國時報》。2月28日，頁2。

法務部（1998），《掃黑白皮書》。台北：法務部檢察司。

邱傑（2003），《大哥K烈：台灣教父陳啓禮在金邊》。台北：智庫文化。

邱銘輝（1992），〈白紅黑三國鼎立，銀銅鐵缺金不可；台灣各縣市地方政商關係系列採訪：高雄縣〉。《新新聞》。第268期，頁74-77。

邱銘輝、陳東豪（1993），〈政客幫派大會串，國會黑潮強強滾〉。《新新聞》。第330期，頁46-51。

南方朔（1996a），〈黑道，黑貨，黑錢；語言中充斥色彩的道德學〉。《新新聞》。第501期，頁101-102。

南方朔（1996b），〈被打被砍被綁被關被殺……〉。《新新聞》。第

509期，頁21-24。

紀延陵（1996），〈劣質權力政治公害，「廖福本現象」只是縮影〉。《新新聞》。第474期，頁66-69。

紀延陵、林博文、陳哲明、童清峰、蘇子琴（1990），〈總統與商人〉。《新新聞》。第195期，頁19-41。

姜雪影（1993），〈地方三害：炒地皮、貪污、黑道；二十一個縣市哪裡最嚴重？〉。《天下雜誌》。頁68-75。

柳葉子（1994），〈深圳珠海夜夜夜狂〉。《時報周刊》。第831期，頁72-76。

荊實（1986），〈沙鹿戰場烈戮人〉。《時報周刊》第422期，頁39-43。

胡駿、楊荊蓀（1996），《警察王國秘辛》。台北：台灣先智出版。

秦牧人（1996），〈楊登魁統一第四臺的三百億市場〉。《商業周刊》。第440期，頁30-37。

涂一卿（1994），〈台灣地方派系之社會基礎——以嘉義縣地方派系爲例〉。東海大學社會學研究所博士論文。

高山（1982），〈黑槍打金盆；高雄市一日之內兩場黑道槍聲〉。《時報周刊》。第250期，頁20-21。

高山（1983），〈殺手盜壘；火爆殺手楊雙伍偷渡日本〉。《時報周刊》。第280期，頁6-8。

高靜芬、陳年、游景民（1986），〈萬人瘋狂大家樂〉。《時報周刊》。第431期，頁12-19；30-33。

高政昇（1983），〈高雄市幫會組織之研究〉。《警政學報》。第5期，頁67-91。

高政昇（1996），〈修正檢肅流氓條例之爭議〉。《警學叢報》。27卷1期，頁101-130。

《時報周刊》（1987），〈台北神探越洋緝凶徒，軍火販子難渡平安夜〉。第97期，頁50-56。

《時報周刊》（1990），〈台北又成爲楊登魁的悲情城市〉。第646期，頁22-23。

《時報周刊》（1991），〈立法院是沒道叉的武林〉。第686期，頁21-30。

《時報周刊》（1995），〈議會龍頭有角也有頭？〉。第880期，頁35-

46。

《時報周刊》(1997a),〈議長頭上動土,南台黑道動員〉。第984期,頁49-53。

《時報周刊》(1997b),〈芳苑農會選舉,把對手種到土裡〉。第999期,頁65-68。

《時報周刊》(1997c),〈治平大哥近來如何?〉。第1009期,頁42-47。

《時報周刊》(1999a),〈台灣兄弟大膽西進〉。第1103期,頁49-56。

《時報周刊》(1999b),〈唐重生被殺,北聯邦引爆重重危機〉。第1110期,頁32-39。

莫斯(1979),〈是拳頭不是唬頭;電影圈的暴力事件〉。《時報周刊》。第70期,頁15-16。

莫懷(1980),〈賭出槍來;高雄市又見槍擊案〉。《時報周刊》。第121期,頁8-10。

華鳴(1983),〈臺西黑社會奇觀〉。《聯合月刊》。第24期,頁45-47。

郭子弘(2000),〈掃黑金,搞誓師,基層感冒〉。《中國時報》。7月15日,頁8。

黃文博(2000),〈阿公店溪污染案,高縣議長涉受賄求刑七年〉。《中時晚報》。9月27日,頁5。

黃光國(1984),〈斬斷民代、情治人員和黑道的三角關係〉。《聯合月刊》。第41期,12月號,頁23。

黃光國(1997),《權力的旋渦》。台北:商周出版。

黃政經、李慶元、林朝鑫(1992),〈年底選舉要穿防彈衣?〉。《時報周刊》。第751期,頁34-41。

黃創夏(1996),〈白冰冰自述:我爲何要營救楊登魁?〉。《新新聞》。第499期,頁22-23。

黃錦嵐(2001),〈 蕭登標判刑定讞,不能參選〉。《中國時報》。10月18日,頁6。

黃錦嵐(2003),〈蕭登獅判刑兩年半〉。《中國時報》。8月22日,頁A11。

張弓(1983),〈「堂口」對「分局」~竹聯幫的幫規和組織〉。《時報周刊》。第262期,頁6-9。

張起厚（1998），《大陸、台、港黑幫調查研究》。台北：法務部調查局。

張喬（1996），《末代流氓》。台北：日臻。

張得仁、張國立（1987）。〈日本警察卯上台灣黑道〉。《時報周刊》。第547期，頁20-28。

張傑（1996），〈三十年來，死神拜訪了二十名黑道大哥〉。《新新聞》。第464期，頁70-74。

張啓楷、尹乃菁（2000），〈力挺連蕭，張榮味重返國民黨〉。《中國時報》。2月10日，頁4。

陳一雄（2003），〈代小董進大陸，吳桐潭自投羅網〉。《聯合報》。4月1日，頁8。

陳文聖（1997），〈股市有支黑衫軍，文攻武嚇至尊盟〉。《時報周刊》。第992期，頁46-47。

陳世宗（2001），〈顏清標宣誓時機成關鍵〉。《中國時報》。12月2日，頁6。

陳世宗、馬瑞君（2001），〈顏清標控告檢察官〉。《中國時報》。11月16日，頁5。

陳永恒（1995），〈吳鶴松鄭太吉崛起江湖，政壇總結兩道輪迴錄〉。《獨家報導》。第381期，頁54。

陳永恒（1997），〈萬華十大幫派兔死狐悲面臨全面大瓦解〉。《獨家報導》。第441期，頁129-132。

陳年（1983）。〈臨風槍聲特別響：高凌風挨槍案〉。《時報周刊》。第267期，頁19-20。

陳年（1985a）。〈血濺石瓷磚；萬華芳明館老大被殺事件追蹤〉。《時報周刊》。第368期，頁8-11。

陳年（1985b）。〈紅單，黑道，抓！〉。《時報周刊》。第377期，頁53-57。

陳年（1987）。〈東京大叢林，黑虎咬孤狼〉。《時報周刊》。第471期，頁20-23。

陳志賢（1997），〈逃得出台灣，逃不出檢方的手掌心〉。《時報周刊》。第1009期，頁46-47。

陳志賢（1998），〈廖正豪自掏腰包請保鏢〉。《時報周刊》。第1074期，頁43-45。

陳志賢、陳金富（1997），〈家族大手法揭露〉。《時報周刊》。第1032期，頁40-47。

陳東升（1995）。《金權城市》。台北：巨流。

陳東升（1999）。〈地方派系、黑道與地方政治〉。發表於《「黑道、派系與財閥問題」研討會》，民主進步黨中央黨部主辦。

陳東豪（1991）。〈這六年來，我就像一艘觸礁的船〉。《新新聞》。第201期，頁84-86。

陳東龍（1994），〈黑色鐵三角包工程檢調也要讓三分〉。《黑白新聞周刊》。第43期，頁48。

陳依玫（1986），〈選戰贏家亮底牌〉。《時報周刊》。第459期，頁20-27。

陳季芳（1983a），〈打穿黑幕，黃種雄槍擊案眞相曝光〉。《時報周刊》。第279期，頁7-8。

陳季芳（1983b），〈不交年費也乾杯；本省的酒家怎麼會地下化〉。《時報周刊》。第281期，頁86-95。

陳季芳（1985），〈珍珠呆墜馬江湖道；北部瘋狂殺手梁國愷亡命錄〉。《時報周刊》。第387期，頁30-35。

陳季芳（1987），〈第二次撒網捕「鱸鰻」〉。《時報周刊》。第477期，頁42-43。

陳季芳（1988a），〈江湖起波浪，風從哪裡來？〉。《時報周刊》。第531期，頁42-43。

陳季芳（1988b），〈城哥「上路」，竹聯「上馬」；蔡金塗的喪禮，黑白兩道全動〉。《時報周刊》。第536期，頁19-25。

陳季芳（1988c），〈天道盟組織細剖〉。《時報周刊》。第564期，頁36-40。

陳長風（1986）。《竹聯幫興衰始末》。台北：薪火雜誌社。

陳明通（1995）。《派系政治與台灣政治變遷》。台北：月旦出版社。

陳易志（2003），〈火爆性格難自持〉。《中國時報》。8月22日，頁A10。

陳易志、黃文博（2003），〈預言黑槍多命，沈文德慘死〉。《中國時報》。8月22日，頁A10。

陳建勳（1994），〈這是一場金光亂射的政治野台戲〉。《新新聞》。第360期，頁48-57。

陳俊斌（1999）。《第四勢力》。台灣大學新聞研究所碩士論文。

陳國君（1990）。〈不是好漢莫上群賢樓：立法院新版水湖傳〉。《時報周刊》。第619期，頁35-37。

陳國霖（1990）。《幫會與華人次文化》。香港：商務。

陳國霖（1995）。《華人幫派》。台北：巨流。

陳國霖（1999）。《偷渡美國》。香港：明鏡。

陳澤禎（1987），〈漂泊人，落腳東瀛：異國流浪漢，嚐盡辛酸〉。《世界日報》。頁6。

陳鴻祺（1999），〈顏清標如何從放牛的孩子變成台中縣議長〉。《獨家報導》。第564期，頁82-85。

陳嘉宏（1996），〈張安樂：動搖執政基礎的「黑」敢掃嗎？〉，《商業周刊》。第460期，頁100-101。

陳嘉寧（2000），〈顏清標：七月十六日湄洲進香不變〉。《聯合報》。6月10日，頁13。

《商業周刊》（1989），〈十個商人竟有兩個被搶〉。第104期，頁22-25。

許司任（2000），〈逮到謝惠仁，有助釐清劉邸血案〉。《中國時報》。3月30日，頁8。

許林文（2000），〈顏清標：封殺我參選下屆縣長〉。《中國時報》。8月11日，頁8。

許春金（1993），〈不良幫派處理模式之泛文化比較研究〉。內政部警政署刑事警察局委託研究。

許春金（2003），《犯罪學》。台北：三民。

許俊榮（1996），〈廖學廣被綁，死對頭林榮三、羅福助冷眼看好戲〉。《獨家報導》。第419期，頁30-32。

許福生（1999），〈從刑事政策觀點論台灣地區當前犯罪控制對策之研究〉。發表於《台灣社會問題研究學術研討會》，中央研究院社會學所主辦。

郭宏治、邱家宜（1995），〈立委候選人十大富豪財產排行榜〉。《新新聞》。第453期，頁20-38。

梁東屏（1997），〈外有砲火，內患癌症，陳啓禮起死回生〉。《時報周刊》。第1017期，頁10-14。

《黑白新聞周刊》（1995），〈黑色恐怖吞噬了記者的心靈〉。第97期，頁12-26。

《壹週刊》(2002a),〈天道盟內訌,擊斃太陽會長〉。2月7日,頁28-31。

《壹週刊》(2002b),〈新舊太陽會內訌,隔海狙殺〉。8月22日,頁26-29。

《壹週刊》(2002c),〈砸壹週刊破案內幕〉。10月24日,頁32-37。

《壹週刊》(2003),〈黑道帶槍送錢,謝長廷縱容賄選〉。1月16日,頁18-26。

萬澎生(1994),〈海口一開,黃浪襲來:台商搞熱了海南島夜生活〉。《時報周刊》。第800期,頁52-56。

游峰(1997),〈北港的黑松怎麼會移植到綠島?〉。《美華報導》。第357期,頁23-27。

葛樹人(1988a),〈舞弊到舞廳,警紀亮警燈〉。《時報周刊》。第550期,頁135-137。

葛樹人(1988b),〈咪咪暴斃案秘聞大公開〉。《時報周刊》。第552期,頁31-39。

葛樹人(1988c),〈誰殺了萬華老大?〉。《時報周刊》。第557期,頁32-36。

葛樹人(1989a),〈兄弟的兵工廠在大陸〉。《時報周刊》。第597期,頁28-38。

葛樹人(1989b),〈抬轎的「兄弟」想坐轎〉。《時報周刊》。第617期,頁30-41。

葛樹人(1990),〈台灣最後一個傳統大流氓〉。《時報周刊》。第634期,頁96-98。

葛樹人(1992a),〈涼椅熱騰騰,嘉義搶搶滾:曾振農向立委進軍,南台灣政壇緊繃〉。《時報周刊》。第754期,頁30-39。

葛樹人(1992b),〈吹皺直潭淨水,干黑道底事?〉。《時報周刊》。第756期,頁102-105。

葛樹人(1993),〈台灣流氓在日本快混不下去了〉。《時報周刊》。第785期,頁20-32。

葛樹人(1996),〈江湖恩怨多,四海起風波〉。《時報周刊》。第935期,頁40-52。

葛樹人、洪政銘(1991),〈「太陽會」落山,掉進「吳桐潭」〉。《時報周刊》。第684期，頁22-31。

葛樹人、洪政銘、張木洪（1994），〈酒內有春秋，廊中稱戰國〉。《時報周刊》。第844期，頁27-38。

葛樹人、朱秀琴、劉素華（1992），〈走出鐵欄杆，大哥當自強；楊登魁億元簽下李連杰〉。《時報周刊》。第753期，頁50-59。

董希傑（1996），〈一〇六家上市公司遭政治、黑道介入〉。《商業周刊》。第460期，頁68-76。

童清峰（1999），〈台灣黑白道，垃圾毀國土〉。《亞洲周刊》。頁30-32。

楊人凱（1988），〈廈門經濟特區越來越「台灣化」了〉。《時報周刊》。第550期，頁148-153。

楊子敬（1999），《敬言：楊子敬重大刑案偵辦回憶錄》。台北：聯經。

楊天佑（2001），〈檢方促將羅福助提報流氓〉。《中國時報》。10月9日，頁2。

楊吉（1989），〈羅福助忍得下這口氣嗎？〉。《時報周刊》。第600期，頁48-50。

楊明德（2000），〈顏清標隔海聲明：未經手廟方財務，絕非落跑〉。《中國時報》。8月5日，頁8。

楊國元（1996），〈遊戲已結束，好戲待上場：二期航站弊案仍有疑點未清〉。《時報周刊》。第949期，頁55-61。

楚揚（1993），〈天道盟、四海幫聲援韓國瑜林明義武鬥臺獨份子〉。《獨家報導》。第249期，頁28-31。

《新新聞》（1992a），〈十大財主放金光，今年選票亮晶晶〉。第298期，頁18-41。

《新新聞》（1992b），〈候選人司法檔案大公開〉。第301期，頁18-40。

蔡式淵（1998），《完全黑金檔案》。台北：蔡式淵國會辦公室。

蔡明惠（1998），《台灣鄉鎮派系與政治變遷》。台北：洪葉文化。

蔡坤龍（2000），〈羈押十五個月，蕭登標二五〇萬交保〉。《中國時報》。12月30日，頁5。

蔡墩銘（1985），〈如何界定流氓之範圍〉。《時報雜誌》。第289期，頁52-53。

蔣道理（1984），〈光怪陸離的經濟櫥窗：看弱肉強食的股票市場〉。《聯合月刊》。第37期，頁64-67。

蔣眞華、葛樹人（1993），〈黑槍給台西政壇一個大教「訓」：劉奇訓槍擊案追蹤報導〉。《時報周刊》。第817期，頁41-44。

趙永茂（1993），〈台灣地方黑道之形成背景及其與選舉之關係〉。《理論與政策》。第7卷，第2期，頁20-34。

趙永茂（1994），〈非都會區黑道與選舉之關係〉。《理論與政策》。第8卷，第4期，頁83-96。

趙永茂（1998），《台灣地方政治的變遷與特質》。台北：翰蘆圖書。

趙慕嵩（1982），〈血流五步選票紅：雲林崙背鄉鄉民代表選舉槍擊案〉。《時報周刊》。第225期，頁18-19。

趙慕嵩（1983），〈黑街老大合奏輓歌：高雄西北幫內部恩怨大公開〉。《時報周刊》。第298期，頁7-11。

趙慕嵩（1984a），〈「西北雨」下不停：高雄「西北幫」嚴重內部爆發槍戰〉。《時報周刊》。第324期，頁7-10。

趙慕嵩（1984b），〈登龍有術？：許昆龍如何登上召集人寶座〉。《時報周刊》。第346期，頁106-107。

趙慕嵩（1984c），〈黎明前的最後一滴血：台中除黑行動激戰瀝血現場實錄〉。《時報周刊》。第352期，頁10-20。

趙慕嵩（1985），〈飛黃之前先染黑？〉。《時報周刊》。第360期，頁20-21。

趙慕嵩（1987a），〈走投無路出下策：李金原坦承殺人並說動機和經過〉。《時報周刊》。第468期，頁10-21。

趙慕嵩（1987b），〈黑色大家樂又「走火」了：高雄市河南二路再傳驚心槍聲，道上人物介入賭博討債索命〉。《時報周刊》。第489期，頁130-131。

趙慕嵩（1990a），〈一清大哥看管警察的荷包：兄弟保駕，議堂分高下，有了選票，前科不計較〉。《時報周刊》。第628期，頁47-49。

趙慕嵩（1990b），〈管警察的是大流氓？〉。《時報周刊》。第641期，頁22-25。

趙慕嵩（1990c），〈曾經染黑就永遠洗不白？〉。《時報周刊》。第641期，頁26-30。

趙慕嵩（1990d），〈楊雙伍亡命天涯雙十年〉。《時報周刊》。第649

期，頁34-35。

趙慕嵩（1990e），〈黑道轉進，展開下鄉運動！？〉。《時報周刊》。第652期，頁44-47。

趙慕嵩（1992a），〈插手的要抽手了：過去警總管訓流氓作業有何毛病〉。《時報周刊》。第748期，頁71-72。

趙慕嵩（1992b），〈黑色星期五，永別了江湖：台南縣副議長吳木桐卒亡家中內情挖掘〉。《時報周刊》。第769期，頁64-67。

趙慕嵩（1992c），《大哥外傳》。台北：時報出版。

趙慕嵩（1994a），〈黑色這條路，漂白有好處〉。《時報周刊》。第838期，頁42-43。

趙慕嵩（1994b），〈一手修憲，一手交毒？國代徐炳豐涉販毒案鄉親道出來龍去脈〉。《時報周刊》。第869期，頁48-50。

趙慕嵩（1995），〈漂白的議長倒在黑槍下〉。《時報周刊》。第926期，頁36-45。

趙慕嵩（1996），〈大尾仔同游澳門，飛綠島的是衰人？〉。《時報周刊》。第967期，頁48-50。

趙慕嵩（1999），《白狼傳奇：張安樂的故事》。台北：萬象圖書。

趙慕嵩、洪政銘（1992），〈ＫＴＶ有「聲」又有「色」!〉。《時報周刊》。第736期，頁102-106。

詹碧霞（1999），《買票懺悔錄》。台北：商周出版。

廖忠俊（1998），《台灣地方派系的形成發展與質變》。台北：允晨文化。

廖福順、陳東豪（1991），〈他們和竹聯幫的故事〉。《新新聞》。第203期，頁26-43。

廖樹眞（1996），〈長年搬石頭，終於砸了腳；彰化縣副議長粘仲仁的濁水溪「砂石霸業」〉。《美華報導》。第345期，頁162-166。

劉安迪（1995），〈天道盟企業王國稱霸台灣黑社會〉。《商業周刊》。第436期，頁34-36。

劉自濱（1988），〈高雄哈馬星張家大出殯〉。《時報周刊》。第563期，頁60-63。

劉建志（1992），〈台灣黑社會與大陸不法份子勾結犯罪〉。《中央日報》。1月7日，頁4。

劉益宏（1995），〈檢肅流氓條例該檢討檢討？〉。《中國時報》。7月

21日，頁23。

劉益宏（1999a），〈颱風吹，逮捕四海幫主告吹〉。《時報周刊》。第1110期，頁49-51。

劉益宏（1999b），〈台灣兄弟遠離澳門〉。《中國時報》。頁13。

劉益宏（2002），《江湖一本正經》。台北：時報文化。

劉煥榮（1987），《浪蕩江湖》。台中：二十一世紀出版社。

潘立明（1999），〈被警栽贓流氓，男子自縊身亡〉。《中國時報》。12月21，頁8。

鄧至傑（1991a），〈「四海」之內皆合法的「兄弟」〉。《時報周刊》。第720期，頁53-55。

鄧至傑（1991b），〈董念台要當台灣共產黨主席？〉。《時報周刊》。第722期，頁154-162。

鄧至傑（1992），〈阿玉仔姐駕鶴，黑白人物送行〉。《時報周刊》。第735期，頁40-41。

鄧至傑（1995），〈此處不留爺，自有留爺處；處處不留爺，爺就去大陸〉。《時報周刊》。第898期，頁56-61。

鄧至傑（1996a），〈焦點人物現身：白狼張安樂說法：兄弟不等於黑道〉。《時報周刊》。第946期，頁52-53。

鄧至傑（1996b），〈焦點人物現身：立委羅福助說法：什麼是黑道！〉。《時報周刊》。第946期，頁46-52。

鄧至傑（1997），〈議員想自新，警方說「請回」〉。《時報周刊》。第988期，頁36-37。

鄧至傑（1998），〈「我兒子解脫了！」：深圳第一手接觸，白狼平靜面對喪子之痛〉。《時報周刊》。第1052期，頁11-18。

鄧至傑、鄭盈湧、劉素華、洛美（1992），〈看！黑道大亨掌中戲藝人〉。《時報周刊》。第727期，頁25-35。

鄭盈湧（1996），〈大哥領進門，修行在個人；保送綠島深造，大哥如何過日子？〉。《時報周刊》。第980期，頁1-18。

鄭盈湧（1997），〈寫萬言書，陳帝國大反擊〉。《時報周刊》。第1026期，頁84-87。

《獨家報導》（1987），〈楊雙伍、劉偉民新宿浴血內幕〉。第31期，頁96-99。

《獨家報導》（1988），〈天道盟護法李建亞守土蒙難記〉。第55期，頁

125-129。

《獨家報導》(1998),〈掃黑對象返鄉參選?〉。第524期,頁134。

謝文(1996),〈廖正豪拿著掃黑的大掃把在寫歷史〉。《新新聞》。第496期,頁15-16。

謝金榮(1996),〈吳念眞:起碼他沒有欺騙過我〉。《新新聞》。第499期,頁24-25。

謝聰敏(1993),《黑洞治天下及其他》。台北:謝聰敏國會辦公室。

鍾白(1984),〈夜色朦朧罩四方;大台北東南西北色情特區追蹤〉。《時報周刊》。第340期,頁46-51。

鍾白、趙慕嵩(1984),〈打烊請早:掃黑震撼後的台北和高雄兩大都市〉。《時報周刊》。第355期,頁30-33。

鍾連城(1998),《台灣教父》。北京:大衆文藝出版社。

《聯合報》(1989a),〈文山幫老大,傳爲天道盟創立者之一,羅福助,家遭縱火開槍〉。9月8日,頁7。

《聯合報》(1989b),〈黃姓槍擊要犯,燒了羅福助的家,天道盟下達追殺令懸賞五百萬要他命〉。9月9日,頁7。

《聯合報》(1989c),〈投擲汽油彈,火燒羅浮宮〉。9月12日,頁7。

《聯合報》(1990),〈兩萬台灣通緝犯匿居菲律賓〉。頁9。

《聯合報》(1995a),〈新店聞人羅福助決在北縣參選立委〉。8月1日,頁4。

《聯合報》(1995b),〈羅福助後援總會凌晨槍聲〉。10月25日,頁3。

《聯合報》(1996a),〈陳永和之祭,政商幫派雲集「四海」〉。2月12日,頁5。

《聯合報》(1996b),〈無黨籍、民進黨立委抵制羅福助〉。6月1日,頁3。

《聯合報》(1996c),〈立委廖學廣被綁架囚禁一夜獲救〉。8月11日,頁1。

《聯合報》(1996d),〈天道盟顧問侯貴生,羅福助之弟羅宗榮掃黑到案〉。11月13日,頁7。

《聯合報》(1996e),〈廖正豪提出警訊:掃黑若不徹底,台灣將變西西里〉。11月17日,頁3。

《聯合報》(1997),〈台灣黑道南向,轉業成台商〉。7月15日,頁

3。

簡錫堦（1999）。〈「黑金縣市指標排行榜」研究報告〉。黑金系列研究報告五之一。台北：立委簡錫堦辦公室。

警政署（1995），〈彰化縣「黑道、幫派勢力現況」調查〉。

蘇南桓（1997）。《組織犯罪訪制條例之實用權益》。台北：永然文化。

蘇南桓（1998），〈老大，當之有愧：解析組織犯罪訪制條例〉。頁28-42。收錄在《捍衛護法總動員》，李永然主編。台北：永然文化。

蘇智良、陳麗菲（1996），《近代上海黑社會研究》。台北：南天書局。

羅如蘭（2001），《國會傳奇，時不我予》。《中國時報》。11月7日，頁5。

羅如蘭、黎珍珍（2001），〈立院財委會召委改選，圍堵羅福助，國民兩黨吃敗仗〉。《中國時報》。10月16日，頁4。

羅如蘭、吳典蓉、黎珍珍（2001），〈顏清標蕭登獅將參選立委〉。《中國時報》。7月2 3日，頁4。

羅松芳（1998），《福爾摩沙之憾》。台北：平安文化。

羅檳彬（1988），《陳啓禮震撼》。台北：聯宏書報社。

譚淑珍（1992a），〈黑道白道有管道，陋規法規有行規〉。《新新聞》。第265期，頁72-75。

譚淑珍（1992b），〈選票與鈔票競賽，財主與金主爭王〉。《新新聞》。第282期，頁32-34。

譚淑珍（1993），〈不愛來台北的他們做事全憑一句話：台灣地方財勢人物系列報導──彰化、雲林地區〉。《新新聞》。第336期，頁82-83。

國家圖書館出版品預行編目資料

黑金／陳國霖著. -- 初版 --臺北市：商周出版：城邦文化發行.
2004[民93]
面： 公分.--（普羅米修斯：18）

ISBN 986-124-207-4（平裝）

1. 集團犯罪 2. 政治 – 臺灣

548.548 93008719

普羅米修斯 018

黑金

原著書名 / Heijin
作　　者 / 陳國霖
總 編 輯 / 陳絜吾
特約編輯 / 郝麗珍

發 行 人 / 何飛鵬
法律顧問 / 中天國際法律事務所周奇杉律師
出　　版 / 商周出版
104 台北市民生東路二段141號9樓
電話：(02) 2500-7008 傳眞：(02) 2500-7759
E-mail：bwp.service@cite.com.tw
發　　行 / 城邦文化事業股份有限公司
104 台北市民生東路二段141號2樓
電話：(02) 2500-0888 傳眞：(02) 2500-1938
劃撥：1896600-4 城邦文化事業股份有限公司
城邦讀書花園網址：www.cite.com.tw
讀者服務 email: service@cite.com.tw 讀者服務專線：(02) 2500-7397
香港發行所 / 城邦（香港）出版集團
香港北角英皇道310號雲華大廈4/F, 504室
電話：(852) 2508-6231 傳眞：(852) 2578-9337
馬新發行所 / 城邦(馬新)出版集團 Cite (M) Sdn. Bhd. (458372 U)
11, Jalan 30D/146, Desa Tasik, Sungai Besi, 57000 Kuala Lumpur, Malaysia. 電話：(603) 9056-3833 傳眞：(603) 9056-2833

封面設計 / 莊士展
打字排版 / 極翔企業有限公司
印　　刷 / 韋懋印刷事業股份有限公司
總 經 銷 / 農學社
電話：(02) 2917-8022 傳眞：(02) 2915-6275

Printed in Taiwan

■2004年6月9日 初版
定價 / 320元
 ISBN 986-124-207-4